불안은 우리를 삶으로 이끈다

불안은 우리를 삶으로 이끈다

프로이트 세미나

강우성 지음

문학동네

일러두기

이 책 본문에 나오는 프로이트 저술의 우리말 번역은 모두 지은이의 것이다. 번역에 참고한 독일어 원전은 다음과 같다. Sigmund Freud. *Gesammelte Werke in achtzehn Bänden: Mit einem Nachtragsband*. Frankfurt am Mein: Fischer Verlag, Taschenbuch, 2001. 본문에서 프로이트 저술을 인용할 때는 이 전집 판본의 권수와 쪽수만 약식으로 표기했다.

책을 펴내며

유교문화와 가부장제의 도덕규범이 강해 욕망의 문제에 유난히 보수적 문화를 가진 우리 사회에서도 지그문트 프로이트(Sigmund Freud)는 너무나 익숙한 이름이다. 무의식, 욕망, 억압처럼 프로이트가 만든 정신분석 개념을 일상용어로 쓴 지도 오래다. 그러나 모든 일이 그렇듯, 익숙함과 이해는 다르다. 프로이트의 전기와 저작은 우리말 번역본이 출판되기까지 꽤 오랜 시간이 걸렸다. 최근에는 프로이트보다 그를 비판적으로 계승한 프랑스 철학자 자크 라캉(Jacques Lacan)의 정신분석이 더 인기를 끌고 있다. 1966년에 나온 라캉의 핵심 저술인 『에크리(Écrits)』는 2019년 초 우리말 번역본이 출간되어 크게 주목받았다. 지금까지 출판된 프로이트 관련 번역서와 학술서적, 그리고 교양서가 늦어졌다거나 성에 차지 않는다는 말이 아니다. 우리 문화의 일부가 된 지 오래지만 우리 방식으로 이해하려는 노력에 시각차가 크다는 뜻이다.

더불어 우리 문화에서 프로이트는 주로 의학 담론이나 성 담론(sexual discourse)으로 간주되었기에 그의 사상적 측면을 평가하려는 노력도 충분치는 못했다. 물론 프로이트 이론을 주로 성의 문제와 결부시키는 사유 자체를 전부 잘못이라고 판단하기도 힘들다. 프로이트의 정신분석 이론에 이른바 범성론(汎性論, pan-sexualism)으로 비판받아 마땅한 구석이 없지 않고, 프로이트도 모든 것을 성의 문제로 환원하지는 않지만 성 개념 없이 프로이트를 논하는 것도 의미가 없기 때문이다. 주지하다시피, 정신분석의 근본 취지는 성 개념으로 모든 증상을 설명하려는 시도가 아니라 개인의 성 발달 과정이 보이는 불안정성을 통해 인간에 대한 새로운 인식에 도달하려는 노력이다.

프로이트에 비해 라캉이 학계의 관심을 더 끄는 이유도 흥미롭다. 영미권 학계가 유독 그러하고 우리도 사정은 비슷하다. 특히 영화를 비롯한 매체연구에서 라캉의 정신분석 이론은 상종가를 누리고 있다. 우리 학계에서 프로이트보다 라캉의 이론이 더 높은 관심을 받는 데에는 사실 슬로베니아의 철학자이자 정신분석학자인 슬라보예 지젝(Slavoj Žižek)의 영향이 매우 컸다. 라캉의 주요 저서는 우리말 번역본이 거의 없는 상태인데, 지젝의 저서는 출간과 거의 동시에 우리말 번역본이 출판되어왔다. 지젝을 경유한 라캉 정신분석의 유행이 프로이트를 더욱 낡은 사상가로 만드는 데 일조했다. 마르크스의 저작을 직접 읽지 않고도 마르크스주의자가 될 수 있듯, 프로이트나 라캉을 원문이나 번역본으로 접하지 않아도 정신분석을 의미 있게 공부할 수는 있다. 가령 1990년대 우리 학계는 루이 알튀세르(Louis Althusser) 같은 이른바 후기마르크스주의 저작을 통해 마르크스로 가는 길을 되짚기도 했다. 지젝을 통하든 라캉을 통하든 허물이 될 일은 아니다. 그렇지만 라캉도 설파했듯 프로이트의 사상으로 돌아가는 일은 정신분석의 의미 있는 이해와 활용을 위해서도 반드시 필요하다. 이 책은 프로이트 이론의 맥락으로 돌아가 그의 정신분석적 사유가 어떤 구조를 갖고 있으며 성을 비롯한 개념들이 어떤 위상을 차지하는지 이해하고자 한다. 읽을 만한 프로이트 소개서를 쓰려던 것이 애초의 생각이었는데 운 좋게도 비슷한 시기에 학부 교양과목인 '문학과 정신분석'을 강의할 기회가 생겼다. 이 책은 몇 년에 걸친 이 강의의 결과물이다.

우리에게 잘 알려진 프로이트는 성과 무의식을 새로운 학문 대상으로 정립한 정신분석학의 창시자이지만 실제로 널리 읽히는 그의 저작은 신경증에 대한 임상보고서나 난해한 학술논문이라기보다 철학에세이에 가까운 경우가 더 많다. 『꿈의 해석』(1900)과 『쾌원리의 너머』(1920), 그리고 말년의 『문명과 그 불만』(1930)에 이르기까지 프로이트의 주요 저작은 임상치료나 심리학의 일부가 아니라 정신의 문제를 통해 사회와 문화의 향방과 관련된 성찰로 나아가는 심층담론에 더 가깝다. 요즘 말로 풀이하면, 프로이트의 정신분석은 학문적 분류체계를 벗어나 넓은 의미의 인문학적 사유를 지향하며 '문화비판'의 충동을 내장한다. 의학과 생물학에서 출발한 프로이트가 심리학으로 옮겨갔다가 정신분석학을 창안하고 문명비판에 다다른 전체 과정이 이를 증명한다. 사유 주체로서의 인간에 대한 반성이 드높은 지금 오히려 더욱 유효하다. 그가 발견한 인간의 무의식과 욕망은 새로운 인간관을 요구하며, 불완전한 존재로서의 자신과 다른 존재를 향한 깊이 있는 윤리학을 바탕에 두고 있다. 프로이트가 던졌던 '무의식 주체'라는 화두를 오늘날의 사유가 피해가기는 어려울 터이다. 그렇지만 이 책의 목적은 학문적 공과를 따지는 데 있지 않다. 프로이트 사상의 주요 궤적을 따라가면서 어떤 사유의 그림이 형성되는지 차근차근 따져보는 작업에 주안점을 둔다.

이 책을 통해 프로이트의 사상에 다시 주목하는 이유는 크게 두 가지다. 하나는 프로이트의 정신분석 이론을 주로 성과 관련된 치료 및 임상의 담론으로 간주하는 경향을 불식시키기 위해서다. 프로이트는 우리 모두가 어느 정도는 신경증자라고 말했고 임상을 통해 환자를 사회에 복귀시키는 일을 멈추지 않았지만, 그의 사상은 의학 담론으로서는 사실 성공적이지 못했고 이론적 분석의 방법론으로서 더 큰 의미를 지닌다. 다른 하나는 프로이트의 저작을 학술적 이론보다 그 자체로 흥미진진한 읽을거리로 만들고 싶었기 때문이다. 그의 글을 학문적 성과로만 읽는 것은 절반의 만족을 줄 뿐이다. 프로이트 이론 자체를 하나의 거대한 서사로 읽을 필요가 있다. 이 책의 곳곳에 프로이트의 사상에 대한 비판이 담겨 있는 것도 이러한 관심의 결과이다. 한마디로 이 책은 해체적으로 읽는 프로이트 이론이다.

해체적 읽기에는 두 차원의 작업이 결부된다. 첫째, 프로이트의 저작을 그야말로 프로이트식으로, 즉 프로이트의 분석틀을 통해 읽는 방법이다. 주지하다시피, 프로이트가 무의식의 존재를 발견할 수 있었던 것은 히스테리 신경증자들의 표상적 언술행위가 심리기제를 통한 억압의 결과라는 인식 때문이다. 말해진 것들 배후에 더 심층의 서사가 존재하며 그것이 무의식의 담론이라는 가설을 통해 프로이트는 담론에 대한 '해체적' 읽기를 시도한 셈이다. 둘째, 자크 데리다(Jacques Derrida)를 비롯한 현대철학의 새로운 사유의 길을 따라, 프로이트 텍스트에서 말해지지 않은 것, 생략된 것, 왜곡된 것 들이 어떻게 핵심 이론을 만드는 데 기여한 동시에 어떻게 그 이론의 궁극적 봉합을 불가능하게 만드는지 살펴볼 것이다. 예컨대 프로이트가 그의 글 「기이함」에서 호프만의 『모래인간』을 자신의 이론에 따라 어떻게 폭력적으로 전유하는지 따져서 프로이트 이론의 서사적 완결성이 배제의 논리에 기대고 있음을 규명할 것이다.

그러나 이 책은 프로이트의 정신분석 담론 자체를 해체하려는 목적과는 거리가 멀다. 이런 작업은 이미 무수히 많은 이론가에 의해 시도되었고 그 대부분은 해체는커녕 프로이트 이론의 건재함을 확인시켜주었을 뿐이다. 이 책의 해체적 읽기는 프로이트의 텍스트가 보여주는 봉합의 실패와 서사적 불완전성이 기존의 과학성과는 다른 길을 추구한 그의 인문주의적 사유의 소산이라는 문제의식에 근거를 두고 있다. 요컨대 프로이트의 저작이 근대적 과학과 학문의 체계 및 구조와 불화하는 새로운 사유와 글쓰기를 지향했으며 그 자체로 해체적 글쓰기였다는 점을 밝히려 한다. 따라서 이 책은 프로이트의 주요 저작을 일종의 '문학 텍스트'로 읽는 이론비평이기도 하다. 무엇보다도 프로이트를 허구적 '서술자'로 간주하고 그가 들려주는 이야기를 일종의 꿈, 즉 그의 표현을 빌자면 실현되지 못한 소망충족의 서사로 분석할 것이다. 그의 저술을 그가 이루고자 했으나 현실에서 충족하는 것이 불가능했던 '인문적 욕망'의 소망충족으로 읽어볼 작정이다. 이 책이 서가에서 인문학으로 분류된다면 더할 나위 없이 기쁠 터이다.

이 책을 만드는 과정에서 여러 도움을 얻었다. 지루하고 따분했을 강의에 귀 기울여주고 날카로운 질문을 던져준 학생들에게 가장 큰 고마움을 표하고 싶다. 이 책을 강의 형식으로 남겨둔 것은 그 때문이다. 강의의 녹취를 풀어내는 과정에서는 홍유담 씨의 도움이 컸다. 엄청난 분량의 원고를 차근차근 정리해주지 않았다면 이 책은 태어나지 못했을 터이다. 어수선한 초고를 꼼꼼하고 자상하게 읽고 격려해주신 김정하 선생, 그리고 책에 담긴 내용의 일부를 읽거나 듣고 논평해준 저강도살롱과 이론문화 동인들에게도 감사의 마음을 전한다. 또한 외로운 공부길을 늘 함께하며 힘을 주는 친우 이택광 선생과 프로이트 개념의 우리말 번역에 도움을 준 김재인 선생에게 특별한 고마움을 느낀다. 이 책이 세상에 나올 수 있게 한 김영옥 님과 문학동네 편집부에도 깊은 감사의 말씀을 전하고 싶다. 끝으로, 내 학문의 길을 묵묵히 지지하고 격려하는 가족들에게 고마움을 보낸다. 그들과 보내지 못한 시간이 여기에 담겨 있길 바란다.

2019년 8월

다적재에서

1강

누구에게나 불안은 있다

freud seminar

신경증

정신분석을 설명할 때 보통 무의식 개념을 제일 먼저 다룹니다. 프로이트가 새롭게 발견한 대표적 개념이기도 하고 가장 널리 알려져 있기 때문이기도 해요. 하지만 여기서는 무의식 대신에 신경증과 정신증 얘기를 먼저 꺼내볼까 합니다. 이 강의의 첫 과제로 이런 설문을 주었죠. '어떤 종류의 불안감 혹은 비정상적이라고 느낀 증상을 경험한 적이 있나요? 그 이유는 무엇 때문이라고 생각하나요?' 65명 중에 53명이 답을 해주었네요. 설문 분석은 조금 이따가 해보겠습니다. 의학적 증상으로 강의를 시작한 데에는 세 가지 이유가 있습니다.

하나는 우리가 신경증 혹은 '노이로제'라고 부르는 증상은 의사와의 상담이 필요한 특정 인물(환자)에게만 있는 일이 아니고 누구에게나 어느 정도 나타난다는 사실을 알려주고, 그 증상을 스스로 안다면 큰 문제가 되지 않는다는 점을 확인해주고 싶기 때문입니다. 신경증 증상이 있다고 해서 그게 꼭 고쳐야 할 의학적 질병은 아니라는 것입니다. 신경증은 우리 삶이 불안(Angst)과 밀접하게 관련되어 있다는 사실을 말해줄 뿐입니다.

다른 하나는 프로이트 정신분석의 해석기제를 설명하기 위해서입니다. 그 해석기제 중 하나—초기의 기제입니다—는 이른바 '트라우마(trauma)', 외상(外傷) 이론입니다. 프로이트에게 인간의 삶은 한마디로 '불안과의 동거'라고 할 수 있습니다. 프로이트는 불안이 어떤 심리적·신체적 증상을 만들어낼 때, 인간의 심리 구조는 어떻게 그 불안에 대처하고 관리하는가에 큰 관심을 두었습니다. 불안을 관리하는 과정의 핵심 수단이 바로 프로이트가 억압(Verdrängung)이라고 부르는 심리기제입니다. 잘 알려진 프로이트의 해석체계에 따르면, 우리의 심리 중에 자아(Ich) 혹은 에고(ego)라고 하는 굉장히 중요한 영역이자 일종의 장치가 있습니다. 그리고 자아가 근원을 알 수 없는 불안을 해소하기 위해 완전한 통제가 불가능해 보이는 심층의 본능적 기제, 즉 그것(Es) 혹은 이드(id)의 움직임을 어떤 식으로든 자아의 의식 층위에 떠오르지 못하게 하려는 과정이 신경증입니다. 신경증은 우리의 몸과 마음이 병들어서 나타나는 증세가 아니라 심리기제가 불안을 관리하는 역동적 과정을 나타내는 증거라는 것이죠. 프로이트가 신경증 증상을 대하는 일종의 치료법—치료법이라고 했지만 물리적 증세를 진단해서 처방하는 일반적 치료법과는 다릅니다—이 있습니다. 그 가설 하나가 현재의 모든 증상이 어린 시절의 잊힌 혹은 잊혔다고 믿는 어떤 치명적 사건의 뒤늦은 효과일 것이라는, 이른바 트라우마 이론입니다. 가설이기 때문에 처방전이 아니라 증세에 대한 합리적 설명에 가깝죠. 그렇게 그는 신경증 증상이 잊힌 트라우마로부터 뒤늦게 생겨난다는 가설로부터 치료를 시작하는 소급적 해석기제를 세웁니다. 물론 이 가설의 타당성을 과학적으로 증명할 수 있는 방법은 존재하지 않고, 프로이트도 그 점을 잘 알고 있었죠. 현재 시점에서 신경증을 호소하는 환자들이 보여주는 증상을 과연 과거의 외상적 사건으로 환원해서 설명할 수 있느냐는 오히려 심리적 믿음의 문제입니다. 환자가 그 설명을 믿고 납득하지 않으면 작동할 수 없는 방법입니다. 나중에 자세히 살펴보겠지만, 프로이트는 이 원초적 트라우마가 모종의 성적 억압과 관련이 있을 것이라고 추론합니다.

마지막 이유는 프로이트의 트라우마 해석기제가 지닌 구조를 설명하기 위해서입니다. 현재의 증상이 과거의 잊힌 사건으로 인해 뒤늦게 나타나는 것이라면, 여기에 전제된 논리는 현재의 어떤 증상이 시간적으로 앞서는 사건의 효과이자 그 대체물이라는 얘기입니다. 가령, 트라우마가 생겼을 유아기에는 충격적 사건으로 인식되지 못했던 경험이 무의식에 억압되어 있다가 현재의 증상으로 인해 뒤늦게 트라우마로 인지된다는 논리입니다. 다시 말해 사건이 발생한 과거의 시점에서 '의미화'되었어야 했지만 유아의 발달단계에서는 불가능했던 트라우마가 사라지지 않고 잠재되어 있다가 현재의 유사한 사건으로 인해 의미화되어 증상으로 재출현한다는 말입니다. 일종의 반복이죠. 이런 해석기제의 타당성을 신경증자가 납득해야만 증상이 사라질 수 있습니다. 심리적 믿음의 문제일 수밖에 없죠. 이 반복된 증상, 즉 유아기의 트라우마를 대체한 현재의 증상은 잃어버린 과거와의 인과적 연속성을 소급적으로 재구성할 것을 요구합니다. 간단하게 도식으로 만들면 다음과 같습니다.

시간적 순서

트라우마(사건1) → (~~과거 증상~~)(증상1) → 현재의 사건(사건2) → 현재 증상(증상2)

해석의 순서

현재 증상(증상2) → 현재의 사건(사건2) → (~~과거 증상~~)(증상1) → 트라우마(사건1)

이 도식은 사건과 증상 발생의 시간적 순서와 해석의 순서가 정반대임을 알려줍니다. 여러분의 답변에서 제일 많이 나온 증상이 강박신경증(Zwangsneurose)인데, 히스테리와 함께 현대인이 가장 많이 겪는 신경증인 이 강박증을 예로 들어 해석기제를 설명해보죠. 프로이트에 따르면, 강박증은 내가 지금 겪고 있는 어떤 반복적 행동, 가령 결벽증이라든지 어떤 음식에 대한 집착 같은 증상(증상2)입니다. 강박적 행동은 우선 가까운 현재에 벌어진 어떤 사건(사건2)이 일으킨 불안에 대처하는 과정에서 드러나는 표면적 현상일 수 있습니다. 하지만 더 근본적 원인은 이 증상을 일으킨 먼 과거의 사건(사건1)에 있습니다. 두 사건의 연계가 끊긴 이유는 과거의 사건(사건1)이 증상(증상1)으로 의미화되지 못했기 때문입니다. 따라서 현재의 강박(증상2)은 현재의 사건(사건2)의 직접적 결과가 아니라 유사한 불안을 초래했던 과거의 트라우마(사건1) 발생시에 나타나지 못한 가상의 증상(증상1)을 대체한 것입니다. 과거에 의미화되었어야 할 증상(증상1)이 억압되어 지워진 이유는 과거의 트라우마가 트라우마로 인지되지 못했기 때문일 텐데, 이는 성욕(sexualität)과 관련되어 있을 확률이 높습니다. 아직 성적으로 발달한 단계가 아니기에 유아는 그 사건을 억압해야 할 만큼의 중요성(충격)을 지닌 것으로 느끼지 못했을 것입니다.

프로이트는 트라우마 이론을 초기 저작인 『심리학 프로젝트』에서 엠마(Emma)라는 소녀가 겪은 일화를 통해 정립합니다. 엠마는 프로이트에게 혼자서 가게에 물건을 사러 가는 일에 두려움을 느낀다고 증상을 호소합니다.(증상2) 그리고 이를 설명하는 과정에서 사춘기 시절에 가게에 들렀다가 남자 점원 두 명이 같이 웃고 있는 모습을 보고 겁에 질려 도망쳐나왔던 일(사건2)

을 들려줍니다. 두 사람이 자신의 옷차림을 보고 비웃었으며 그 중 한 명에게 성적 매력을 느꼈다고 기억합니다. 상담이 진행되면서 엠마는 이 일(사건2)보다 4년 전에 있었던 다른 사건(사건1) 이야기를 꺼냅니다. 사탕을 사러 상점에 갔다가 상점 주인이 미소를 지으며 자신의 생식기를 만진 일을 떠올린 것입니다. 트라우마(사건1)가 당시에 증상(증상1)으로 나타나지 않고 무의식에 잠재되어 있다가, 옷과 웃음이라는 동일한 상징에 의해 두 사건 간의 연관성이 재구성되었고, 이는 가게에 가는 일에 대한 두려움(증상2)으로 이어졌습니다. 프로이트는 이를 통해 엠마가 느끼는 현재의 불안과 공포심이 재의미화된 과거의 트라우마에서 유발되었다는 사실을 밝혀냅니다.

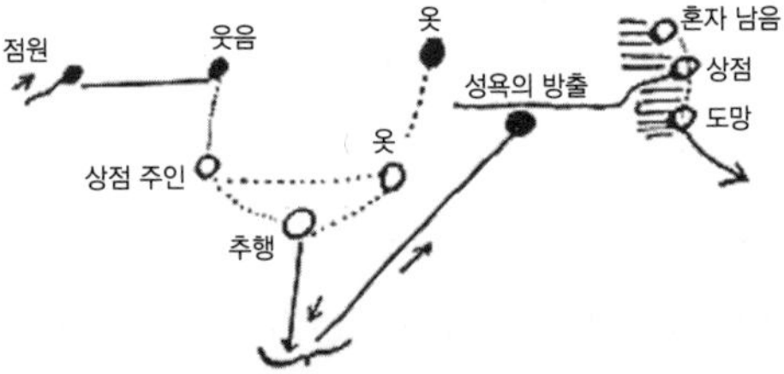

프로이트는 현재의 증상과 그 직접적 원인인 현재의 사건 사이에 인과관계를 설정하기보다 시간적으로 떨어져 있는 과거의 성적 트라우마와 현재의 증상 사이에 근원적 인과관계를 소급

적으로 재구성한 것이죠. 성적 트라우마와의 관련성 때문에 이 소급적 추론은 유혹이론(Verführungstheorie)이라고도 불립니다. 신경증을 어린 시절 성인(상점 주인)의 개입(유혹)에 의한 성욕 형성 과정의 '비정상성'으로 소급하기에 일종의 환원론입니다. 프로이트는 이를 나중에 증상의 사후성(Nachträglichkeit)이라는 개념으로 정립합니다. 이 이론에 대해서는 여러 비판이 있었고 프로이트도 자기비판을 합니다. 왜냐하면 증상이 없는, 즉 애초에 의미화되지 못한 경우에 트라우마적 사건이 실제로 과거에 발생했는지 객관적으로 증명할 방법이 없었기 때문입니다. 이 트라우마적 사건은 엠마가 프로이트와 상담하는 과정에서 자신도 모르게 꾸며내었거나 왜곡된 방식으로 기억했을 가능성도 배제할 수 없습니다. 실제로 프로이트는 히스테리 증상을 보이는 중년 여성들을 이런 가설에 근거해 치료했으나 큰 성공을 거두지는 못합니다.

불안

이제 프로이트와는 조금 다른 방식으로 설문 분석을 해보겠습니다. 답변한 53명 중 강박신경증으로 분류할 수 있는 사람은 31명으로 60퍼센트 가까이 됩니다. 그다음 30퍼센트는 강박증과 섞여 있긴 하지만 대체로 공포증(Phobie)에 가까운 사례로

16명입니다. 나머지 10퍼센트는 좀 특이한 사례입니다. 6명 중 4명은 심리적 불안이 신체의 증상으로 치환되는 소위 전환히스테리(Konversionhysterie) 쪽에 가깝고 2명은 우울증(depression) 혹은 나르시시즘적 신경증(Narzißtikneurose)과 유사합니다. 프로이트는 1924년의 「신경증과 정신증」에서 신경증을 현실의 압박에 대항하여 자아가 초자아와 협력하여 이드에서 오는 리비도의 압력을 과도하게 통제하는 과정에서 생기는 증상이라고 보았고, 일종의 방어전략이라고 생각했습니다. 신경증은 대체로 이드와 연관이 깊은 성적 에너지인 리비도의 순환에 문제가 생긴 것으로서 반드시 불안이 동반되고, 이 심리적 불안은 리비도의 흐름을 막는 현실의 존재를 다른 표상으로 대체하여 억압하거나 때로는 신체적 이상으로 전이되는 경우가 일반적입니다. 그래서 신경증을 전이신경증이라고도 부릅니다. 신경증에는 앞서 설명한 대로 세 가지 유형이 있습니다.

강박증은 강박적 사고가 반복된 행동으로 나타난 경우로서 현재의 불안을 해소하기 위해 유아기 상태로 퇴행한 것인데, 프로이트에 따르면 리비도의 흐름을 막는 현실의 존재에 대한 적대적 성향이 자기질책으로 뒤바뀐 사례입니다. 결벽증적 태도나 엄격한 자기반성을 반복하여 막힌 리비도의 단절, 그리고 그로 인한 현재의 불안한 심리 상태를 억압한 결과라는 것이죠. 공포증은 리비도의 흐름을 막는 존재에 대한 두려움이 동물로 치환되어 나타난 경우입니다. 대체로 아버지에 대한 두려움과 연관되어 있다고 설명합니다. 전환히스테리는 리비도의 흐름을 막는 존재가 불확실한 상황에서 공포증과 같은 대체표상의 형성에 실패하여 다양한 신체적 증상으로 옮겨져 나타난 것으로서, 신체 특정 부위의 기능이 의학적으로 설명이 불가능하게 손상된 경우입니다. 일시적으로 구토나 시력 상실 등의 증상이 나타나는데 심리적 불안이 문제이기에 특별한 질병의 징후는 없는 사례입니다. 신경증의 사례에 꼽히지는 않지만 유사한 증상으로 나르시시즘적 신경증이 있습니다. 이는 이드의 리비도 흐름을 억제하라는 현실의 압박에 대해 자아와 초자아가 협력하지 못하고 갈등을 겪는 경우입니다. 이드에 대한 효과적인 압력 행사가 실패하고 초자아가 대리하는 현실의 압박을 이드가 거부하는 사례이기 때문에 우울증과 유사한 상태가 되며 반항적 태도가 두드러집니다.

프로이트에 따르면 신경증은 우리의 심리에서 리비도의 순환과 관리 체계가 제대로 작동하지 못해서 생겨납니다. 리비도의 충족을 지향하는 이드의 압력을 적절하게 통제하라는 현실과 초자아(Überich)의 요구에 대해 자아가 원활한 기능을 수행하지 못해 벌어지는 증상입니다. 이때 리비도의 통제를 주문하는 현실의 압박은 대체로 규범적 성격을 띠며 초자아를 통해 전달됩니다. 그런데 초자아를 통한 규범적 요구의 최초 형태는 어머니와 아버지로 구성된 가족관계를 통해 매개됩니다. 대체로 유아는 어머니와의 동일시적 세계에서 아버지로 대표되는 현실의 규범세계로 진입하는 성장 과정—오이디푸스 단계—을 거쳐 성인이 되는데, 이때 형성된 억압기제에 문제가 생길 경우 신경증이 발생하는 것입니다. 신경증에서 리비도의 흐름을 막는 현실의 존재가 주로 아버지와 같은 규범적 인물의 형상을 띠는 이유가 여기에 있습니다. 요컨대 프로이트에게 신경증은 유아기 성욕의 형성 과정에서 생긴 문제가 이후의 성인 생활에서 반복되는 증상이고, 이런 상황에 직면하여 불안을 느낀 자아가 이를 해소하기 위해 유아기로 되돌아가 아버지를 대체하는 표상을 생성하거나 최초의 억압 과정과 결부된 특정 신체 기관의 오작동을 반복함으로써 대응하는 현상입니다. 가령 자아가 현재 원치 않는 일에 직면하여 불안이 생겼을 때, 어린 시절 학교에 가기 싫어 배가 아프다고 꾀병을 부려 회피했던 상황으로 되돌아갑니다. 등교를 종용했던 부모의 요구를 자신이 기르던 동물의 탓으로 돌리고(공포증), 꾀병을 부린 자신을 질책하며(강박증), 실제로 배가 아픈 것처럼 느끼고(전환히스테리), 경우에 따라서는 부모의 요구를 거부하고 자신만의 세계에 침잠하는 상황(나르시시즘적 신경증)으로 대체하는 것이죠. 유아기적 상황으로 퇴행하는 것으로 본다는 점에서 트라우마 이론의 흔적이 완전히 사라지지는 않았지만, 신경증에 대한 프로이트의 설명은 자아가 유아기의 상황을 다르게 반복하여 능동적으로 현재의 불안에 대처하는 과정을 분석한다는 특징을 보여줍니다.

여러분의 설문 결과를 보니, 다른 집단 모델과는 좀 다르네요. 60퍼센트가 넘는 강박증 비율은 일반인보다 높습니다. 또하나 흥미로운 사실은 일반인들에게 많이 나타나는 불면증이 거의 없다는 것입니다. 마지막으로 남녀 비율이 절반씩인 이 집단에서 강박증 비율이 2 대 1 정도로 여성에게 높게 나타납니다. 심리사회학적 접근을 통해 이 결과를 분석하는 방법이 있는데, 어떤 특정한 집단—여기는 대학생 집단—에서 일반적인 경우와 다른 특이한 결과가 나왔다면 이 차이를 집단의 특수성과 연결시키는 해석입니다. 정신분석적으로 설명해보면, 불면증이 없는 이유는 두 가지로 집약됩니다. 밤잠을 방해받을 만큼 낮의 활동이 드라마틱하지 않거나, 불면이 더러 있다고 해도 지속적으로 반복되지 않은 겁니다. 다시 심리사회학적으로 풀어보면, 남자들은 대체로 군필자와 미필자의 차이가 커요. 군대가 우리 사회에서 불면증을 야기하는 특이한 장소라는 가설이 성립됩니다. 그런데 이 가설은 여학생들에게는 설명력이 떨어지죠.

강박증의 남녀 비율 차이도 마찬가지예요. 왜 더 많은 여성이 강박증을 호소하는지 심리사회학적으로 답하면, 문화적 요소가 개입합니다. 다른 문화에 비해 여성에 더 억압적인 사회 시스템이라는 문제가 등장합니다. 정신분석적으로 접근하면 리비도의 순환에 문제가 생긴 과도한 성적 억압이 원인일 텐데, 남성이 성적 억압을 남자다움(남성성)에 대한 (동성)사회적 압박 정도로 느끼는 데 비해 여성은 더 직접적으로 성적 억압을 받기 때문이겠죠. 특히 여성은 연령이 높아질수록 증상이 심해집니다. 이른바 화병이라고 불리는 울화병(鬱火病)이 한국 중년여성에게 많은 이유도 이 점과 관련이 있을 거예요.

남성다움과 여성다움에 관한 사회적 압박이 크고, 이 압박을 여성이 더 민감하게 느끼는 것은 일종의 '모범생 콤플렉스'가 변형된 형태일 가능성이 큽니다. 다른 사람들보다 현실적 요구에 항상 잘 대처해왔고 또 잘 대처해야 된다는 심적 부담을 여러분이 훨씬 더 심각하게 느끼는 것 같아요. 현실의 압박에 대처하기 위해 이드가 추동하는 리비도의 흐름을 더 강하게 억제할 필요가 있는 것이죠. 프로이트의 설명에 따르면, 이 억제의 메커니즘이 '모범생 콤플렉스'로 고착되었고, 특히 여성은 남성에 비해 더 심한 자기검열기제가 형성되어 있다고 볼 수 있습니다. 이런 차이는 나중에 오이디푸스 콤플렉스를 설명하는 자리에서 더 다뤄봅시다.

정신증(Psychose)은 신경증과의 차이에 한해서만 간략히 언급하겠습니다. 정신증 역시 신경증과 마찬가지로 리비도의 흐름에 문제가 생겨 발생한다는 점에서 공통의 원인을 갖는다고 볼 수 있습니다. 정신증은 신경증과 달리 이드가 추동하는 리비도의 압박을 제어하라는 현실의 요구를 자아가 감당할 수 없을 정도까지 과도하게 받아들여서 자아가 초자아와의 협력 기능을 완전히 상실한 상태를 가리킵니다. 억압기제를 이용한 이드의 통제가 불가능한 상황이 되어서 자아가 이드의 힘에 굴복한 것입니다. 자아가 이드에 압도되어 현실의 압박을 끊어버리는 상황이 발생한 것이 바로 정신증입니다. 초기 프로이트가 신경증과 정신증을 이해한 틀은 아래와 같습니다.

신경증과 정신증
(자아심리학, 초기 프로이트)

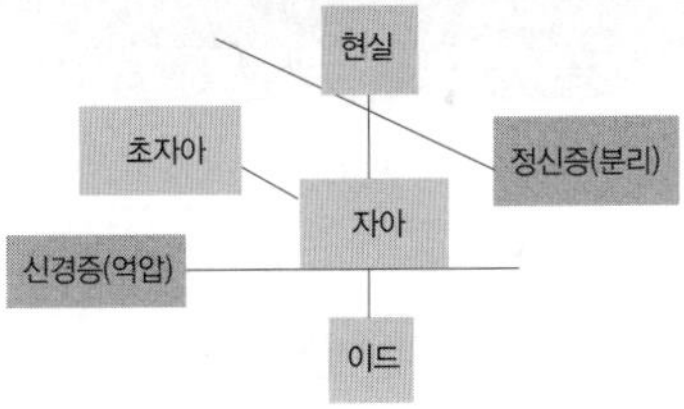

신경증을 이드에 대한 과도한 억압 때문이라고 보았듯이, 정신증은 자아가 이드의 힘에 굴복하여 현실과 분리되었다는 사실에 방점이 찍혔습니다. 따라서 신경증에서는 억압을 제거하는 것이 중요했듯이 정신증의 치료는 현실과의 관계를 복원하는 것이 핵심을 차지했습니다. 그런데 현실과의 관계가 완전히 단절되어 자기만의 세계에 갇힌 자아에게 현실을 받아들이도록 요구하는 일은 이드에 압도된 자아에게 이드의 명령을 거부하라는 요구와 다름없습니다. 그래서 자아의 능동적 통제력이 남아 있는 신경증자에게는 이드에 따르라고 하는 반면 자아의 능동성 자체가 손상된 정신증자에게는 이드를 거부하라는 상반된 치료법이 제시됩니다. 이 작업이 쉽게 이루어질 리가 없죠. 문제는 불안입니다. 프로이트는 불안이 억압의 결과가 아니라 그 반대라는 깨달음을 얻고 나서야 신경증과 정신증의 발생을 다르게 설명할 수 있었습니다. 아래 그림은 후기 프로이트의 진단입니다.

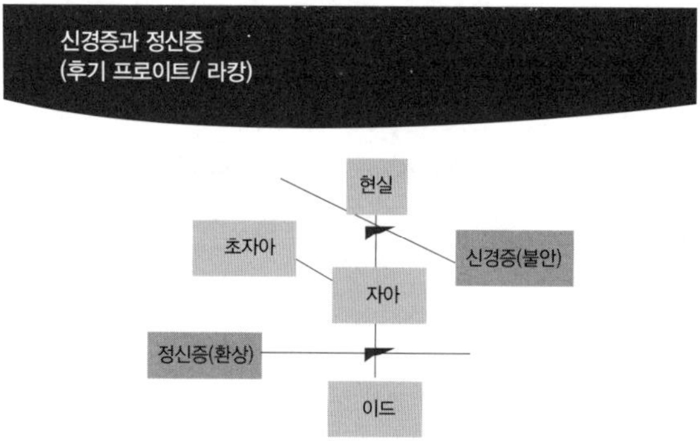

정신증의 문제는 현실과의 관계가 끊어져 이드에 굴복하는 상황이 아니라 신경증에 동반되는 불안이 존재하지 않는다는 점에 있습니다. 정신증은 이드의 힘에 압도되었기 때문에 현실의 압박이 초자아를 통해 전달되는 과정이 부재하고 따라서 불

안을 느끼지 않는 것입니다. 현실과 유리된 채 자기만의 환상 속에서 불안 없이 살고 있는 것이죠. 따라서 신경증의 경우 초자아를 강화하는 억압기제의 복원이 치료법이 되는 반면 정신증에서는 환상에 균열을 일으킬 수 있는 불안 유발이 핵심 과제로 제시됩니다. 정신증의 대표적 사례가 정신분열증(Schizophrenia), 편집증(Paranoia), 감정장애(dementia praecox)인 것은 우연이 아니고, 이들 증상의 문제가 자기만의 세계에 갇힌 자아의 환상 내지는 망상이라는 점도 분명합니다. 따라서 정신증자에게 불안을 유발하는 일은 그 환상에 현실의 이질성을 도입하는 방식이 아니라 이드의 힘을 자아가 감당할 수 없을 정도로 과도하게 만들 수 있는 가능성과 연결됩니다. 이드에 압도된 자아의 환상을 더 강화하여 감당할 수 없을 정도로 증가시킴으로써 불안을 유발하는 것입니다. 분석가(의사)가 규범적 현실의 대리자로 기능하여 환상을 외부의 힘으로 깨려 하기보다 정신증자(환자)의 환상세계에 적극적으로 참여하여 스스로 내부의 균열을 만들도록 독려할 필요가 더 중요해집니다. 강력한 억압기제의 존재에 따른 불안과 증상의 제거가 아니라 불안을 통한 증상과의 동거가 정신분석의 지향점이 된 것이죠.

이러한 변화는 인간의 심리 과정 전체에 대한 인식의 전환과 맥락을 같이합니다. 인간은 쾌원리에 따라 리비도의 자유로운 흐름을 막는 억압을 해소함으로써 삶을 영위하는 존재이기 이

전에 불안과 억압이 야기하는 불쾌와 고통을 삶의 조건으로 삼는다는 생각이 정신분석의 사유에 등장합니다. 역설적으로 들릴지 모르겠지만, 정신분석의 인간관에는 크게 두 가지 핵심 질문이 내재되어 있습니다. 한편에서 정신분석은 무의식의 존재를 발견함으로써 인간이 의식을 지닌 사유의 주체로서 세상의 주인이라고 보았던 데카르트 이래의 인간중심적 사유에 도전합니다. 인간은 사유 주체(cogito)가 아니라 오히려 무의식 주체(incogito)라는 것이죠. 다른 하나는 인간이 언제나 불쾌를 줄이는 방식으로 쾌원리를 따르는 존재가 아니라는 사실이에요. 다시 말해, '인간은 왜 무의식적이자 자발적으로 고통과 불쾌를 감내하는가'라는 질문을 제기합니다. 리비도로 표상되는 욕망을 지닌 존재로서의 인간은 어떤 의미에서 반드시 고통을 통해서만 삶의 의미를 깨닫는 존재라는 역설이죠. 정신분석의 두 핵심 질문이 갖는 인식론적 전환의 의미에 대해서는 쾌원리를 다룰 때 더 부연하겠습니다.

분석치료

이제 신경증의 '치료'와 연관된 궁금증을 풀어보겠습니다. 프로이트는 처음에 불안이 생기는 이유가 리비도의 흐름에 문제가 발생한 것이고 이는 성적 억압 때문이라고 봤습니다. 따라서 이 억압을 없애는 것이 신경증을 고치는 핵심 치료라고 생각했고, 이를 위해 환자에게 신경증의 퇴행적 심리기제를 납득시키는 과정이 중요하다고 봤습니다. 유아기에 근원을 둔 심리적 문제이기 때문에 환자 본인의 이해와 노력이 필수라고 생각했던 것이죠. 가령 모든 물건을 가지런하게 줄 맞춰야 하는 강박이 있다면, 그런 생각이 들 때마다 강박(억압)을 의식적으로 이겨내기 위해 일부러 하나를 흩뜨려놓고 견디게 만드는 거예요. 다음엔 두 개, 세 개 하는 식으로요. 프로이트는 처음에 이 치료법을 고수했고 카타르시스 치료 혹은 상담치료(Sprechkur)라고 불렀습니다. 나중에 프로이트는 이 생각이 잘못되었다는 것을 깨달습니다. 실제로 효과가 크지 않았을 뿐만 아니라 과학적이지도 않았어요. 상처와 억압을 자꾸 드러내서 불안의 정도를 의식적으로 감소시키는 일은 어느 정도까지는 가능하지만, 문제는 의식이 아니라 무의식을 통제하는 일이었습니다. 무의식의 통제가 불가능에 가까움을 깨달은 것이죠.

무의식의 차원으로 옮겨가면, 불안 증상(증상2)은 더이상 성적 트라우마(사건1) 때문에 생겨나는 이차적 현상이 아닙니다. 앞의 표(20쪽)에서도 보듯이, 오히려 무의식의 차원에서 그 원인이 불분명한 불안 증상이 먼저 나타나고 나중에 자아는 이 불안을 억압하기 위한 기제를 사후적으로 발동한다는 발상으로 전환합니다. 따라서 억압기제를 의식적으로 없애거나 해소하는 것이 아니라 불안에 대처하는 억압기제가 제대로 작동할 수 있도록 도와주는 작업이 필요합니다. 강한 성적 억압이 문제가 아니라 억압기제의 오작동이 문제인 것이죠. 의학적 치료와 정신분석 치료의 차이가 바로 여기에 있습니다. 핵심은 단단한 억압기제의 해체가 아니라 망가진 억압기제의 복원입니다. 따라서 신경증은 억압의 결과가 아니라 우리 스스로 이미 불안에 대처하여 억압과 같은 능동적 방어행위를 수행하고 있다는 증거입니다. 그러니까 강박증이 나타나면 망가진 억압기제를 재생하는 일이 필요하고, 자신의 신경증적 행위를 잘 들여다봐야 문제 해결이 시작됩니다. 가령 '내로남불'이라는 말이 있죠. 내가 할 땐 모르는데 남이 하는 어떤 행동을 보고 쯧쯧 혀를 차는 경우가 있죠? 자신이 연애할 땐 자연스럽다고 느끼는 행위가 연애를 안 하는 상태에서는 오글오글 닭살 돋는다고 판단하는 그런 상황이죠. 자신이 하는 일에 대한 일종의 초월적 성찰, 즉 자아를 들여다보고 있는 또다른 자아의 억압기제를 활성화시키면 치료가 가능해진다는 얘기입니다. 프로이트는 이처럼 억압을 주도하는 또다른 자아를 바로 초자아라고 불렀어요.

일반적으로 초자아라고 하면 현실의 요구를 자아에게 반영하도록 촉구하는 우리 자아의 일부를 뜻합니다. 그래서 자아를 검열하고 도덕적으로 책임을 묻는 어떤 심리기제라고 생각합니다. "너는 초자아가 너무 강해"라고 말하면 누군가 행동이 자유롭지 못하고 꼰대처럼 일을 대하는 그런 상태를 가리키죠. 억압기제를 해체하려는 신경정신과의 일반적 치료법은 이렇게 강한 초자아의 억압기제를 무너뜨리고 자아를 강화하는 방식인 데 반해, 프로이트의 치료법은 우리 자아의 일부로서 자아를 비춰주는 거울 같은 역할을 하는 초자아를 활성화시키는 것이에요.(미국을 중심으로 한 이른바 '자아심리학'이 채택하고 있는 '억압해체—자아강화' 이론의 문제는 나중에 더 언급하죠.) 이렇게 거울에 비춰보고 내가 왜 이런 신경증적 행동을 하고 있는지 들여다보면 불안에 의미를 부여하여 적절하게 통제하는 시스템이 다시 작동할 것입니다.

프로이트가 암시하는 또다른 치료법은 자기와 비슷한 증세를 지닌 사람들과의 대화입니다. 왜 그럴까요? 나 혼자 앓고 있는 게 아니라는 사실을 알면 굉장한 위안이 되겠죠. 카프카의 「법 앞에서(Vor dem Gesetz)」라는 소설이 있습니다. 시골에서 온 남자가 문지기가 지키는 문을 끝내 통과하지 못한 채 늙어 죽어가면서 가장 궁금해했던 게 있습니다. 왜 이 문으로 들어가고자 하는 사람이 자기 말고 아무도 없을까, 하는 궁금증이었죠. 한 친구가 증상을 겪고 있는 다른 친구의 글에 댓글을 달았다고 합시다. "저도 그래요"라고. 이렇게 댓글을 달아주면 이 사람도 나랑 비슷한 생각을 하고 있구나, 하면서 혼자만 겪는 이상한 일이 아니라는 사실을 깨닫습니다. 의사와 상담할 필요 없이 대화를 통해서 비슷한 증상을 겪는 사람이 나 혼자만이 아니라는 사실을 아는 것만으로도 신경증 치료가 수월해질 수 있습니다. 강박으로 이끌리는 상황을 자꾸 대면시켜 억압을 없애는 방법이 아닙니다. 신경증은 특별한 증상이 아니라 누구나 겪는 심리적 방어기제의 일시적 혼란일 뿐입니다.

설문 가운데 특이한 사례도 있습니다. 식이요법에 문제가 생겨 섭식장애를 호소한 사람이 있고, 거식증도 있네요. 특별한 음식을 거부하는 것은 물론 생체적 요구입니다만, 일반적으로 음식을 거부하는 행위는 심리적 원인이 큽니다. 가령 옛날에 복숭아를 잘못 먹어서 고생한 경험이 있으면 다시 먹고 싶지 않죠. 일종의 음식 트라우마입니다. 사실 먹는다고 몸이 잘못되지는 않지만 심리적으로 거부하니까 몸도 따라서 거부반응을 보입니다. 전환히스테리와 유사합니다. 신경증은 트라우마적 경험에서 생기는 경우가 많아 보이는데, 이것이 심해지면 음식 전체에 대한 어떤 거부로 나타납니다. 거식증 역시 음식 자체가 싫어서가 아니라 음식과 관련된 어떤 상황을 거부하는 심리적 태도가 음식에 대한 거부로 대체되어 나타나는 것입니다. 그러니까 냄새만 맡아도 싫어하고 멀쩡하게 밥을 먹는 사람들을 보고 게걸스럽게 먹는다고 생각한다든지 음식 먹는 소리에 유난히 민감하다든지 하는 그런 증상이 나타납니다. 누가 봐도 맛있는 음식인데 누군가 정신없이 먹고 있으면 갑자기 식욕이 떨어진다거나 반대로 누군가 맛있게 먹는 모습을 보면 내가 먹지 못해도 갑자기 식욕이 생기는 경우를 생각해볼 수 있습니다. 음식이 아니라 사람 혹은 그 사람이 상기시키는 그 무엇 때문입니다. 예컨대 나는 회를 못 먹는데 내가 좋아하는 사람이 회를 너무 맛있게 먹으면 같이 먹고 싶죠? 회를 먹고 싶은 건가요? 아니죠. 그 사람과의 관계가 좋아지기 때문에 뭐든지 해보고 싶은 거예요. 따라서 음식 때문에 생겨났다고 믿고 어떻게든 음식과 관련된 억압을 파괴하려고 하면 치료는 실패합니다. 음식이 표방하는 심리적 불안의 요소를 관리하고 통제하는 일이 중요합니다. 일종의 규범적 재사회화를 통한 치료이고 이것이 프로이트 신경증 치료법의 핵심입니다. 증상의 원인은 불안이고 이는 무의식과 연관되어 있다는 얘기입니다.

마지막으로 삶에 대한 근본적 회의, '우리는 왜 사는가'라는 철학적 물음을 반복해서 제기한다는 사례가 있습니다. 강박증자의 자기혐오와 유사합니다. 그런데 강박증과 달리 이런 물음을 묻는 자신에 대한 양면적 태도가 나타납니다. 이런 물음을 반복해서 던지는 자기에 대한 증오가 다른 사람들과 달리 이런 근원적 물음을 묻는 자기에 대한 만족과 같이 옵니다. 나르시시즘적 신경증이라고 부른 심리 상태와 유사합니다. 자기에 대한 사랑이 강한 사람에게 보통 많이 나타납니다. 증오의 감정과 사랑의 감정이 한 쌍으로 존재해서 구분이 잘 안 되는 것입니다. 증오(hatred)는 혐오(repulsion)와 달라요. 혐오는 정말로 그냥 싫은 거고 증오는 사랑 뒷면에 있는 감정이에요. 양가적 감정이죠. 인정받고 싶은데 그렇지 못할 때 생기는 것이 증오입니다. 요즈음 우리 사회에 문제가 되고 있는, 여성에 적대적인 남성의 태도를 뜻하는 '여성혐오'에는 순수한 혐오와 증오의 감정이 섞여 있어요. 남성의 우월성을 믿거나 여성에 대한 비하를 통해 자신의 남성성을 증명하려는 태도는 여성 일반에 대한 혐오이고, 여성으로부터 인정과 사랑을 받고 싶은 감정이 좌절되었을 때 공격성을 띠는 성향은 여성증오에 가깝습니다. 음식 전체에 대한 거부인 거식증처럼 혐오는 여성 집단 전체를 향하는 반면, 여성증오는 특정 음식에 대한 섭식장애처럼 특정 여성에 대한 거부이기에 인정욕망의 다른 표현이기도 합니다. 자기에 대한 나르시시즘적 사랑이 자기증오의 형태로 나타나는 것입니다. 자존심이 매우 강한 사람이라고 할 수 있습니다. 자기비하와 나르시시즘의 관계에 대해서는 7장에서 프로이트의 「비애와 우울」이라는 글을 읽을 때 더 자세히 얘기해볼게요. 알려진 것과 달리 나르시시즘이라는 개념은 프로이트한테는 굉장히 중요합니다. 저는 프로이트 이론의 변천 과정에서 나르시시즘이라는 개념을 발견한 것이 결정적 전환점이라고 생각합니다.

정리하자면, 프로이트는 처음에 신경증의 근원에 유아기의 망각된 트라우마가 존재한다고 생각했고 그것이 성욕과 관련된 탓에 자아가 과도하게 억압하면서 뒤늦게 불안이 생겨나고 증상으로 발전한다고 설명했습니다. 따라서 불안의 원인인 억압을 제거하는 일이 필요하다고 보았습니다. 그러나 나중에는 특정한 사람에게만 나타나는 유아기의 트라우마라는 개념 대신 신경증이 트라우마의 여부와 상관없이 대부분의 사람들에게 출현하는 보편적 심리 과정이자 능동적 방어의 태도라고 발상을 전환합니다. 억압이 불안을 만드는 것이 아니라 불안으로 인해 억압이 야기되고, 신경증은 이 불안을 다스리는 억압기제가 일시적으로 문제가 생겨서 원활하게 작동하지 못하기 때문에 생겨나는 현상이라고 본 것입니다. 억압 개념 자체가 전혀 다른 함의를 지니게 된 것이죠. 불안에 대한 대응이라는 측면에서 보면 억압은 항상 우리가 이미 적극적으로 대처하고 있다는 사실을 드러내며, 따라서 신경증의 치료는 억압기제의 원활한 작동을 복원하는 작업이 됩니다. 요컨대 억압이 우리의 심리 관리 시스템이기에 억압이 증상과 동거할 수 있게 해야 한다는 것이 핵심입니다. 처음에는 억압을 부정적 장애로 보고 제거해야 한다고 생각했기 때문에 실패를 맛보았는데 나중에는 망가진 억압의 관리 시스템을 고쳐서 증상과 동거를 해야 신경증이 사라진다고 본 것입니다. 나아가 신경증 자체를 더이상 치료해야 할 병으로 보지 않게 되었다는 사실이 중요합니다. 증상을 적대시하지 말고 같이 잘 살아보자는 태도에 가깝습니다. 거울로서의 초자아의 역할이 굉장히 중요하게 취급되죠. 억압과 초자아 개념의 혁신을 통해 정신분석 이론의 새로운 차원을 이끌어낸 것이 프로이트 정신분석학의 핵심적 기여입니다.

프로이트 이론의 전개

이쯤에서 프로이트 정신분석 이론의 변천 과정을 먼저 설명해볼까 합니다. 앞서 나르시시즘 개념이 중요하다고 언급한 이유 중 하나는 프로이트 이론을 시기적으로 구분하는 일반적 접근법이 이해하기는 쉽지만 도식적으로 단순화할 위험이 있다고 보기 때문입니다. 통상 프로이트 이론의 변천은 탐구 주제와 연구의 중심이 어떻게 바뀌었는가에 따라 대체로 네 단계의 시기로 구분합니다.

우선 19세기 말에서 20세기 초까지는 신경증 연구 단계로서 히스테리, 무의식 같은 현상에 관심을 기울였어요. 그때 주로 했던 일이 최면과 자유연상처럼 상담치료 방법을 활용하는 작업이었죠. 이 시기는 엄밀하게 말해 본격적 정신분석학이라고 부르기 힘든 단계입니다. 여전히 심리학적인 것과 의학적인 것이 섞여 있었어요. 트라우마 이론을 비롯한 작업들이 대체로 모든 심리적 증상에 심리신체적(Psychosomatisch) 원인이 있다고 보았고 따라서 억압의 제거가 핵심 과제가 됩니다.

1기 신경증 연구 (1895-1904) 히스테리, 꿈, 무의식	
2기 성애 연구 (1905-1914) 충동, 오이디푸스, 유아의 성	
3기 메타심리학 (1915-1919) 나르시시즘, 우울증, 언캐니	
4기 문명론 (1920-1933) 쾌락원칙, 죽음충동, 사도-마조히즘	

두번째 시기에는 히스테리를 비롯한 모든 심리적 증상의 근원에 성욕, 즉 섹슈얼리티의 문제가 내재되어 있다는 이론적 전환을 맞습니다. 정말 '유레카!'라고 자서전에 나와요. 20세기 초엽에 신경증 환자들을 치료하다가 이들 모두 대체로 성적인 문제 때문에 고통을 겪고 있다고 결론을 내리면서 무릎을 칩니다. 심리신체적 증상의 대부분을 무의식의 문제로 놓고 그 기원을 유아기의 성욕에서 찾는 작업을 합니다. 그래서 유아의 성(die infantile sexualität), 오이디푸스 콤플렉스 같은 엄청난 개념이 발명됩니다. 오이디푸스 콤플렉스라는 개념은 널리 알려진 것처럼 단순하지 않고 복잡합니다. 『오이디푸스왕』이라는 소포클레스의 비극작품에 나오는 부친살해와 근친상간의 욕망, 그리고 금기의 문제로 이해하기 쉬운데, 전혀 그렇지 않습니다. 그 작품에 나와 있는 이야기의 골자만 보면 그렇게 볼 수 있고 실제로 프로

이트도 처음에는 이를 개념화하지만, 나중에 생각이 바뀌어서 다른 방식으로 설명을 합니다. 물론 그 설명틀에 여러 비판이 있었는데 지금까지도 여전히 의미 있는 해석으로 남아 있어요. 그 변천 과정에 대해서는 나중에 따로 자세하게 설명하겠습니다. 왜냐하면 단순히 성욕(性慾)의 문제가 아니라 성애(性愛)가 결부되고 남성과 여성의 성차(性差)가 결부된 개념이기 때문입니다.

사실 이때 이후로 프로이트의 이론 안에는 남녀 간의 문제, 특히 여성에 관한 문제가 중요해집니다. 프로이트는 정신분석의 이론화 작업을 마무리한 1930년 무렵 이렇게 고백합니다. 정신분석학을 지금까지 몇 십 년 해왔지만 지금도 답할 수 없는 문제가 하나 있다는 겁니다. 프로이트는 "여성은 무엇을 원하는가?(Was will das Weib?)"에 대해 답을 찾지 못했노라고 고백합니다. 사실 프로이트의 주요 개념은 남성의 사례를 중심에 놓고 여성의 사례는 그 반대의 경우나 예외로 취급하는 경향이 있어요. 우리로서는 성급히 비판하거나 그대로 인정하지 않고 가려서 받아들여야겠죠. 프로이트의 설명을 참조하되, 여성이 자신들의 욕망을 아는 것만큼이나 스스로 정립하는 일이 필요하고, 특히 남성이 여성의 욕망에 대해서 프로이트의 틀을 비판적으로 받아들이는 것이 굉장히 중요합니다. 꼭 페미니즘과 관련된 문제는 아니지만 정신분석에서 여성의 심리와 욕망을 어떻게 다루며 어떻게 보고 있느냐는 연구자라면 누구라도 피할 수 없는 과제 중 하나입니다.

제3기에 프로이트는 이런 선행 연구를 바탕으로 메타심리학(Metapsychologie)이라는 서술에 집중합니다. 메타심리학은 프로이트가 신경증이라든지 성욕에 관한 문제틀을 가지고 실제로 임상을 하거나 사례 분석을 시도하고 난 뒤 얻은 정신분석 개념을 하나의 이론으로서 일반인 내지는 일반적 현상 전체에 확대 적용할 수 있는지 실험한 작업입니다. 요컨대 정신분석을 문화 현상 설명에 응용할 수 있는지 탐구하는 지극히 사변적 시도입니다. 이는 정신분석을 하나의 일반 이론으로 정립하려는 노력으로, 의학적·심리신체적 분석틀과의 결별이라고 볼 수 있습니다. 다시 말해 나르시시즘, 우울, 기이함 같은 개념으로 문화적 증상을 정신분석 이론으로 규명하는 과제를 말합니다. 특정한 인간에게만 나타나는 병리적 증상을 설명하는 데 사용했던 개념과 분석 방법을 인간의 보편적 심리구조를 해명하는 수단으로 삼고자 하는 문제의식이 숨어 있습니다. 우리에게 잘 알려진 프로이트의 글은 대체로 이 메타심리학 시기에 쓰인 것이 많습니다. 정신분석을 정신과학의 하나이자 철학적 사유의 방편으로 삼으려는 프로이트의 야심이 보입니다.

말년에는 대체로 개인의 문제를 떠나 집단의 문제로 넘어갑니다. 특히 서양 사람들, 서양 문명에 대한 성찰을 많이 합니다. 문명의 공격성에 대한 사유, 예술에 대한 해명, 기독교에 대한 비판 등입니다.

이렇게 네 단계로 구분하는 것이 표준적인 설명에 따른 모델입니다. 학자에 따라서 시기 구분이 좀 다르기도 하고 다루는 연구 주제를 분류하는 데도 차이가 있습니다. 대체로 무난한 설명인데, 몇 가지 문제가 있습니다. 우선 프로이트는 사실 초기부터 신경증과 성욕 연구를 동시에 진행합니다. 그러니까 두 시기를 그냥 시간상으로 분류하는 일은 큰 의미가 없어요. 애초에 히스테리와 신경증 얘기를 할 때부터, 그리고 트라우마 이론이 성립되었을 때부터 성욕에 대한 관심이 바탕에 깔려 있습니다. 다만 초기에는 프로이트가 이 둘의 연관성을 명확하게 못 봤을 뿐이에요. 새롭게 발명한 것이 아니라 나중에 발견한 것이죠. 자기 글에서 그런 성향을 발견해서 나중에 이론화했기 때문에 신경증 연구와 성애 연구를 따로 분리하는 것은 프로이트를 연구하는 데 도움이 되지 않는다고 생각합니다. 더구나 정신분석 방법론의 맹아는 초기부터 내재해 있었다고 봅니다. 제가 생각하는 프로이트 사유의 흐름은 다음과 같습니다.

초창기(1895–1913)	성심리(Psycho-sexuell) 연구 — 무의식, 억압, 유아성욕
전환기(1914–1920)	정신분석(Psychoanalytische) 연구 — 나르시시즘, 멜랑콜리, 죽음충동
후반기(1921–1940)	성정치학(Sexuell-Politische) 연구 — 환상, 마조히즘, 승화

무의식 이론과 유아성욕 연구를 비롯한 초기 연구와 후기 작업을 분리하는 결정적 분기점은 사실 나르시시즘론에서 출발하는 메타심리학 논문들과 그 관심을 집대성한 『쾌원리의 너머』(1920)가 출간되기까지의 기간입니다. 나르시시즘 개념이 등장하고 리비도 이론이 본격화되면서 이에 근거해 쾌원리가 이론적으로 완성되는 과정이죠. 이에 따라 의식과 무의식의 장소적 구분이 자아와 이드가 빚어내는 이른바 '리비도 경제학'으로 변환됩니다. 외부 현실의 자극(감각적 지각)만이 아니라 내적 자극(리비도)을 처리하는 심리기제의 문제가 동시에 사고되기 시작한 것이죠. 반면 프로이트가 초기에 만든 심리 과정의 모델은 다음과 같아요.

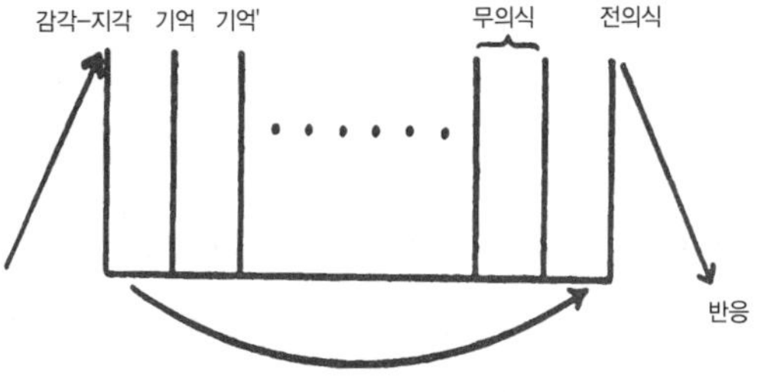

이 그림은 외적 '감각지각'이 우리의 심리기제에 들어왔을 때 우리의 심리가 어떻게 거기에 반응하여 대응하는가에 대한 도식입니다. 외적 자극의 일부는 '기억'으로 계열화되어 의식에 차

례차례 저장되고, 기억되지 못하는 나머지는 '무의식'으로 침잠합니다. 의식은 이런 과정을 거쳐 현실에 '반응'합니다. 단순한 도식이죠. 그런데 실제로 프로이트가 훨씬 더 큰 관심을 기울인 건 심리 내부의 자극을 처리하는 과정이에요. 외적 자극과 상관없이 무의식에 새겨진 표상에 의해 자극이 생겨났을 때 이 긴장을 어떻게 쾌원리에 따라 조절하는가에 더 큰 관심이 있었죠. 단순화해서, 쾌원리는 심리 외부와 내부의 자극을 인간이 어떻게 최소화하는지를 동시에 설명하는 이론이라고 보면 됩니다. 내부 자극이란 결국 무의식과 리비도의 순환 문제와 연루되니까 우리 안에서 외적 자극과 상관없이 벌어지는 일을 쾌원리로 설명하고 거기서 벗어나는 것처럼 보이는 현상을 그 틀에 맞게 해명하는 일이 필요했죠.

쾌원리

프로이트의 쾌원리는 외적 자극을 우리가 어떻게 처리하는가를 통해 내적 자극을 처리하는 방식을 설명하는 논리입니다. 쾌원리는 그 명칭 때문에 인간 심리가 모종의 적극적 쾌락을 추구하는 원리라고 생각하기 쉬운데 오히려 정반대입니다. 프로이트에게 쾌는 우리의 몸과 심리가 지각된 외부 자극과 무의식이 추동한 내부 자극으로 인한 긴장(불쾌)을 최소화할 때 도달하는 가장 편안하고 안정된 상태를 지칭합니다. 자아가 내부와 외부의 불안요소를 통제하여 긴장이 없는 평정 상태를 유지하는 작용이 바로 쾌원리입니다. 우리의 심리와 몸이 외적 자극을 기억에 저장하고 무의식으로 밀어내는 방식으로 감소시킴으로써 평정을 통한 쾌를 얻는다는 가설을 세우고, 이에 근거해서 내적 긴장, 즉 무의식에 잠재된 표상과 리비도의 순환 과정을 제어하고 통제하는 시스템의 작동을 상정하는 논리입니다. 일종의 심리적 자기관리체계의 작용을 규명하는 이론이고, 프로이트만의 독특한 방어 혹은 억압 개념에 반영되어 있습니다. 따라서 최고의 쾌라 함은 긴장과 자극이 무(無)의 상태로 될 때 도래하기 때문에 쾌원리는 열반원리나 항상성의 원리와 유사하게 취급됩니다. 프로이트에게 쾌락은 흔들림이 없는 완벽한 평정의 상태, 즉 아타락시아(ataraxia)이지 육체적·정신적 흥분 상태에서 나타나는 열광(hedonism)이 전혀 아닙니다.

그런데 쾌원리에 위배되는 사례를 일종의 예외로서 포함하려는 『쾌원리의 너머』의 의도와는 달리, 프로이트는 심리 과정 내부의 해결 방식과 외부 자극을 해소하는 방식이 다르다는 것을 깨닫습니다. 심적 평정을 추구하는 것이 쾌원리이니 외적 자극을 처리하는 심리기제는 본능적으로 이에 따릅니다. 이 심리적 방어기제를 프로이트는 자기보존충동(Selbsterhaltungstrieb)이라고 불렀고, 이와 대비되어 리비도의 활동이 활발하여 긴장이 증가하는 상태를 성충동(Sexualtrieb)이라고 개념화합니다. 전자가 자아지향적 수동성으로 쾌원리를 따른다면 후자는 대상지향적 능동성으로서 만족을 추구합니다. 달면 삼키고 쓰면 뱉는다는 표현이 여기에 해당합니다. 이 구분을 나중에 프로이트는 내적 리비도 순환 관점에서 자아리비도(Ichlibido)와 대상리비도(Objektlibido)로 세분합니다.

이런 개념은 리비도와 관련된 충동(Trieb)의 측면에서 쾌원리를 설명하기 위해 도입된 것인데 아이러니하게도 성충동과 대상리비도는 이 원리와 어긋나는 측면을 더 부각시킵니다. 두 개념 모두 불쾌를 최소화하기보다 리비도의 순환이 활발해지는 과정을 묘사합니다. 따라서 평정을 해치는 긴장의 증가를 가리켜서 쾌원리에 위배되는 것으로 보입니다. 특히 리비도와 관련된 내적 자극에서 자기보존충동과 자아리비도의 작동이 성충동과 대상리비도를 제때 통제하지 못하여 고통과 불쾌가 반복되는 현상이 생겨날 수 있습니다. 이렇게 보면, 쾌원리는 충동과 리비도가 자아와 대립하는 항상적 갈등 상태가 평형을 유지하는 방향으로 진행되는 경향성을 뜻합니다. 즉, 쾌원리란 불쾌를 유발하는 긴장의 최소화나 무로의 수렴이 아니라 쾌와 불쾌가 적절하게 균형을 이루는 경향을 지칭하는 셈이죠. 불쾌의 완전한 제거가 아닙니다. 이를테면 쾌와 불쾌를 5 대 5의 균형 상태로 유지하려는 근접(asymptotic)의 원리인 것이죠. 마치 만유인

력의 작용이나 자석의 N극과 S극처럼 쾌와 불쾌가 서로를 밀치고 당기면서 평형 상태(equilibrium)를 유지한다는 원리입니다. 억압기제처럼 금지와 제거의 메커니즘이 아니라 견제와 협력의 형식인 것이죠. 요샛말로 하면, '밀당'의 원칙입니다.

프로이트의 입장과 달리 평형의 원리로 이해하면, 쾌원리의 실행에는 적절한 수준—프로이트라면 질이 아니라 양이라고 했을 것입니다—의 불쾌가 필수적입니다. 제로섬 게임이 아닙니다. 왜 그런가 하면, 앞서도 지적했듯이 프로이트의 쾌원리 개념을 극단적으로 따른다면 자극이 무로 수렴되는 상태가 가장 이상적일 수밖에 없습니다. 지고의 쾌가 곧 죽음이라는 역설이 성립하는 것이죠. 과연 그럴까요? 프로이트도 이러한 역설 혹은 모순을 쾌원리 개념에서 발견했을 가능성이 큽니다. 무엇보다도 『쾌원리의 너머』가 자신이 세운 쾌원리를 위반하는 반복강박(Wiederholungszwang)의 사례를 해명하는 데 할애되어 있고, 그러한 고민 끝에 이른바 죽음충동(Todestrieb)이라는 독특한 개념을 주조하기 때문입니다. 죽음충동은 인간이 본능적으로 죽음을 욕망하는 존재라는 생각과 무관합니다. 염세주의가 아닙니다. 죽음충동과 짝을 이루는 새로운 개념으로 삶충동(Lebenstrieb)이 등장하여 둘이 '밀당' 관계로 설명되는 것이 단적인 예입니다. 특히 죽음충동이 쾌원리의 위반이 아니라 바로 그 원리 자체와 동일시되는 점에서도 그렇습니다. 다시 말해 죽음충동은 고통과 불쾌의 상태를 자발적으로 지속함으로써 쾌원리를 위배하는 듯한 반복강박의 예외성을 설명하는 개념이 아닙니다. 쾌락원칙이 왜 불쾌의 제거가 아니라 존속을 통해서만 구현 가능한지 새롭게 설명하는 틀입니다. 다만 프로이트는 쾌원리의 구현에 죽음충동이 더 근본적이라고 봐서 예외가 곧 법칙임을 증명하고 이를 삶충동과의 팽팽한 긴장관계로 재설정한 것입니다. 그래서 쾌원리는 욕망이 자극하는 불쾌를 최소화하려는 죽음충동과 불쾌를 통해—불쾌에도 불구하고가 아니라—만족을 찾으려는 삶충동 간의 항구적 긴장 상태—불쾌의 증가를 뜻하지 않고 두 충동의 '밀당'이 어느 쪽으로도 치우치지 않는 균형 상태—를 지향하는 인간의 심리 내적 기제를 설명하는 것이 됩니다.

이처럼 프로이트는 쾌원리의 재정립과 죽음충동 개념을 통해, 왜 인간은 죽음을 향한 쾌에 지배되는가라는 철학적 물음을 제기하기보다 왜 인간은 고통을 자발적으로 감내하는 방식으로 삶을 추구하는가라는 질문을 던집니다. 죽음의 필멸성(mortality)이 아니라 고통의 필연성(necessity)에 답하고자 하는 것이죠. 저는 여기에 프로이트의 사상적 위대함이 있다고 생각합니다. 왜 인간은 쾌원리를 추구하는 바로 그 일환으로 고통을 필요로 하는가 물으면서 쾌와 불쾌, 죽음과 삶을 양립 불가능한 것으로 사유해온 서양철학의 이분법적 형이상학에 의문을 제기하기 때문입니다. 물론 자극을 줄이는 방식만이 아니라 자극을 통한 만족을 증진시키는 데서 오는 쾌를 더 근본적이라고 보는 관점도 가능합니다. 인간의 욕망을 해방시켜야 한다는 취지의 정치학이 바로 이런 원리에 근거하는데, 프로이트는 이와 전혀 다른 입장에 서 있습니다. 억압을 제거하고 욕망을 해방시키는 일이 아니라 고통의 필연성을 통한 항상적 중용(中庸) 상태에 대한 열망이 프로이트의 정치학이 지향하는 지점이라고 하겠습니다. 현실 자체의 능동적 변화를 꾀하지 않는 지극히 보수적 태도라고 비판할 여지도 없지 않지만, 해방의 정치학의 급진성과 현상 유지를 꾀하는 현실정치의 중도성이 실은 폭력성을 내재하고 있으며 자신에 대항하는 세력의 완전한 제거를 목적으로 삼는다는 점에서는 오히려 탁월하게 정치적일 수도 있습니다. 정신분석의 정치학이 담긴 1930년의 저작 『문명과 그 불만』은 이러한 관점에서 읽어야 그 진가를 알 수 있고, 『쾌원리의 너머』는 바로 그런 프로이트의 인식론적 전환이 구체화된 지점입니다. 따라서 프로이트 사상의 전개 과정을 시기별 연구주제의 변화로 설명하는 관점은 매우 데면데면한 태도입니다. 1차 세계대전 기간과 겹치는 프로이트 사상의 변환기, 즉 인식론적 전환의 의미를 고려해야만 한층 역동적인 사상사를 재구성할 수 있을 것입니다.

나르시시즘의 발견

그런데 사실 이러한 인식론적 전환의 결정적 계기는 그 전환기의 출발점인 메타심리학 연구와 문화현상에 대한 이론적 분석이 제공합니다. 따라서 메타심리학 연구의 출발점을 어디로 잡느냐도 중요한데, 통상 '메타심리학 논문들'이 출간된 1915년을 기준으로 삼습니다. 이전에 피력했던 무의식 개념을 개진한 「무의식」이 1915년에 쓰였기 때문입니다. 저는 그보다 1년 앞선 1914년에 나온 「나르시시즘 입문을 위하여」를 기준점으로 삼아야 한다고 생각합니다. 미완성으로 남았지만 여기서 리비도 이론이 새롭게 정립되었고, 무엇보다도 나르시시즘 개념이 프로이트의 인식론적 전환의 단초를 담고 있다고 보기 때문입니다. 인간은 다른 존재와 함께 공동의 관계를 맺고 살아가는 사회적 존재라는 입장이 서양철학 인간학의 대전제인데 그렇지 않을 수 있다는 가설을 처음 제시한 것이죠.

프로이트가 말한 나르시시즘은 자기 혹은 자기 몸에 대한 사랑을 뜻하는 일반적 개념이 아닙니다. 정신분석은 인간의 성숙을 자신의 감정과 심적 에너지 혹은 리비도를 다른 존재나 다른 대상, 즉 자기 바깥의 대상에 투자하는 사회화 과정으로 이해하는데, 나르시시즘은 이러한 과정을 거스르고 자기만족적 삶을 추구하며 사회화를 거부하는 증상이 아닙니다. 프로이트의 나르시시즘에는 세 가지 의미가 있습니다. 첫째, 나르시시즘은 사회화 과정의 출발점이 되는 유아기의 성적 태도, 특히 오이디푸스 콤플렉스 단계 이전의 유아성욕의 근본 형태를 가리킵니다. 유아기에 형성된 자신에 대한 이상적 이미지—이상적 자아(Ideal-Ich)—를 자기 자신의 본모습으로 인식하는 일종의 환상적 동일시의 기제를 말하는 것이죠. 프로이트는 이를 '원초적 나르시시즘'이라고 불렀고 라캉의 거울단계 개념 역시 이 과정과 깊이 연관되어 있습니다. 둘째, 사회화 이후의 나르시시즘으로 일종의 심리적 퇴행입니다. 대상에 대한 리비도 투자에 문제가 발생한 경우—대부분의 신경증은 이와 관련이 있습니다—원초적 나르시시즘 상태로 회귀하여 해결하려는 태도를 뜻합니다. 자기 바깥의 대상 대신 자신의 내부에 형성된 자아이상(Ich-Ideal)—사회적으로 인정된 자신의 이미지—에 일시적으로 리비도가 투자되는 과정을 뜻합니다. 프로이트가 멜랑콜리(우울)라고 부른 심리 과정이 이와 깊은 관련이 있습니다. 대상리비도 투자를 거부한다는 점에서는 반사회적이지만 사회가 용인한 자아이상으로 대체한다는 점에서는 지극히 규범적 태도입니다. 마지막으로, 프로이트의 나르시시즘은 대상리비도 투자의 근본 형태를 지칭하는 개념이기도 합니다. 리비도 이론에 따르면 성적 에너지는 현실에 실제로 존재하는 대상에 물리적으로 투자되는 것이 아니라 한 개인의 심리 과정 내부에서 벌어지는 사태입니다.

바꿔 말하면, 리비도의 투자는 외부 대상을 향한 것이지만 실제로는 자아가 자기 내부에 형성된 외부 대상의 표상(Vorstellung)에 투자하는 과정이라는 것이죠.

프로이트는 에코와 나르키소스의 신화를 참조하여 자신의 독특한 나르시시즘론을 펼칩니다. 이를 자기애(self-love)로만 이해하면 인간의 성애 대상은 둘인데 하나는 자기 밖의 존재이고 다른 하나는 자기 자신이라는 평범한 얘기가 되어버려요. 프로이트의 나르시시즘 개념은 자아가 리비도 투자의 주체일 뿐만 아니라 대상도 될 수 있다는 새로운 깨달음입니다. 그러나 더 중요한 사실은 리비도 투자와 관련된 인간의 성애 자체가 나르시시즘적 폐쇄회로의 구조를 띠고 있다는 점이에요. 현실과의 관련을 끊어버린 정신증자에게만 빈번히 나타나는 현상이 아니라는 것이죠. 자아가 리비도 투자의 대상이 되는 것이 아니라 리비도 투자 자체가 대상의 표상을 상대로 한 행위라는 생각입니다. 자아 내부에 형성된 대상의 표상에 대한 투자이기에 내부 표상은 대상의 실제 존재와 달리 '환상'의 성격이 강합니다. 이미지죠. 프로이트 정신분석의 중대한 전환점이 나르시시즘 개념과 함께 시작된다고 주장하는 이유가 여기에 있어요. 일종의 '인식론적 전환'이 나르시시즘 개념과 함께 생겨나고 그 전과 후가 아주 달라집니다. 나르시시즘 이후의 프로이트 정신분석은 리비도와 관련된 우리의 욕망이 이처럼 환상의 성격을 띤다는 점을 자각한 이론입니다. 프로이트가 충동을 자기보존충동과 성충동으로 구분한 바탕에도 이러한 인식이 자리잡고 있는데, 이뿐만 아니라 죽음충동 개념의 발견에도 나르시시즘 개념은 큰 영향을 미칩니다.

인식론적 전환의 또하나 중요한 계기는 메타심리학 작업과 『쾌원리의 너머』 이전에 관심을 기울였던 이른바 임상실험이 대부분 실패로 귀결되었다는 사실과 연관이 있어요. 대체로 전환기 이전에 프로이트가 발표한 히스테리와 신경증 임상실험을 예로 들어보죠.

도라의 히스테리 분석(1905)
꼬마 한스의 공포증 분석(1909)
쥐인간의 강박신경증(1909)
편집증자 슈레버 분석(1911)
늑대인간의 유아 신경증 분석(1918)

이런 임상분석은 자신의 정신분석 방법론을 심리학에 버금가는 과학으로 증명하기 위한 시도였는데, 잘 읽어보면 분석의 대부분이 치료에 실패한 이야기입니다. 프로이트가 임상분석 실패 사례를 학계에 보고한 이유는 정신분석의 핵심 전제인 '유아성욕' 개념을 설득하기 위해서였습니다. 트라우마와 억압에 관한 이론뿐만 아니라 오이디푸스 콤플렉스 개념의 정립에 유아

성욕이 절대적 중요성을 차지하기 때문이죠. 물론 프로이트는 유아성욕 개념을 끝까지 견지하면서도 신경증에 관한 임상분석이 결국 실패였다는 사실은 인정하지 않았습니다. 저는 그 단적인 예가 1925년에 출간된 『자기소개서』라고 봅니다. 매우 징후적이게도 여기서 그는 이 사례 연구들의 성과에 대해 전혀 언급하지 않습니다. 게다가 꼬마 한스와 슈레버 분석은 자신이 직접 실행한 연구도 아니고 부모의 기록과 자서전에 근거한 것입니다. 가장 마지막에 발표된 늑대인간 분석 과정을 보면, 프로이트는 이 환자의 분석을 1914년에 마친 뒤 치료 종료를 선언했지만 환자의 증상은 사라지지 않았고 나중에 자신의 조수 루스 맥 브런즈윅(Ruth Mack Brunswick)에게 치료를 의뢰하기도 합니다. 실제로 그 저서 곳곳에서 치료가 실패했을 가능성을 자인합니다. 1918년이 되어서야 출판한 사실도 이와 관련 있습니다. 늑대인간 치료 실패를 통해 프로이트는 환자들의 저항과 방어에 대해 새로운 인식을 얻지만, 왜 환자들이 자발적으로 고통 상태를 연장하려고 하며 의사의 치료에 저항하는지를 정신분석 측면에서 해명해야 할 난제를 떠안습니다. 나르시시즘 개념과 환상이라는 새로운 문제의식을 통해 비로소 프로이트는 초기 성심리학적 입장에서 본격적인 정신분석 연구로 전환할 수 있었습니다.

무의식의 의미화

이제 본격적으로 프로이트 정신분석의 세계로 들어가보겠습니다. 무의식 개념부터 시작하죠. 우선 주목해야 할 글은 1912년에 영어로 쓰인 「정신분석에서 무의식 개념에 관한 노트」입니다. 전환기 이전에 쓰인 글이죠. 전환기인 1915년에 발간한 「무의식」과 함께 프로이트의 무의식 개념을 다룬 중요한 글로 꼽힙니다. 무의식을 집중적으로 조명한 글로는 「무의식」이 더 잘 알려져 있고 전환기에 쓰였다는 점에서 중요성도 큽니다. 그러나 1912년의 글을 참조하지 않고 바로 이 글을 읽으면 이해하기가 쉽지 않습니다.

우선 「무의식 개념에 관한 노트」의 제일 마지막 대목을 보세요. 프로이트는 무의식 조직을 뜻하는 독일어 약자 Ubw를 소개한 후, "이것이 아마 무의식이라는 용어가 정신분석에서 획득한 가장 중요한 세번째 의미가 될 것이다"라고 합니다. 여기서 세번째 의미는 "무의식이 하나의 조직처럼 되어 있다"라는 뜻입니다. 무의식이 혼잡한 무질서 상태에 놓여 있지 않고 의식에 버금가는 체계를 이루고 있을 가능성이 높다는 가설입니다. 그렇다면 첫번째와 두번째 의미는 뭐였을까요? 다시 처음부터 읽으면서 찾아야 해요. 프로이트의 글쓰기 스타일이 사례를 차례대로 일목요연하게 소개하지 않거든요.

논문의 앞으로 돌아가 다시 읽어봅시다. 첫번째 주장은 무의식이 우리의 심리에 그냥 숨겨진 채로 침잠해 있는 것이 아니라 어떤 식으로든 항상 활동하고 있다는 이야기입니다. 무의식은 휴화산이 아니라 활화산처럼 활성조직입니다. 초기에 무의식 개념을 정립할 때 프로이트는 무의식이 의식과 별도로 존재하는 심리 내부의 잠재된 공간이라고 생각했어요. 인간 심리에 의식이 중심을 차지한다면 의식보다 훨씬 더 넓은 영역을 차지하는 알려지지 않은 장소가 바로 무의식이죠. 이런 관점을 지형학적 정리라고 합니다. 이 논문에서는 무의식을 공간적 비유로 설명하면서도 자체의 조직을 가지고 어떤 동력에 의해 활동하는 관념 혹은 표상이라고 생각합니다.

두번째 특징은 무의식과 의식을 지배하는 법칙이 다르다는 주장입니다. 프로이트는 초기에 심리기제를 지형학적으로, 즉 장소의 배치관계로 나누어 의식, 무의식, 전의식으로 불렀다가 나중에 리비도 이론을 바탕으로 경제적 모델, 즉 리비도의 순환을 둘러싼 일종의 심리적 장치로 자아, 이드, 초자아라는 틀을 도입합니다. 세 가지 심리 장치는 서로 개념적으로 구분은 되지만 실제로는 모두 심리의 구성부분이기에 동일한 원리—리비도 투자활동이 따르는 쾌원리—에 의해 작동한다고 보았습니다. 쾌원리에 따라 자아는 불안의 근원인 이드와 연합하거나 충돌하며, 자아의 일부인 초자아와 협력하거나 길항합니다. 리비도 개념과 쾌원리가 본격적으로 등장하기 이전의 지형학적 모델은 무의식을 지배하는 논리와 의식이 따르는 법칙이 다르다고 봅니다. 의식은 우리 스스로가 인지할 수 있는 기억과 관념을 통해 이루어지고 반복해서 표상할 수 있지만, 무의식은 정신의 내부에 잠재된 표상으로 가정할 수 있는 한에서만 존재하기에 의식과는 전혀 다른 원리에 따라 기능할 것이라는 생각입니다. 의식에 의한 무의식의 표상화가 쉽지 않은 이유는 이렇게 체계를 갖춘 형태로 활성 상태에 있고 의식법칙의 지배에서 벗어나 있기 때문입니다. 의식은 '의미화'와 인과법칙을 따르지만 무의식은 무의미의 영역이고 인과율을 벗어납니다. 비유컨대 무의식은 우리의 정신 내부에 의식적으로 표상하는 것이 불가능해 보이는 시한폭탄을 뜻합니다. 빙산 그림(77쪽 ①그림)이 보여주듯 그 폭탄은 우리 심리의 아주 광범위한 부분을 차지하고 있습니다. 이런 틀을 받아들이면 우리는 어떤 존재인가, 우리는 과연 우리 삶의 주인인가 하는 의심이 들고 사유하는 존재라는 관념이 완전히 뒤바뀌겠죠. 여러분 안에 여러분이 통제할 수 없는, 여러분의 의지와 의식의 통제에 따르지 않는 어떤 무의미의 존재가 의식의 법칙을 따르지 않는 활성화된 조직체로 존재한다는 이야기입니다.

프로이트의 무의식 개념은 우리가 스스로를 의식적으로 표상하는 사유라는 관념에 중대한 전환을 초래합니다. 인간을 보는 완전히 새로운 관점이 도입되는 것입니다. 어떻게 달라질까요? 의식법칙을 따르지 않는다면, 완전한 통제는 불가능하지만 가능한 정도까지는 우리 삶을 표상하여 통제하는 방식이 하나 있을 것입니다. 아니면 그냥 그대로 인정하되 갈등을 겪기보다 공존을 모색하는 방식이 있을 수 있겠죠. 어느 경우든 우리 삶은 더 이상 의식적이고 논리적일 수 없습니다. 어떤 윤리적 차원에서 삶에 대한 중대한 태도 변화가 생길 겁니다. 여기서 윤리적이라는 말은 도덕적이라는 말과는 다릅니다. 윤리와 도덕은 동일한 문제틀이 아닙니다. 도덕은 우리가 옳다고 믿고 있는 어떤 원칙, 기준, 가치 들이 내 삶과 부합하는가 여부를 따지죠. 예컨대 자살을 한다든가 사람을 죽이면 안 된다는 원칙은 도덕적 문제예요. 그런데 어떤 순간에는 도덕에 위배되지만 사람을 죽이는 것이 나를 비롯한 모두의 삶에 도움이 될 가능성이 큰 경우도 있겠죠. 이때 윤리적 상황이 발생합니다. 쉬운 예로, 누군가 자기를 계속 왕따시키고 폭행한다면, 내가 목숨을 끊거나 그 사람을 없애지 않고는 더이상 견딜 수 없다는 판단을 할 수 있죠. 상황과 관계에 따라 달라지는 윤리적 행위입니다. 거기에는 어떤 일반적 도덕법칙이 적용되지 않아요.

프로이트의 정신분석학이 모든 증상을 성으로 환원한다고 도덕적으로 비판할 수는 있지만, 윤리적으로 그럴 수는 없습니다. 왜냐하면 우리는 어느 순간 신경증자가 되어야 더 나은 삶을 희구할 수 있고, 정신증자가 되어야만 더 나은 삶을 욕망할 수 있기 때문이죠. 윤리적 판단의 가능성까지 닫아놓는다면 모든 일을 일도양단해서 도덕주의나 전체주의로 갈 가능성이 크겠죠. 정신분석은 여러분 안에 있는 무의식이라고 하는 독립된 활성 조직으로서의 표상이 우리의 의식적 표상이나 법칙과 어떤 관계를 맺고 있느냐를 중시합니다. 때로는 의식적으로 설명될 수 없는 방식으로 상황에 대면해야 하는 경우도 있고, 반대로 무의식을 억제해서 의식적으로 대처해야 하는 상황도 있는 것입니다. 억압은 바로 무의식과 의식의 관계를 규정하는 하나의 계기일 뿐 단일한 원리가 아닙니다. 정신분석학은 그런 학문입니다. 어떻게 행동하는 것이 정상적이고 도덕적인가 하는 기준이 우리 의식에 있지만, 정신분석은 그것과 다르게 활동하는 무의식을 다루고 무의식은 정상과 비정상이라는 기준 자체를 무화시킵니다.

정리하자면, 「무의식 개념에 관한 노트」에 나타난 무의식은 우리 심리 내부에 존재하는, 의식과는 다른 법칙을 따르는 활성화된 조직입니다. 그렇다면 무의식을 차지하는 표상은 어떻게 구성되어 있을까요? 이제 1915년에 나온 「무의식」를 참조하겠습니다. 무의식의 표상은 크게 세 요소로 이루어져 있습니다. 첫째, 억압된 기억이 있어요. 앞에서 본 외적 자극을 처리하는 심리기제에 대한 도표를 떠올려보세요. 기억의 형태로 저장된 표상이 있는데 억압되었기 때문에 필요에 따라 의식 속으로 끌어 올릴 수 없는 기억의 표상입니다. 억압되었기에 아직 관념화되지 않은 잠재 기억을 뜻합니다. 그렇다면 억압되지 않은 그냥 기억은 어디에 있습니까? 여러분 의식 속에 언어로 관념화되고 계열화되어 있죠. 시험을 치를 때 답안은 이처럼 논리적으로 체계화된 의식적 기억을 이용해 작성하죠. 근데 어떤 것은 도무지 떠오르지 않아요. 왜 그럴까요? 기억용량과 집중력이 부족하거나 심리기제의 질이 떨어져서, 즉 머리가 나빠서 그럴까요? 정신분석에 따르면, 틀리면 안 된다는 불안으로 강박이 생겨서 기억하는 과정에서 억압했기 때문이에요.

다른 하나는 이미지 표상입니다. 억압된 기억이 아직 계열화되지 않은 잠재적 표상이라면, 이미지 표상은 감각적 이미지로만 존재하는 표상입니다. 무의식에는 이러한 감각 이미지가 아무런 인과적 · 논리적 맥락 없이 저장되어 있어요. 왜 그럴까요? 우리 의식 속에는 이미지 표상만 있는 게 아니라 언어 표상이라는 관념화된 표상이 같이 있어요. 그런데 프로이트에 따르면 무의식에는 관념화된 표상이 존재하지 않습니다. 관념화되지 않은 잠재적 기억과 감각 이미지의 표상만 있습니다. 꿈을 생각해보세요. 꿈에 나오는 장면은 전부 감각 이미지죠. 우리는 그 이미지를 나중에 언어로, 즉 관념화된 표상으로 풀어냅니다. 그런데 꿈속 이미지를 말로 풀어냈다고 해서 의미가 통하지는 않습니다. 언어로 풀어낸 이미지 표상을 다시 의식의 법칙에 따라 해석해야만 의미를 가질 수 있습니다. 무의식에는 그런 언어가 없고 이미지만 있는데 그 이미지는 의미가 부여되지 않은, 그 자체로는 무의미한 표상입니다.

마지막으로, 어쩌면 제일 중요한 요소인데 별로 주목받지 않았던 것입니다. 프로이트가 감정(Affekt)이라고 부른 일종의 감각적 인상입니다. 저는 이 무의식의 감정이 의식의 법칙을 따르지 않고 잠재된 활성조직의 일부라서 변용 가능성에 지배된다고 봅니다. 우리가 흔히 감각, 감정, 느낌이라고 부르는 상태보다 더 원초적이고 표상 불가능한 충동의 성격을 띠므로 감능(感能)이라고 부르는 것이 어떨까 생각합니다. 관념화되지도 않고 어떤 감각적 이미지로도 남아 있지 않으며 오로지 충동처럼 어떤 에너지나 기운으로만 감지되는 표상 아닌 표상입니다. 요샛말로 하면 '느낌적 느낌'이라고 할까요. 억압된 기억과 이미지 표상에 동반되지만 이 둘로 환원되지 않는, 어쩌면 온몸으로만 느껴지는 그 무엇에 가깝습니다. 프로이트는 이 감능을 충동과 관련짓습니다. 그래서 어떤 학자들은 정동(情動)이라고 부르기도 합니다. 썩 좋은 번역어는 아닙니다. 프로이트는 감능을 무의식 및 충동과 관련된 어떤 것으로 보았지만 그 이상의 언급은 없습니다. 만일 프로이트가 우리의 무의식에서 대부분을 차지한다고 본 억압된 기억 표상과 이미지 표상이 아니라 감능이 주도권을 가지고 있다면 인간 주체를 바라보는 또다른 관점이 가능할 수도 있겠죠. 더 탐구해야 할 주제입니다. 아무튼 관념화되지 않은 억압된 기억과 무의미한 감각 이미지, 그리고 감능이 바로 「무의식」에 피력된 무의식의 세 요소입니다.

이렇게 정리한 뒤 프로이트는 정신분석에서 무의식 개념이 왜 필수적인지 묻습니다. 그리고 모든 무의식을 만든 근원으로 억압이라는 심리기제를 거론합니다. 그다음 억압이 불안에 의해 생기고 증상을 형성하며 어떻게 무의식을 만들어내는지 다루고, 무의식 조직의 특성을 거론합니다. 무의식 조직의 특성은 여러 가지가 있는데 가장 중요한 사항은 시간성이 없다는 것입니다. 무의식의 법칙은 인과율을 따르지 않을 뿐만 아니라 시간성의 원리에서도 벗어나 있다는 뜻입니다. 시간성이 없으니 물론 공간성도 없겠죠. 마지막으로 의식과 무의식 조직의 교류를 언급합니다. 여기서 전의식 개념이 등장합니다. 빙산 그림에서 볼 수 있지만, 프로이트는 초기에 전의식이 의식과 무의식 어디에도 속하지 않은 별도의 심리 영역처럼 생각했습니다. 하지만 나중에 의식의 일부로 편입되었다가 리비도 이론이 도입되면서 자아의 일부로서 현실과 관계를 맺는 매개체인 초자아 개념의 모태가 됩니다. 여기서 전의식의 역할은 무의식의 표상을 관념화하고 의미화하는 선별기제입니다. 억압의 수행 주체라고 할 수 있습니다.

한글판 프로이트 전집의 개념어 번역 문제를 하나 지적하면서 이번 강의를 마무리하겠습니다. 독일어로 Besetzung이라는 개념이 있습니다. 영어로는 어떤 곳을 차지하고 점령(occupation)한다는 의미에 가까운 말이고, 공간을 채운다는 뜻도 있어요. 그리고 어떤 틀을 만든다(cast)는 의미도 있습니다. Besetzung이라는 말을 풀어보면, 영어로 '세우다/서다(stand)'라는 뜻의 독일어 setzen에 동사의 의미를 강조하거나 타동사로 만드는 접두어 be와 명사형 어미 ung이 결합되어 있죠. Besetzung은 그러니까 '자리를 잡게 만듦'을 뜻합니다. 독일어에서 일상적으로 쓰는 단어입니다. 프로이트는 이 단어를 여러 맥락에서 자주 사용했습니다. 특히 무의식과 관련된 활동성을 설명하면서 무의식의 표상과 감능이 자꾸 의식에 자리를 잡으려고 한다는 의미로 씁니다. 다시 말해 무의식은 억압된 기억 및 이미지 표상과 감능을 의식의 영역에 자리잡게 하는 방식으로 활동한다는 것이죠. 이것을 의식 쪽에서 보면 무의식이 표상을 의식에 투여하거나 투자하는 행위이죠. 영어 번역어로는 투자를 뜻하는 investment와 정신 에너지의 집중을 뜻하는 심리학 용어 cathexis가 있는데, 한글판 전집의 번역은 '리비도 집중'으로 분명 영어의 cathexis를 좇아서 의역한 것 같습니다. 독일어 원문에 근접해서 번역하자면 영어로는 placing이나 positioning이 더 가까울 텐데 cathexis를 선택하는 바람에 독일어의 일상어 뉘

앙스가 사라집니다. 최근에 더 선호되는 투자, 즉 investment라는 개념이 차라리 더 나은데, 이는 프로이트가 무의식의 표상을 나중에 성적 에너지의 경제인 리비도 개념으로 정립했다는 사실과 잘 어울립니다. 프로이트는 리비도와 관련해서만 이 용어를 쓰지 않고 의식의 영역에 자리잡는 무의식의 표상을 지칭하는 경우에도 쓰기 때문에 '리비도의 집중'이라는 우리말 번역은 지나친 친절이라는 생각이 듭니다. 고심한 번역은 맞지만 프로이트에게 Besetzung은 리비도의 투자만을 뜻하지는 않아요. 초기의 글에 보면 프로이트가 libidinal Besetzung이라는 표현을 씁니다. 리비도가 아닌 형태의 Besetzung도 있다는 얘기죠. 이렇게 되면 libidinal Besetzung을 '리비도의 리비도 집중'이라고 옮겨야 하는 어처구니없는 일이 벌어집니다, 나중의 의미를 가지고 초기 개념을 설명하는 문제가 생깁니다. 일본어로는 카세쿠시스(カセクシス) 혹은 한자로 '집중(集中)'이라고 번역합니다. 투자로 옮기든 집중으로 번역하든 뉘앙스가 크게 다르지는 않지만, '리비도 집중'이라고 굳이 통일할 필요는 없었다는 얘기였습니다. 무의식의 표상 입장에서 보면 거점 확보이고 점령이지만 리비도의 측면에서는 성적 에너지의 집중이자 투자입니다.

리비도 경제와 관련해 마지막으로 한마디 보태면, 프로이트는 리비도가 자아와 이드 사이에서 순환하는 과정으로 심리기제를 설명하는 방식을 경제적 모델이라고 보았어요. 경제라는 표현은 리비도를 마르크스가 말한 '상품'처럼 교환의 상징으로 보았다는 뜻이면서 동시에 리비도를 순전히 양(量)적 측면에서만 보았다는 사실과도 연관이 있어요. 그렇기 때문에 경제적 뉘앙스를 살려서 '투자'라고 번역하는 것이 더 나을 것 같습니다. 앞서도 지적했지만 리비도의 투자는 내 몸의 성적 에너지가 물리적으로 내 앞의 대상을 향해 옮겨지는 과정이 아닙니다. 리비도의 투자는 전적으로 주체 내부의 움직임입니다. 대상이 아니라 대상의 표상과 자아가 맺는 관계를 의미합니다. 프로이트의 서술은 마치 물리적 과정인 것처럼 묘사되어 있지만 혼동하지 말기 바랍니다. 이 모든 투자는 내 정신과 몸 안에서 벌어지는 일이에요. 투자는 내 심리의 무의식 표상이 의식 쪽으로 활성화되는 것이고 그 과정에서 리비도가 자아의 표상이나 대상의 표상을 향하면서 심리구조에 양적 변화가 일어나는 일입니다. 물론 이 양적 변화가 심리 상태의 질적 변화와도 연관이 되기는 합니다. 나르시시즘이나 사랑은 바로 리비도의 양적 투자 증감에 따라 질적 변화가 생기는 현상을 뜻하는 개념입니다.

2강

내가 누구인지 말할 수 있는 자는 누구인가

freud seminar

심리 모델

1강에서 무의식에 크게 세 가지 특징이 있다고 설명했고 세 가지 구성요소도 짚어보았습니다. 「정신분석에서 무의식 개념에 관한 노트」에서 무의식'의' 활동성을 언급하는 이런 문장이 있습니다. 최면 상태인 신경증 환자의 행동을 예로 들면서, "의사의 지시에 관한 관념은 행동에 관한 표상처럼 의식에 떠오르지는 않고 계속 무의식 상태에 머물러 있었기에 그 관념은 '활동적이면서 무의식적인' 관념으로 남아 있다"라고 말합니다. 무의식을 말하면서 계속 관념이라는 표현을 쓰죠. 이 문장에서 관념이나 표상이라는 번역어는 모두 영어의 idea를 옮긴 말입니다. 프로이트가 영어로 발표한 글이지만, 독일어로 썼다면 Vorstellung이라고 했을 것입니다. 우리말로는 '표상'이라는 번역이 프로이트의 뜻에 더 적합합니다.(참고로 덧붙이면, 라캉은 표상 대신 시니피앙(signifiant)이라고 부릅니다.) 이 단어를 영어로 옮길 때 representation이라고 할 때도 있고, 여기서처럼 idea라고 번역하기도 합니다. 독일어로는 대표자/대리자라는 뜻으로 Repräsentant라는 단어가 따로 있습니다. 영어로 idea라고 했지만 독일어 Vorstellung에 가깝기에 저는 앞으로 표상이라는 말을 쓰겠습니다. 이 문장을 다시 쓰면 이렇습니다. "의사의 지시가 담긴 표상은 행동에 관한 표상처럼 의식에 떠오르지는 않고 계속 무의식 상태에 머물러 있었기에, '활동적이면서 무의식적인' 표상으로 남는다." 특정한 행동을 지칭하는 언어 표상은 의식에서 관념화되는데 그 행동 표상을 의사가 명령했다는 사실은 관념화되지 않은 채 무의식의 감각적 표상으로 남는다는 얘기입니다. 무의식은 이렇게 관념화 · 의미화되지 않지만 활성화된 표상으로 이루어져 있다는 주장이 담겨 있습니다. 다시 강조하지만, 무의식은 보이지 않는 흐름이라든지 에너지가 아니라 표상입니다.

이 표상은 표상이기 때문에 또다른 표상, 혹은 그 표상의 대표자/대리자에 의해 대체될 수 있습니다. 관념화되지 않는 무의식의 잠재적 표상을 의식의 표상으로 대체하는 과정이 바로 무의식의 분석입니다. 꿈의 분석이 대표적 사례입니다. 이제 프로이트가 무의식의 표상을 활동적이라고 보았다는 점에 주목해봅시다. 활성조직이라는 특성으로 인해 더이상 무의식을 공간적 차원에서 심리의 한 영역으로만 얘기하기 힘들어졌어요. 무의식이 활화산처럼 유동한다면 장소적 측면만이 아니라 어떤 상태로 존재하는가의 관점에서 재정의할 필요가 생긴 것이죠. 빙산의 비유가 일면적인 이유입니다. 활성조직으로서 무의식의 존재 양태는 빙산이나 저수지에 고인 물처럼 정태적이지 않고 끊임없이 활동적으로 움직이는 표상과 감능의 자리잡기, 즉 점거(Besetzung)입니다. 또한 활동적이지만 불규칙하게 움직이는 것이 아니라 나름대로의 활동체계를 갖추고 일정한 원리에 따라 움직이는 조직이라는 얘기죠.

무의식이라고 하더라도 어떻게 활동하는가에 따라 크게 두 가지 원리를 생각해볼 수 있습니다. 물론 프로이트는 여기서 의식과 다른 무의식의 원리에 대해 '무의식 활동을 지배하는 법칙은 의식 활동을 지배하는 법칙과 다르다'라고만 얘기하고 더이상 언급하지 않습니다. '더 큰 쾌를 얻기 위해 불쾌를 감내하는' 현실원칙이 의식의 법칙을 뜻한다면 쾌원리는 무의식을 지배하는 원리라고 볼 수 있겠지만 이런 설명이 딱 들어맞지는 않습니다. 불쾌를 줄이는 것이 쾌원리라면 무의식은 욕망을 부추김으로써 오히려 불쾌를 증가시키는 기제이고, 현실원칙은 욕망의 충족을 통제하고 연기함으로써 의식의 원리에 봉사하는 듯하지만 실제로는 불쾌를 지속시키는 결과를 가져옵니다. 또 불쾌의 감소는 욕망이 아니라 배고픔이나 목마름 같은 욕구를 해소하는 경우일 텐데 무의식은 욕구와 아무런 관련이 없습니다. 욕구는 충족되면 없어지지만 욕망은 충족될 수 없습니다. 리비도 개념이 등장하는 것이 바로 이 지점입니다. 리비도는 한마디로 성적 욕망의 심리적 에너지를 표상합니다. 무의식의 표상과 감능이 활동적이라는 말은 바로 욕망의 에너지인 리비도의 양적 순환을 뜻합니다. 무의식이 억압의 결과로 생겨나듯 리비도 역시 인간의 타고난 자연적 본능이 아니라 억압 혹은 금지라는 심리기제의 개입으로 생긴 사후적 현상입니다. 욕망이 있기에 억압되는 것이 아니라 충족이 불가능하게 억압되었기에 욕망이 되는 것이죠. 그러니까 리비도는 본능(instinkt) 혹은 자연충동(Naturtrieb)의 발현이 아니라 억압으로 인한 심리적 에너지라고 봐야 합니다.

프로이트를 공부하다 보면 유사한 의미를 지닌 용어가 여럿 등장합니다. 대표적으로 의식-전의식-무의식과 이드-초자아-자아 같은 구분이 있죠. 리비도란 개념도 그중 하나예요. 말이 나온 김에 이 개념들이 어떻게 다르고 어떤 층위에서 갈라지는지 정리해보겠습니다. 의식과 무의식 개념만 가지고 충분히 설명할 수 있는데 거기에 왜 전의식이란 개념이 들어가느냐, 이것을 왜 또 자아, 이드, 초자아로 나누느냐, 충동은 뭐고 리비도는 뭐냐, 이런 의문이 들 거예요. 프로이트는 처음에 인간의 심리를 의식과 전의식, 무의식이라는 공간적 개념으로 이해했어요. 반면에 무의식이 활성화된 조직이라고 생각하면서부터는 공간 개념을 어떻게 활동하는가라는 기능의 차원에서 재분류하고 여기에 자아, 초자아, 이드라는 명칭을 부여합니다. 그리고 이 기능들을 조직하는 원리가 바로 리비도의 양적 순환이라는 개념으로 설정됩니다. 인간의 심리는 의식, 무의식, 전의식으로 부를 수 있는 영역으로 나눌 수 있는데, 각 영역을 하나의 기능으로 본다면 자아, 초자아, 이드라는 기제로 부를 수 있습니다. 각 기능 간의 관계를 순환하는 상품이 바로 리비도입니다.

의식: 표상의 중심
무의식: 비표상적 중심
심리: 의식과 무의식의 합
자아: 욕망의 중심
주체: 타자에 대한 자기표상

충동: 몸이 무의식에 가하는 요구
이드: 리비도의 저장소
리비도: 충동의 성적 심리 에너지

욕구: 본능의 논리 (충족)
요구: 충동의 논리 (명령)
욕망: 타자의 논리 (결핍)

외적 자극이 심리에 전해졌을 때 감각기관을 통해서 지각을 하면 그 지각이 기억 속에 계열화되고, 저장이 불가능한 자극은 무의식 속에 저장됩니다. 이 과정을 거쳐 자극에 따른 구체적 반응을 합니다. 1강에서 소개한 초기 신경학 모델(45쪽 그림)입

니다. 컴퓨터 보드에 여러 슬롯과 노드가 정렬되듯 그려져 있죠. 컴퓨터 하드웨어를 설계한 사람들이 이 모델을 참고한 게 아닌가 싶을 정도로 닮았어요. 첫번째 그림은 지형학적 모델이라고 합니다. 공간적 분할이죠.

지형학적 모델 ①에 자아-이드-초자아의 기능을 겹쳐놓은 것이 구조 모델입니다. 오른쪽 위와 아래의 ②, ④번 그림입니다. 특히 오른쪽 위를 저는 감자(potato) 모델이라고도 부르는데, 인간의 뇌를 형상화해서 만든 것 같습니다. 공간으로 분할했던 전의식/의식/무의식을 이렇게 늘어놓고 여기에 자아-이드-초자아라는 기제를 덧붙입니다. 구조 모델을 보면 알겠지만, 자아 기제의 상당히 많은 부분이 무의식 및 전의식 영역에 겹쳐 있습니다. 자아의 활동영역인 셈입니다. 초자아를 보면 뭔가 자아보다 더 높이 있으니까 현실과 직접적으로 접촉하는 기능이라고 생각하는데, 실제로 프로이트의 모델에서 현실과 접촉하는 기관은 자아이고 초자아는 자아의 일부로서 자아가 만들어낸 자아에 관한 하나의 모상(模像)입니다. 저는 초자아가 자아를 비추는 마음속의 거울과 같다고 봅니다. 초자아는 무의식과 의식의 전 영역에 이르고 있습니다. 이드는 자아의 밑바닥에 깔려 있고 주로 무의식의 영역과 관계하죠. 그런데 이드는 꼭 무의식에만 있는 것이 아니고 자아와도 겹쳐 있어요. 굉장히 이상하게 들리죠? 이드가 어떻게 자아에 걸쳐 있을까 의아할 텐데, 실제로

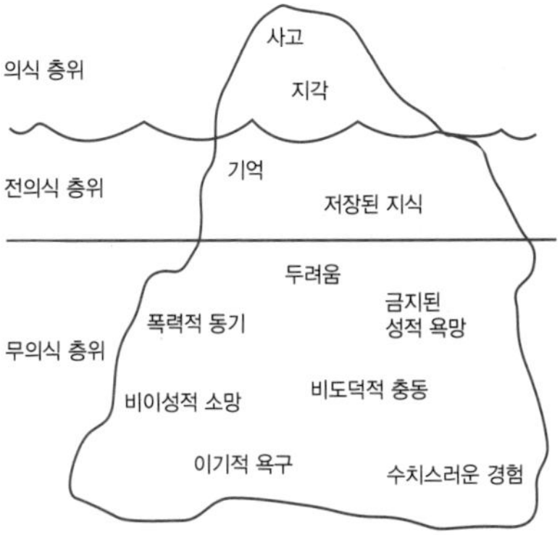
의식 층위
사고
지각
전의식 층위
기억
저장된 지식
두려움
폭력적 동기
금지된
성적 욕망
무의식 층위
비이성적 소망
비도덕적 충동
이기적 욕구
수치스러운 경험

①

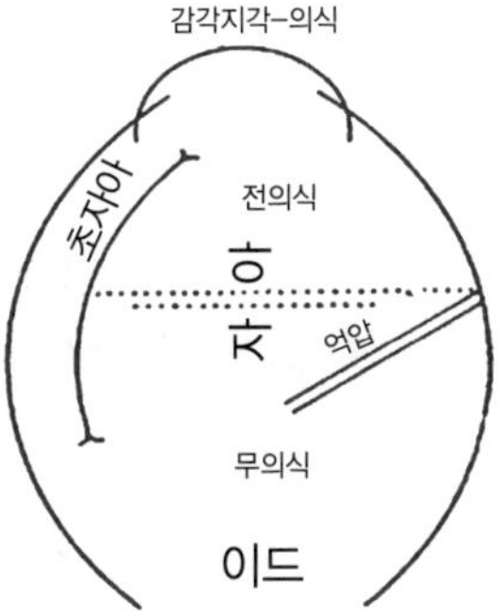
감각지각-의식
초자아
전의식
자아
억압
무의식
이드

②

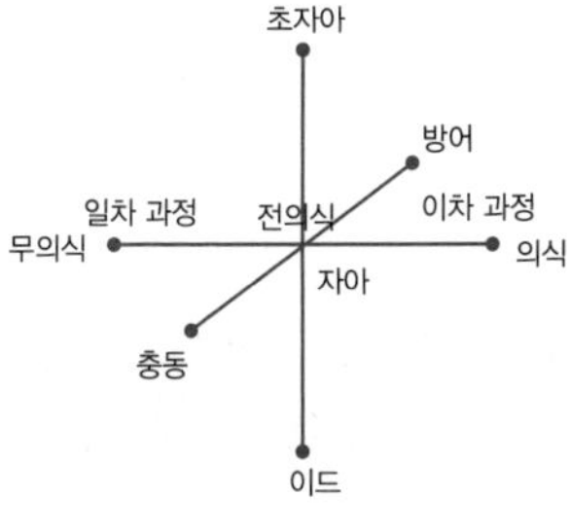
초자아
방어
일차 과정
전의식
이차 과정
무의식
의식
자아
충동
이드

③

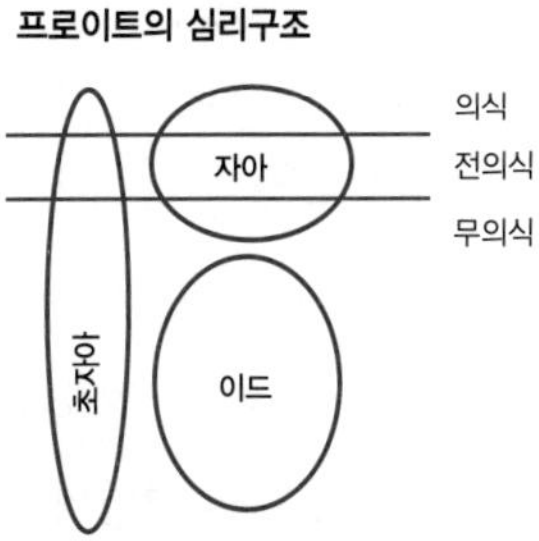
프로이트의 심리구조
의식
자아
전의식
무의식
초자아
이드

④

자아는 이드와 초자아를 부분집합으로 갖는 전체집합인 동시에 그 전체집합 중 이드와 초자아를 제외한 부분집합이기도 합니다. 자신을 부분집합의 일부로 갖는 전체집합이 바로 자아입니다. 자아는 통제에서 벗어나려는 이드와 이드의 통제를 명령하는 초자아를 부분집합으로 갖는 전체 심리기제인 동시에 이드 및 초자아와 협력과 갈등을 통해 리비도의 흐름을 조절하는 부분기제를 가리킵니다. 그림 ②에서 억압이 작동하는 모습이 보이나요? 구조 모델에서 억압은 전의식과 무의식 사이에 사선으로 비스듬히 걸쳐 있는 좁은 통로이고 둘 사이를 나누는 점선과 연결되어 있습니다. 억압은 장벽이 아니라 통로입니다. 자아가 이드를 작동할 수 있게끔 리비도를 선별적으로 순환시키는 결박장치이자 거름장치입니다. 억압에 대해서는 다음에 더 자세히 다루겠습니다.

마지막으로 역동적 모델을 봅시다. 왼쪽 아래의 ③번 그림입니다. 구조 모델의 평면도를 3차원 공간으로 옮겼습니다. 무의식-의식-전의식의 공간 모델은 중간 지점에 평면으로 펼쳐 있고, 자아-이드-초자아는 상하의 수직공간으로 배열되어 있습니다. 지형학적 평면의 분할선을 직각으로 교차하는 선이 하나 있고 각각의 끝은 충동과 방어의 흐름을 표시합니다. 수직의 분할선을 따라 움직이는 것은 물론 리비도이고, 평면의 분할선을 따라서 표상이 이동하겠죠. 이런 영역의 작동원리는 리비도와 표상의 양적 순환입니다. 각각의 심리기제가 이 양적 순환으로 이어진 체계를 프로이트는 경제에 비유합니다. Besetzung이 투자라고 했던 것 기억하죠? 이 체계는 각각의 심리기제가 마치 상품이나 화폐처럼 리비도와 표상을 어디에 투자하고 어디로 회수하는가 하는 원리에 따라서 작동합니다. 가운데 결절점에 전의식과 자아가 위치하고 있죠. 이 결절점이 바로 억압을 표시합니다. 지형학 모델에서는 전의식이, 구조 모델에서는 자아가 바로 억압의 주체입니다. 또하나 평면 분할선의 양 끝에 각각 일차과정(Primärvorgang)과 이차과정(Sekundärvorgang)이 나옵니다. 무의식에서 벌어지는 심리 과정이 일차적이고 의식의 심리적 처리 과정이 이차적입니다. 일차과정은 활성조직인 무의식이 작동하는 체계입니다. 이차과정은 억압 다음에 의식 차원에서 진행되는 통제 및 관리 기능을 가리킵니다. 마지막으로 현실원칙과 쾌원리가 각각 초자아와 이드 편에 위치해 있습니다. 앞서도 얘기했지만 이 구분은 여러모로 문제가 있습니다.

빙산 모형을 가지고 다시 한번 설명해볼게요. 그림 ①에서 넓은 바다를 우리의 심리구조라고 생각해봅시다. 바다 같은 심리구조에는 깊은 심해가 있고 그다음에 물위의 공기층과 닿아 있는 해수면이 있겠죠. 그 위에는 해가 떠 있듯이 우리가 밝은 대낮처럼 인식할 수 있는 부분이 있다고 가정합시다. 자아-초자아-이드는 그 심리의 바다에 잠겨 떠 있는 저 빙산과 같아요. 잘 보시면 이 빙산은 우리의 의식과 일치하지 않아요. 왜 그럴까요? 우리는 자아-이드-초자아를 지닌 존재로, 바다에 떠 있는 빙산이지 심리 전체인 바다와 동일하다고 얘기할 수 없죠. 빙산으로서 우리는 심리라고 하는 바다에 떠 있는 우리 스스로에 관한 하나의 표상일 뿐입니다. 다른 표상도 있겠죠. 우리의 심리를 구성하는 다른 빙산, 우리가 만든 우리 스스로에 대한 다른 표상도 있습니다. 그러니까 이드가 무의식의 영역에 속한다든가 자아는 의식의 영역에 거주한다고 얘기하는 것은 큰 의미가 없습니다. 귀속 관계가 전혀 아닙니다.

카를 융(Carl Jung)은 프로이트 모델을 전혀 다른 각도에서 접근했어요. 원심을 지닌 지구 모양으로 만들었습니다. 융 모델의 핵심은 자아가 아니라 자기(Selbst)라는 개념이에요. 융의 자기는 자아라고 불리는 것과 자아가 알지 못하는, 그림자(Schatten)라고 부르는 지층의 결합입니다. 프로이트의 의식과 무의식이 자기의 두 구성요소인 자아와 그림자로 바뀝니다. 자기는 자아처럼 억압의 주체이자 결절점이 아니라 외부세계를 향한 자아와 내부세계를 향하는 그림자의 균형을 잡는 중심추 역할을 합니다. 그리고 그림자의 영역에는 여성의 남성적 원리인 아니무스(Animus)와 남성의 여성적 원리인 아니마(Anima)가 각각 음양의 원리처럼 작동하고 있습니다. 의식은 우리 심리의 가장 표층을 구성하고 사회적 관계에서 자기를 표상하는 페르소나

(Persona)라는 일종의 가면으로 표상됩니다. 무의식은 개인적 무의식과 집단적 무의식이 수직적으로 각기 다른 지층을 구성하고 있습니다. 프로이트와 마찬가지로 이 심리 모델 전체를 움직이는 힘은 리비도인데, 프로이트와 달리 성적 에너지가 아니라 삶을 추동하는 힘 일체를 가리킵니다. 무의식에 역사성을 도입하려는 시도로 보이지만 프로이트의 문제의식과 동떨어져서 결국 심리구조의 신화를 만드는 데 그칩니다.

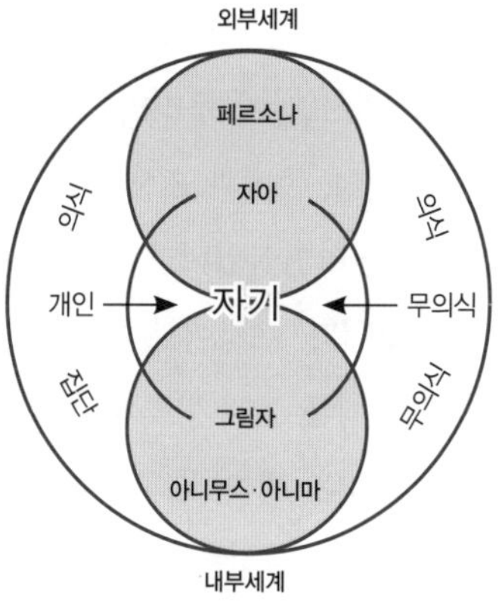

융의 심리 모델

라캉은 이를 3원 모델로 만들었습니다. 보로메오의 매듭(Borromean rings)이라는 고리예요. 라캉이 주목한 것은 무의식과 의식의 구분, 자아와 초자아, 그리고 이드와의 구분이 아니라 우리를 둘러싼 의미의 세계를 나누는 작업입니다. 우리의 존재와 우리의 의식 간의 분열과 환상 개념을 기준으로 프로이트의 개념을 재구성했어요. 우리는 우리의 존재를 알 수 없기 때문에 무의식은 표상을 통해서만 근접할 수 있는데, 이때 표상과 존재 사이에 존재하는 간극 혹은 구멍이 바로 모든 문제의 근원이라는 설명입니다. 내가 누구인지 말할 수 있는 자는 누구인가? 셰익스피어의 『리어왕』에 나오는 굉장히 유명한 대사죠. 자기가 모르는데 누가 그런 얘기를 해주겠어요. 존재는 알 수 없으나 나라는 존재에 대한 어떤 이미지는 표상으로 존재하죠. 라캉에 따르면 우리는 이미지로서의 표상이 우리의 존재인 것처럼 믿고 살아갑니다. 환상구조입니다. 존재와 표상의 간극, 그로 인한 환상구조가 우리 존재론적 심리현실입니다. 라캉은 이 환상구조를 세 가지 차원으로 세분합니다. 프로이트의 평면 모델이나 빙산 모델이 아니라 우리의 존재를 둘러싸고 하나의 고리처럼 매듭없이 엮여 있는 세계들입니다. 세 영역, 즉 세 가지 세계인데, 실제로 독립된 영역은 아니고, 정확히는 두 영역과 이를 둘러싼 보이지 않는 심연이라고 할 수 있습니다. 하나는 l'imaginaire인데, 우리말로는 상상계라고 부릅니다. 다른 하나는 le symbolique, 우리말로 상징계라고 합니다. 이 둘은 존재와 의식처럼 간극으로 관계 맺는데, 전자는 우리 자신에 대한 주관적 이미지의 표상체계, 후자는 언어를 통한 사회적 의미의 체계라고 구분할 수 있습니다. 나머지 고리는 le réel이라고 부르는데 우리말로는 실재계 혹은 그냥 실재라고 칭합니다. 상상계와 상징계라는 두 표상과 의미의 체계를 가능하게 만드는 바탕이면서 동시에 둘을 환상구조로 현상하게 만드는 보이지 않는 공백입니다.

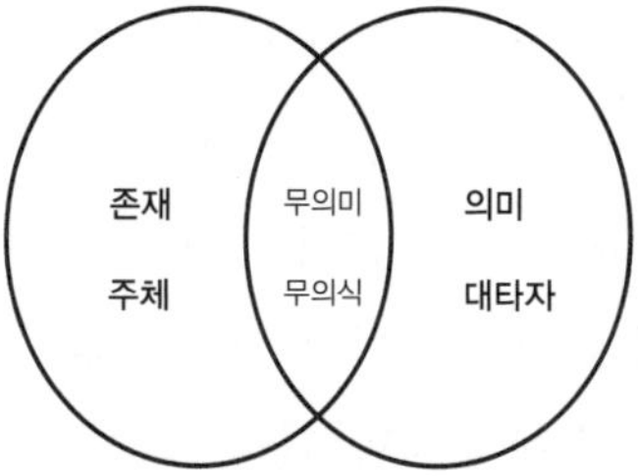

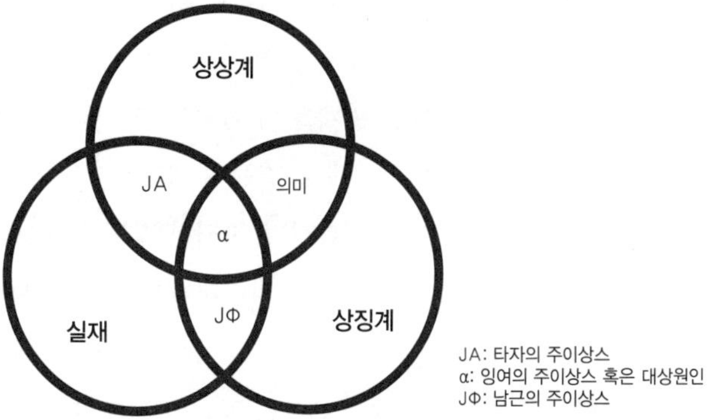

한마디로 우리의 존재는 상상계와 상징계의 두 의미체계로만 현상하는데 그 바탕에는 실재라는 어떤 힘, 흐름, 공백이 존재하

고 이는 의미화가 불가능한 우리 존재의 틈새를 말합니다. 상징계는 우리가 살고 있는 사회적 의미체계로서 현실(reality)과 다릅니다. 현실을 작동시키는 의미표상들의 체계입니다. 우리가 다른 사람들과 맺는 사회적 삶을 움직여가는 언어적 질서를 말합니다. 가장 대표적인 상징계의 의미체계는 바로 구별과 차이에 근거한 이항대립의 질서입니다. 남-녀, 선-악, 진리-거짓, 유아-성인, 정상-비정상, 선생-학생, 직원-보스 관계 등이죠. 또 다른 체계는 질서와 규범입니다. 도덕, 법, 규칙 등 사회적 관계를 유지하기 위해 개개인이 따라야 할 보편적 합의의 체계입니다. 이 체계는 우리가 실제로 살고 있는 현실과는 달라요. 우리는 이항대립의 체계에 속하고 따라야 할 규칙들의 영향 아래서만 스스로를 표상할 수 있지만 이런 의미의 체계가 우리의 존재나 우리가 타인과 맺는 관계를 다 설명할 수는 없습니다. 상징계와 현실은 일치하지 않기에 늘 갈등이 생깁니다. 예컨대 우리 사회에서 벌어지는 이른바 '갑질'도 그러한 갈등의 사례입니다. 어떤 특정한 상황에서 통용되는 의미체계가 다른 상황에도 그대로 적용될 수 있다고 생각하는 사람들의 착각이 빚어내는 문제죠. 학생과 교수의 상징적 관계는 강의실 밖에서는 통하지 않습니다.

문제는 이러한 상징계가 우리의 의지와는 상관없이 항상 이미 우리에 앞서 존재하고 있고 우리는 사회적 존재로서 상징계에 진입해야만 한다는 사실에 있어요. 선재하는 차이와 구별의 체계와 규범을 수용해야만 사회적 존재로 살아갈 수 있는 것이죠. 상징계를 구성하는 가장 큰 원리는 언어 혹은 기호의 체계예요. 상징계는 바로 언어와 기호 같은 의미화의 표상을 통해 작동합니다. 그런데 조금 전에 '진입한다'고 말했듯이 상징계에 들어가기 이전의 단계나 상징계를 거부하는 상태도 가능하겠죠. 진입 이전 혹은 상징계 바깥의 세계. 의미화의 표상작용이 작동하지 않는 혹은 불가능한 상태가 가능합니다. 이를 상상계라고 부릅니다. 오이디푸스 콤플렉스 이전 어린아이의 세계가 있고 상징계의 의미화가 작동하지 못하는 신경증과 정신증의 상태가 존재합니다. 어린아이들처럼 언어와 기호를 통해 사회적 의사소통을 할 수 없는 단계, 혹은 상징계에 살고 있으나 이 체계의 의미화체계를 받아들이지 못하는 증상을 보이는 사람들이 간직하는 지극히 사적인 의미화의 세계가 바로 상상계입니다. 실재는 상상계에서 상징계로의 이행, 상징계와 상상계의 간극, 상징계 속 상상계의 지속 등과 같은 현상을 가능하게 하면서 동시에 이 둘의 통합을 가로막는 공백을 뜻합니다. 실재는 상상계와 상징계와 동등한 제3의 의미체계가 아니라 두 세계를 지탱하는 알 수 없는 심연이자 채울 수 없는 간극입니다. 비유하자면 상상-상징계가 거울이라면 실재는 거울의 뒷면을 구성하는 주석으로 된 막, 즉 경박(鏡箔, tain)입니다. 실재의 존재는 오로지 상징계의 의미화가 불가능해지는 순간에만 확인할 수 있는 근본적 무(無)의 세계입니다. 실재는 상징계의 파탄을 기록하는 바이러스 같은 존재이며, 보편적이고 합리적인 혹은 그렇게 믿고 있는 상징계에 대한 환상이 파탄나는 순간에 드러나는 결핍의 지표입니다. 거울에 금이 가거나 깨져야만 경박의 존재를 알 수 있는 것과 같은 이치입니다. 예컨대 '민주주의'라는 이념을 지고의 가치로 표상하는 상징의 가치가 위반되는 순간이 도래한다면 상징적 의미화가 작동하지 않는 공백이 생겨나겠죠. 상징계의 허구성이 드러나는 그런 계기는 기존 질서가 위기를 맞는 순간이자 새로운 변화의 가능성이 잠재된 시간이기도 합니다. 내가 보고 듣고 믿는 것이 허구였음이 드러나는 순간, 뭔가 다른 게 있을 거라고 생각하게 만드는 순간이 바로 실재가 도래하는 시간입니다.

리비도 경제

프로이트 모델로 돌아와서 지형과 경제 모델을 다시 구분해서 설명하겠습니다. 프로이트가 만든 평면과 3차원의 도식은 혼란스러운 것이 사실입니다. 왜냐하면 프로이트가 의식과 무의식, 전의식으로 나눈 평면도식과 자아, 초아자, 이드로 나눈 도식이 서로 겹치는 모델이 전혀 아니기 때문이에요. 서로 다른 층위의 모델인데 프로이트는 이론적 설명을 위해 이를 한꺼번에 도입합니다. 프로이트의 사상을 네 단계로 나누는 구분법이 효과적이지 않은 이유도 이와 관련됩니다. 초기의 프로이트는 평면 도식으로 그려낸 지형 모델에 압도돼요. 반면 후기의 프로이트는 3차원의 경제적 모델을 중시합니다. 초기에는 인간 심리를 공간으로 분할해서 하나의 평면 위에 지도로 표현할 수 있다고 생각했습니다. 인간 심리를 지도로 표현한다면 의식, 전의식, 무의식의 영역이 관련된 도식으로 만들 수 있고 이 영역들을 이동하는 표상의 움직임으로 정리할 수 있겠죠. 표상의 움직임이란 무의식에 있는 무의미한 표상이 전의식의 검열 과정을 거쳐 의식에 일정한 의미로 표상되는 과정을 뜻합니다. 공간적으로 이동하는 표상의 움직임을 통해 우리의 심리가 행하는 인식의 과정을 설명하려는 모델입니다. 무의식 안에 있는 인지 불가능하고 의미화할 수 없는 표상을 전의식의 도움을 통해서 의식 속으로 끌어들이는 것이 심리 과정의 본질이라고 보는 겁니다. 이 공간 모델은 기본적으로 데카르트의 틀, 즉 인간은 사유(의식)하는 존재라는 전제에 기반을 둡니다. 이에 따르면 정신분석의 핵심 과제는 어떻게 전의식의 도움으로 무의식에 존재하는 무의미의 표상을 의식에서 의미화할 것인가가 됩니다. 반면 경제 모델은 심리뿐만 아니라 몸의 반응까지 포함해 설명하려는 틀입니다. 초기 정신분석학의 평면도식은 주로 정신에 관련된 것, 우리 심리에 관련된 현상만 가지고 분석하는 입장이에요. 우리의 몸이 어떻게 심리현상과 관련되는가에 대한 설명이 빠져 있어요.

이때 몸은 우리가 통상 심리라고 부르는 것과 구분된다고 생각하기 쉽죠. 우리의 뇌는 어디에 속합니까? 의식에 속합니까, 몸에 속합니까? 심리작용이 벌어지는 뇌는 몸의 일부이면서 상대적으로 독립적 기능을 지닌 기관입니다. 물론 뇌신경과학자들처럼 뇌와 심리를 동일시해서 심리 현상이 대부분 뇌라고 하는 특수한 신체 기관의 특별한 작용에 의해서 가능하다고 볼 수도 있을 것입니다. 그렇다면 왜 뇌라는 우리 몸의 일부가 다른 조직에 비해 심리적인 것을 관장하며 우리의 신체 전부를 지배하는 중심 역할을 맡는 것일까요. 신경과학자들과 달리 프로이트가 던지는 질문이 바로 이것입니다. 프로이트는 우리 몸에 어떤 심리적 현상, 즉 증상이 생길 때 문제의 근원이 물리적이지 않고 심리적이라고 생각했음에도 뇌라는 조직이 가지고 있는 특수성, 즉 신체 기관인 동시에 심리를 관장하는 영역이라는 점으로 인해 심리의 문제들은 곧 몸과 분리해서 생각할 수 없다고 본 것이죠. 프로이트의 정신분석학이 심리학이나 생리학과 다른 이유는 이처럼 몸과 심리의 상관관계를 탐구하기 때문이고, 그런 면에서는 관념론이나 형이상학과 분명히 구분해야 합니다. 충동 혹은 리비도 개념이 등장하는 것이 바로 이 맥락에서입니다. 프로이트에 따르면, 충동이나 리비도는 우리 몸 전체를 순환하는 물질이 아니라 몸의 일부인 뇌에서 이루어지는 심리 에너지의 순환을 가리키고, 이 순환 과정은 몸 전체의 활동과 필연적 관계를 맺고 있습니다. 피처럼 몸을 순환하는 실제 물질이 아니라 마치 기(氣)처럼 심리적 반응을 유발하는 가상의 정신 에너지입니다. 실제로 존재하는 에너지가 아니라 있다고 가정해야만, 혹은 알 수는 없지만 느낄 수 있다고 전제해야만 우리 몸과 심리의 관계를 설명할 수 있는 그러한 개념입니다. 이 심리적 에너지가 어떤 명칭으로 불리건 간에 일단 우리의 몸에서 기원한다고 보는 것이 프로이트의 물질주의적 입장입니다.

그렇다면 우리의 몸은 어떻게 이런 심리 에너지를 뇌를 통해 만들어낼까요? 리비도는 마치 호르몬처럼 뇌 이외의 어떤 신체 기관들로부터 받아들이거나 뇌 자체에서 만들어내는 그런 물질이 아닙니다. 뇌가 몸의 일부이자 심리를 관장하는 독립된 기관으로서, 몸에서 발원하지만 인식이 불가능한 어떤 흐름을 심리적 형태의 신호로 바꾼 결과가 리비도입니다. 가령 아주 두렵고 공포스러운 어떤 상황에 마주쳤을 때 우리는 본능적으로 거부감을 느끼죠. 이것을 지금껏 몸의 '본능적' 반응이라는 이름으로 불렀는데 실은 이 반응이 그냥 우리 몸이 거부를 해서 나오는 것이 아니라는 얘기입니다. 프로이트에 따르면, 어떤 자극이 우리 내외부에서 생기면 일정한 반응이 나오기까지 반드시 뇌의 심리화 과정을 거치게 돼 있어요. 이 심리화 과정의 결과로 만들어지는 것이 이른바 '심리현실(psychischen Realität)'입니다. 뇌라는 기관은 단순히 심리적 영역만 담당하는 그런 껍데기가 아니라 우리 몸의 모든 반응을 관장하는 핵심 기관이 되는 것이죠. 뇌가 어떠한 심리화 과정을 거쳐서 몸의 요구에 반응하는지 분석하는 과정이 넓은 의미의 심리학이라면, 이때 심리화 과정에 생긴 문제를 증상이라는 이름으로 추출하고 이 증상의 원인을 몸으로 소급하기보다 심리화 과정 자체의 실패로 설명하는 것이 정신분석학입니다. 몸의 요구라고 했습니다. 본능적 욕구가 아닙니다. 정신분석학은 몸의 요구를 우리의 정신이 어떻게 대면하는가를 다루기에 심리학의 일환이지만 그 요구를 우리의 정신이 만들어낸 심리현실의 측면해서 해명하고 여기서 발생하는 증상을 심리적 과정 자체의 문제로 본다는 점에서 심리학과 다릅니다. 따라서 리비도라는 개념은 바로 뇌의 심리화 과정을 설명하기 위한 이론적 전제이고, 이를 통해 왜 뇌를 통한 심리화 과정이 우리 몸의 외적 혹은 내적 자극에 특정한 방식으로 반응 혹은 실패하는지 설명하는 것입니다.

리비도는 바로 몸의 요구가 심리적 신호로 번역되었을 때 뇌의 심리화 과정을 촉발하고 반응을 형성하게 만드는 심리적 동력을 지칭합니다. 이 심리 에너지가 마치 화폐처럼 순환한다고 상정하니까 경제학 모델이라고 부르는 것입니다. 그리고 이 심적 에너지는 화폐와 마찬가지로 질적으로 구분될 수 있는 것이 아니기에 양적으로만 영향을 미친다고 설정한 것입니다. 리비도 에너지의 질적 차별성을 따지는 것이 불가능하지는 않겠지만 불필요한 이유는 양의 많고 적음 이외에 무엇을 기준으로 질적 구분을 할 것인지 객관적 기준이 애매할 뿐만 아니라 개별 심리마다 질적 기준이 다르다면 학문적 분석 자체가 무의미해지기 때문일 것입니다. 리비도의 양적 순환만을 근거로 프로이트가 만들어낸 경제적 모델은 이렇게 태생적 한계를 지니고 있습니다. 심리화 과정을 촉발하는 어떤 역학이 작용하고 이것에 반응해서 우리의 심리가 작동하는데, 그 과정에서 생긴 문제를 몸으로 환원하지 않고 설명하려는 방법을 정신분석학이라고 요약할 수 있겠습니다. 무의식, 의식, 전의식이 있고 표상이 각 영역을 이동한다는 설명만으로는 심리학의 경계를 넘어서기 힘들다고 본 것입니다.

심리현실 내부에서 무의식의 표상은 무엇에 의해 움직이며 어떻게 이동하는 것이 가능한지 설명하려는 논리인데, 이는 심리화 과정에 문제가 발생한 일종의 예외 상태를 통해 우회하는 방법론입니다. 공간을 나눈 평면도식이 아니라 리비도의 순환을 가정하고 이를 추동하는 기능으로 초자아, 자아, 이드라는 심리적 계기를 설정한 것입니다. 무의식과 의식의 영역을 이동하는 표상을 순환하게 만드는 심리적 에너지로서 리비도의 존재를 개념화하고, 이를 순환하게 만드는 심리 내부의 기능주체를 이드, 자아, 초자아라는 형태로 나누어 보는 관점입니다. 따라서 이드가 리비도를 투자하거나 자아가 리비도를 철회한다고 프로이트가 말할 때, 이는 실제로 물질적 에너지가 우리 몸 밖으로 들고 나는 게 아니라 우리의 심리현실 내부에서 어떤 기능주체에 리비도라는 심리 에너지가 양적으로 더 많이 축적되어 있는지를 의미하며, 그 결과 심리화 과정 전체가 어떤 지향을 띠게 되는지 설명하는 방법이 됩니다. 물론 심리 에너지로서의 리비도가 본질적으로 성적 특성을 갖고 있기에 문제를 발생시킨다는 것이 바로 프로이트만의 독창적 관점입니다.

심적 에너지로서의 성적 리비도가 자아 기능의 통제를 받으면 별다른 문제가 없지만 충동의 힘인 이드에게 쏠리거나 초자아의 압박에 과도하게 짓눌리면 문제가 발생하고 증상이 형성됩니다. 무의식-전의식-의식 모델만으로는 이를 설명하지 못했습니다. 의식이 전의식을 통해 무의식에 억압을 행사한다는 가설은 있었지만, 억압은 왜 생기며 왜 우리의 심리가 억압을 필요로 하는지 설명할 수 없었던 것이죠. 억압은 전제가 되어 있을 뿐이어서 억압을 없애는 것이 유일한 해결책이 되었던 것입니다. 경제 모델에 따르면, 억압의 발생은 성적 에너지인 리비도의 순환에 이상이 생기기 때문이고 이는 자아-이드-초자아라는 주체의 심리기제 중 어느 한쪽에 리비도가 양적으로 편중된 것입니다. 따라서 억압이란 리비도 에너지의 편중 현상을 우리의 심리기제가 이미 인지하고 있다는 증거이고 이를 해결하기 위한 조치를 이미 가동하고 있다는 증표가 됩니다. 이제 억압은 해소되어야 할 무엇이 아니라 원활하게 작동되어야 할 심리적 균형 작용에 가깝게 인식됩니다. 증상은 억압으로 발생하는 것이 아니라 억압이 불충분하게나마 작동하고 있다는 증거입니다. 이 변화를 명확하게 밝혀낸 사람이 바로 라캉인데, 그에 따르면 억압으로 불안이 생겨나는 것이 아니라 불안이 억압을 만들어냅니다. 불안은 다시 우리의 몸이 심리에 가하는 요구의 불확실성에 의해 생겨나는 충동에서 기원하는 바, 라캉에게 프로이트의 리비도 개념보다 성충동과 죽음충동이라는 충동이론이 더 큰 비중을 차지하는 까닭이 여기에 있습니다. 리비도 개념에는 죽음충동이 들어설 여지가 별로 없기 때문입니다.

자아와 이드

경제 모델로 본다면, 일상생활을 원활하게 영위하기 위해서 우리는 어떻게 해야 할까요? 가장 중요한 것은 자아의 통제를 벗어나 리비도의 편중 현상을 초래하는 초자아와 이드를 적절하게 통제하는 문제겠죠. 우리 안에 있는 성적 에너지인 리비도를 편중되지 않게 어떻게 관리할 것인가가 핵심 문제가 됩니다.

이때 이드에 있는 리비도가 몸의 요구에 맞추어 심리화 과정을 지배하려는 양태를 프로이트는 충동이라고 합니다. 충동은 우리 뇌가 만들어낸 것이 아니라 우리 몸이 심리에 요구하는 굉장한 물리적 압박이에요. 다시 말해 자아에게 성적 리비도의 투자를 요구하는 압박입니다. 충동의 요구에 부응하여 자아가 이드에 성적 리비도의 투자를 허용하면 심리화 과정의 균형이 깨집니다. 불안이 생겨나는 것이죠. 불안이 발생하면 우리의 심리 과정은 자아의 주도 아래 이드를 통한 충동의 압박을 버텨내기 위한 조치를 취하겠죠. 이 사후적 조치가 바로 억압이고, 이 억압 작용이 부실하면 우리 심리화 과정의 작동에 이상이 발생합니다. 이것이 바로 증상입니다. 이제 심리화 과정 전체가 리비도의 원활한 순환을 위해 작동하는 것이 아니라 불균형한 편중을 바로잡기 위한 비상체제를 가동하기 시작합니다. 일종의 방어전략입니다.

신경증과 정신증은 비상체제로 작동중인 우리의 심리적 과정을 지칭하는 두 가지 현상이 됩니다. 자아는 이드를 견제하기 위해 초자아와 협력 관계를 구축하기도 하고, 이드의 명령에 굴복하여 초자아와 대립하기도 하겠죠. 흔한 경우는 아니지만 초자아가 이드와 협력해서 자아를 압박하는 일도 있습니다. 프로이트에 따르면 자아는 독자적으로 이 불균형을 해소할 능력이 없기 때문이고, 초자아와 이드가 자아와 독립된 리비도 작동기제인 동시에 넓은 의미의 자아의 일부인 까닭입니다. 자아는 외부 상대와 싸우는 것이 아니라 심리현실 내부의 적과 씨름하는 것입니다. 내부의 적인 초자아 및 이드에 리비도가 편중되는 일을 막기 위해 자아가 가동할 수 있는 유일한 조치는 억압을 활성화하는 일입니다. 이때 억압은 초자아의 힘을 빌려 리비도의 이드 집중을 통제하는 작용뿐만 아니라 이드의 리비도 고갈을 막기 위해 초자아의 과도한 억제에 저항하는 작용도 포함합니다. 다시 말해 이드의 명령을 따르는 성충동과 초자아가 압박하는 죽음충동 모두에 저항하는 일입니다.

프로이트의 이론을 미국식으로 변형한 이른바 자아심리학(Ich-Psychologie)에서 초자아와 이드의 압박에 맞서는 자아의 힘을 증대시키는 것이 해결책이라고 본 까닭이 여기에 있습니다. 그러나 프로이트는 자아의 힘을 증대시키는 것이 가능한 해결책이라고 보지 않았습니다. 초자아가 넓은 의미의 자아의 일부인 이상 자아의 힘을 증가시키는 일은 초자아와 이드의 힘도 배가시키는 결과를 가져오기 때문이죠. 프로이트는 오히려 리비도의 순환구조를 원활하게 만드는 억압을 활성화시켜 자아의 힘을 전체적으로 감소시키는 것이 해결책이라고 보는 쪽에 가깝습니다. 쾌원리죠. 다시 말해 억압을 통해 리비도 순환을 가로막는 편중 현상을 해소시켜서 이드와 초자아에 매개되는 충동의 힘을 감소시키는 것이 궁극적 과제라는 것이죠. 따라서 억압은 충동을 매개하는 리비도의 투자를 멈추어 움직이지 못하게 만들고 불안을 제거하는 식으로 저항하는 행위가 아니라 불안을 관리 가능한 수준으로 낮추어 자아의 기능을 최소화하며 편중된 리비도의 양을 분산시키는 일을 뜻합니다. 자아의 위력으로 불안을 제거하기 위한 공격체제를 유지하는 일이 아니라 자아의 기능을 줄여서 불안을 통한 억압기제가 정상적 리비도 순환체제로 복귀하게 만드는 비상조치를 말합니다. 프로이트에게 자아의 힘을 증대시키는 것이 사태를 악화된 상태로 유지하려는 작용으로 간주된 까닭이 여기에 있습니다. 제로섬 게임이 아니라 순환을 통한 억압의 균형작용 회복입니다.

정신분석에서는 의식, 자아, 주체란 말이 자주 겹쳐 쓰이는데 사실 프로이트에게 주체라는 개념은 없어요. 앞의 용어 구분을 참조하시기 바랍니다. 프로이트는 철학적 개념인 주체라는 말을 쓴 적은 거의 없고, 심리적 표상으로서 자아, 혹은 의식이라는 개념을 사용합니다. 무의식의 존재에 기반을 둔 이론이고 인간의 주체성이 사유주체로서의 본질에 있다는 인식과 궤를 달리하기 때문입니다. 프로이트에게 의식은 우리의 심리 과정 중에서 의미화의 표상을 행하는 중심이에요. 표상의 의미가 만들어지는 곳입니다. 인식으로 나아가기 위한, 지식으로 나아가기 위한 의미화의 표상을 생산하는 공장 같은 역할입니다. 의미화되지 않는 표상이 존재하는 무의식이 더 중요한 의미를 띠고 있는 프로이트의 이론에서 의식을 주체와 동일시할 수 없는 이유가 있는 것이죠. 의식이 만들어내는 의미의 표상 중에서 대상에 관한 표상이 아닌 자기 자신에 관한 표상이 바로 자기(Selbst)입니다. 주체란 바로 대상에 대한 표상과 자기 자신에 대한 표상을 통해 세계의 의미를 만들어내는 중심을 뜻합니다. 융은 프로이트의 자아 개념 대신에 자기 개념을 내세우는데, 이는 철학에서 말하는 의미생산의 주체와 대동소이합니다. 프로이트에게 자아라는 개념이 중요한 이유는 표상의 의미를 만들어내는 중심으로서의 기능보다 리비도의 순환과 관련된 욕망의 문제에서 핵심적이기 때문입니다. 인간을 욕망하는 존재로 보고 이를 수행하는 심리적 기능으로 자아를 설정하는 것이죠. 이드와 초자아는 리비도의 흐름과 관련을 맺기에 바로 욕망의 중심으로서의 자아의 일부입니다. 프로이트에게 주체 개념이 있다면, 오히려 표상의 의미화와 다른 무의식적 주체, 혹은 이드와 초자아를 포함한 욕망의 중심으로서의 자아가 스스로를 표상하는 명칭이 아니라 다른 존재, 즉 또다른 욕망의 중심으로서의 다른 자아와 맺는 관계에서 표상되는 대자적 개념에 가까울 것입니다. 프로이트에게 리비도의 순환은 근본적으로 자아의 내부에서 벌어지는 일이지만 욕망의 중심으로서의 다른 자아 혹은 대상과의 관계를 통해 생겨나는 충동의 논리에 반응한다는 점에서는 철저히 윤리적인 작용입니다.

이쯤에서 충동과 이드와 리비도의 차이를 설명할 필요가 있습니다. 충동은 독일어로 trieb라고 합니다. 영어로는 drive로 번역합니다. 충동은 자아 내부에서 리비도를 통해 작용하는 힘이지만 그 기원은 대상에 있습니다. 따라서 식욕이나 수면욕처럼 대상과 상관없이 생겨나는 본능과 다르고 대상과 관계되기에 내가 마음대로 조정할 수 있는 힘이 아니죠. 내부에서 작동하지만 외적 기원을 갖고 있으면서 내적 통제를 벗어나 있는 힘을 가리키기에 본능보다는 충동이 적절하고 영어의 drive에 더 가깝습니다. 초기 영어판에서는 trieb를 instinct로 번역했는데, 우리말의 본능에 가까운 어감이라 적절한 용어는 아닙니다. 충동이라고 하는 것은 대상에 기원을 두고 있으며 따라서 욕망과 관련이 있습니다. 직접적인 외부의 자극이건 내부의 압박이건 간에 어떤 형태로든 우리의 몸으로부터 심리에 가해지는 어떤 요구예요. 욕망 대상과 관련해서 우리 몸이 우리의 정신에 일정한 반응을 유도하는 요구를 지칭합니다. 그래서 프로이트의 정신분석학은 관념론이 아니라 충동의 윤리학이자 유물론입니다. 우리 몸의 어떤 요구가 심리적 압박을 가해서 만들어지는 충동에 반응하는 과정을 설명하는 것이기 때문에 우리 몸에 관한 사유가 핵심을 차지하고 있습니다. 충동은 무의식 영역에 의미화되지 않는 표상으로 자리잡고 이드를 통해 리비도의 투자를 요구합니다. 충족을 통해 해소되는 본능과 달리 대상을 향한 욕망과 관련을 맺기에 충동은 궁극적 만족을 모릅니다.

이드는 대상에 기원을 둔 충동이 몸의 요구를 통해 심리 과정에 등장했을 때 이를 리비도의 논리로 바꿔주는 심리기제를 가리킵니다. 독일어로는 '그것'을 뜻하는 Es로 표시합니다. 이드는 충동을 리비도의 흐름으로 전환시켜주는 기제입니다. 충동의 논리를 자아의 욕망으로 바꿔서 리비도의 투자를 추동하는 힘입니다. 우리가 어떤 것을 원하고 바라는 형태로 우리의 외부세계나 스스로에게 반응할 때 우리로 하여금 그런 행동을 하게 만드는 주체는 당연히 자아인데, 그 자아가 이렇게 욕망을 추동하게 압력을 가하는 리비도의 발전소처럼 역할하는 경우를 이드라고 생각하시면 됩니다. 그래서 프로이트는 나중에 이드를 "우리 안에 있는 야수"라고 말합니다. 자아의 내부에 오로지 충동의 논리에만 복종하는 야수 같은 존재가 있어서 우리로 하여금 충동을 욕망의 신호로 인식하게 만드는 근원이라고 하는 것입니다. 충동의 논리를 욕망의 신호로 전환하는 리비도의 저장소입니다. 이 저장소는 따라서 의미화의 표상과 관계되기보다 의미화되지 않는 무의식적 표상과 관계되는 날것의 힘이라고 보면 되겠습니다.

리비도는 이드와 충동이 자아의 욕망과 연관되어 성적 에너지로 순환하는 하나의 흐름이에요. 충동의 흐름으로서 대상을 향한 자아의 욕망을 표상합니다. 물론 이때 리비도에 매개된 충동의 대상은 자아 바깥의 다른 자아만을 가리키지 않고 자아 자체를 포함합니다. 나르시시즘 개념이 이와 관련되어 있습니다. 후기 프로이트에 따르면, 충동의 기원으로서 대상은 자아 안팎의 어떤 실체가 아니라 자아 내부에 표상된 대상, 다시 말해 욕망의 대상입니다. 거듭 말하지만, 충동의 논리만을 따르는 리비도 에너지의 투자는 바깥에 존재하는 실제 외부의 대상으로 나가는 게 아니라 우리 내부에 존재하는 대상의 표상을 향합니다. 실제 대상이 아니라 대상의 표상이기에 바깥 대상의 이미지일 수도 있고 이상적 자아의 이미지일 수도 있습니다. 리비도는 바로 그 대상의 표상, 대상의 이미지를 향해 투자됩니다. 실제 대상과 상관없이 우리 심리현실에서 벌어지는 것이니까 리비도는 나와 내 안에 있는 다른 자아, 혹은 타자라는 표상과의 욕망관계를 나타냅니다. 따라서 우리 내부에서 리비도의 흐름은 타자의 표상이 부모의 모습을 따라 형성될 경우와 이상적 자아의 모습을 따라 형성될 경우 다르게 투자될 텐데 프로이트는 전자를 사랑으로 후자를 나르시시즘이라고 보았습니다. 어떤 경우든 리비도의 총량은 변하지 않고, 실제로 자아의 바깥을 향해 돌이킬 수 없이 지출되는 것이 아니라 자아 내부의 대상의 표상을 향한 투자이기에 언제든지 회수가 가능하다는 특징이 있습니다. 나르시시즘에 대해서는 나중에 더 얘기하죠.

초자아

드물기는 하지만 초자아가 이드와 협력하여 자아를 압박하는 경우도 있다고 했는데 그 점을 설명하고 2강을 마치겠습니다. 프로이트의 심리 모델을 보면 초자아는 대체로 제일 위에 있고 자아는 그 밑에 그리고 이드는 맨 밑에 있는데 어떻게 초자아와 이드가 협력을 하나 싶을 거예요. 그런데 감자 모델을 보면서 눈치챘겠지만 프로이트는 초자아가 자아와 이드 사이에 걸쳐 있는 두뇌의 외피 같은 것이라고 봅니다. 그래서 초자아를 바깥 세계가 우리에게 가하는 어떤 압력을 중개하는 기관이라고 보기 쉬운데 사실은 우리 심리 내부에서 자아를 비춰주는 거울에 더 가깝습니다. 이 거울은 사회적이고 문화적인 이미지를 비춰줍니다. 다시 말해 자아에 대한 사회적 이미지가 초자아라는 거울에 나타나는데 이것은 우리가 내면화한 표상이죠. 자아가 내면화한 사회적 질서의 이미지이고 우리의 자아관념은 이 거울에 비친 이미지와 견주어서 형성됩니다. 우리가 거울을 보는 행위가 이 과정을 잘 설명해줍니다. 우리가 거울을 보는 이유는 거울에 비친 자기 모습을 교정하기 위해서죠. 거울을 보며 머리를 매만지거나 옷매무새를 가다듬습니다. 이때 거울을 보는 주체는 여러분인데 실제로 손을 움직여 거울에 비친 우리 모습을 바꾸게 만드는 것은 여러분이 아니라 그 뒤에 있는 어떤 보이지 않는 눈이에요. 거울을 보는 여러분의 머릿속에는 이미 사회적 시선을 내면화한 자아의 이상적 이미지가 존재하고 이 상상된 이미지에 최대한 부합해서 현재 거울에 비친 자신의 모습을 바꾸는 것입니다. 초자아는 바로 이처럼 사회적으로 인정된 자아의 이미지, 즉 자아이상을 비춰주는 거울입니다.

그런데 거울을 보는 순간 오히려 그 이상적 이미지와 어긋나게 행동하는 순간도 있겠죠. 예컨대 단정하게 넥타이를 맨 모습의 내가 아니라 좀 엉클어진, 즉 뭔가 자유로움을 추구하는 것이 내 진짜 모습이라고 생각할 수도 있죠. 자아이상과 어긋나는 이미지를 자아가 추구할 때도 있어요. 따라서 거울로서의 초자아는 자아가 따라야만 하는 획일적 자아의 이미지를 강요하는 기능뿐만 아니라 그 반대의 기능도 합니다. 이렇게 프로이트에게 초자아는 규범적 기제에 불과한 것이 아니라 자아가 거기서부터 일탈할 수 있는 근거를 제공하기도 합니다. 단정하게 넥타이를 맨 자신의 모습을 보며, 이건 내가 원하던 삶이 아니야, 라고 생각하게 만들 수 있습니다. 이것이 바로 초자아가 이드와 협력하는 역할입니다. 이때 이런 움직임에 반해서 다시 옷매무새를 추스르도록 다독이는 힘은 오히려 자아입니다. 이렇게 초자아는 이드에 깃든 악마의 목소리와 협력하여 자아를 압박하는 역할을 하기도 합니다. 물론 대부분의 경우에 초자아는 '양심'이라는 형태로 자아에게 도덕적 판단을 요구하는 기준이 되고, 이때는 자아와 협력하여 이드의 충동에 맞서는 겁니다. 그런데 어떤 경우엔 자아와 초자아가 분열되어서 초자아가 이드의 힘과 연합하여 자아를 압박하는 역할을 할 때도 있습니다. 자아이상이라는 이미지를 자아에게 비춰주는 거울로서 초자아는 프로이트가 나르시시즘이라는 개념을 도입하면서 중요성을 띠게 됩니다.

정리하자면, 충동은 몸이 우리 정신에 어떤 요구를 하는 것인데 도대체 뭘 어떻게 하라는 건지 명확한 형태의 명령으로 주어지지 않아요. 그렇기 때문에 자아로서는 충동의 표상이 불가능합니다. 이드에서 충동이 일어났을 때 자아는 리비도에 실려온 요구를 의식의 영역으로 보내 표상하고자 합니다. 이중 어떤 것은 검열을 비롯한 심리적 처리 과정을 거쳐 표상되기도 하고 어떤 것은 불안만 야기하고 표상되지 못한 채 무의식으로 돌아오겠죠. 본능, 충동, 요구, 욕구, 욕망 등의 개념을 구분해야 할 필요가 여기에 있습니다. 첫째, 본능과 충동은 다릅니다. 영어로 instinct에 해당하는 본능은 생물학적 욕구에 가깝습니다. 욕구는 생존과 관련이 깊어서 즉각적으로 혹은 시차를 두고서라도 반드시 충족을 필요로 하는 사태입니다. 욕구는 충족되지 않으면 삶을 위협합니다. 배가 고프면 무조건 먹어야 하고, 잠이 오면 어떻게든 자야 합니다. 반면 성욕은 본능이 아니라 충동이고 따라서 욕구가 아니라 (불가능한) 요구예요.

흔히 인간의 3대 욕구를 수면욕, 식욕, 성욕이라고 하는데 성욕은 욕구가 아닙니다. 채워지지 않아도 죽지 않아요. 반면 욕구는 요구와 상관없이 반드시 채워져야만 생명을 유지할 수 있습니다. 욕구는 영어로 need라 하고 본능의 논리를 따릅니다. 생물학적으로 특정한 대상이나 행위를 통해 반드시 충족되어야만 하는 심리적 혹은 신체적 필수요소입니다. 반면 요구는 충동이기 때문에 특정한 대상의 존재를 전제하지 않아요. 대상의 소유나 행위의 완수를 통해 충족되는 것이 아니라 심리적으로 해소해야 합니다. 특정 대상을 통해 충족될 수 있다고 생각하는 순간 오히려 궁극적 충족이 불가능함을 느낍니다. 이것이 바로 프로이트가 쾌원리로 설명하고자 하는 사태입니다. 몸이 요구하는, 그러나 충족이 불가능한 형태로 나타나는 충동이 우리에게 압박을 가해서 어떤 종류의 만족을 추구하도록 요구하는 것인 충동의 요구는 특정한 대상이나 행위를 통해 종결되지 않습니다. 요구를 불러일으킨 에너지, 즉 리비도를 우리의 심적 과정을 통해 소진시켜야만 합니다. 이렇게 충동은 충족 불가능한 대상을 원하는 욕망으로 나타납니다.

외부의 자극이 들어오거나 우리 내부에서 리비도의 흐름이 일어났을 때, 즉 욕망이 생겼을 때 반드시 불쾌가 유발된다는 것이 프로이트의 생각이에요. 충동의 요구는 우리에게 욕망을 불러일으키고 이 상황은 우리의 일상생활을 방해하기 때문입니다. 욕망을 욕구처럼 충족하고자 하면 불편한 일이 벌어지겠죠. 밥을 먹거나 잠을 자는 행위는 불쾌를 유발하지 않습니다. 그 반대의 경우가 불쾌를 야기하죠. 반면 요구의 충족, 욕망의 추구는 우리에게 이드의 명령에 따를 것을 요구합니다. 일상의 사회적 삶과 충돌하고 불쾌가 생겨나겠죠. 쾌원리는 바로 불가능한 충동의 요구로 야기된 불쾌를 우리가 심리적으로 해소하는 경향에 대한 설명입니다. 욕망이 일으킨 에너지 흐름의 변화와 그로 인한 흥분 상태, 자극 상태를 가라앉혀서 심적 평형 상태를 유지하려는 인간의 심리적 성향을 쾌원리라고 부릅니다. 영어로 요구는 demand라고 합니다. 인간, 특히 남성의 성욕은 자연적 본능이고 반드시 충족되어야 한다는 논리는 프로이트에게는 성립이 안 돼요. 왜냐하면 이런 태도는 요구의 논리를 욕구의 논리로 잘못 번역한 것이기 때문이에요. 요구는 충족이 아니라 해소되어야 하는 사태이고 프로이트는 이를 승화(sublimation)라고 하는 심리적 과정으로 설명합니다. 즉 성적 충동의 요구를 성적이지 않은 활동이나 대상으로 대체하는 심리적 과정을 뜻합니다.

성적 요구를 욕구처럼 반드시 충족해야 한다고 믿는 것은 일종의 이데올로기입니다. 요구의 논리는 근본적으로 환상입니다. 우리는 이를 욕구의 논리, 즉 결핍의 충족으로 자주 오해합니다. 프로이트에게 욕망(Wunsch)은 욕구처럼 실제로 결핍된 무엇을 충족해야 하는 사태가 아니라 무언가를 결핍하고 있다고 믿는 상태입니다. 환상입니다. 결핍하기 때문에 채워져야만 하는 욕구가 아니라 충동의 요구가 생겨나면 마치 자아가 무언가를 애초부터 결핍한 상태인 것처럼 생각하게 만드는 가상의 기제입니다. 욕망은 환상에 의해 생겨나기 때문에 특정한 대상이나 행위로 결핍을 채웠다고 생각하는 바로 그 순간 결코 충족될 수 없다는 사실이 더 부각됩니다. 환상을 통해 만들어진 결핍이기에 특정한 대상과 활동을 통해 충족될 수 없고 불쾌가 감소하지도 않습니다. 이러한 역설은 충동의 요구가 사실은 내 몸 안에서, 즉 내 신체, 내 정신 안에서 벌어지는 심리현실이지만 그 기원이 내 바깥에 존재하는, 내가 모르는 어떤 존재에 있기 때문입니다. 이 점은 정신분석학이 윤리학과 관련되어 있다고 말할 수 있는 이유이기도 합니다. 충동은 내 몸의 요구이고 욕망의 일어남이지만 실제로는 우리가 우리 밖의 다른 존재와 사회적 관계 속에 있기 때문에 촉발되는 것이고, 따라서 내가 아무리 그 요구에 부합하여 충동을 해소한다고 해도 다른 존재와의 관계가 해명되지 않는 한 욕망의 결핍 상태나 불쾌의 감소는 가능하지 않습니다.

내 바깥의 타자(other)가 내 욕망을 촉발한다는 것, 그러나 그 타자를 내 결핍된 욕망을 충족하기 위한 대상으로 환원하는 순간 문제가 생겨난다는 것, 인간은 이런 환상을 지닌 존재라는 것, 이것이 프로이트 정신분석의 윤리적 차원과 관련되어 있습니다. 프로이트의 정신분석학은 인간이 욕망을 지닌 존재라고 봅니다. 다시 말해 우리 밖의 타자가 우리 욕망의 원인이자 궁극적 대상이라고 믿는 환상을 지닌 존재라는 것이죠. 그리고 바로 이 환상이 우리의 성(Sexualität)의 근원이라고 보는 입장입니다. 인간의 성이 환상인 이유는 우리가 욕망의 논리를 좇아 타자를 욕망의 원인이자 대상으로 보는 순간, 타자 역시 우리가 알 수 없는 욕망을 지닌 존재라는 사실이 드러나기 때문입니다. 타자의 욕망을 알 수 없음에도 우리 욕망의 대상이라고 믿는 순간 문제가 발생하겠죠. 나와 타자의 욕망은 근본적으로 불일치합니다. 환상입니다. 프로이트가 리비도 이론과 쾌원리로 분석하고자 하는 것은 인간이 자신의 욕망을 어떻게 관리하는가 하는 과정에 대한 설명일 뿐만 아니라 인간 심리현실이 바로 이 환상에 의해 작동되는 기제라는 사실 그 자체이기도 합니다.

3강

너무 가까이도, 너무 멀리도

freud seminar

표상과 감능(感能)

인간 욕망의 환상성에 대해 얘기했으니 이제 억압(抑壓)을 다뤄보겠습니다. 억압 개념은 일상적으로 많이 쓰는 표현이고 정신분석학적 의미를 담아서 쓰는 경우보다 힘의 불균형 상태나 어떤 사람의 특정한 성향을 지칭할 때 쓰는 경우가 더 많죠. 가령 "저 사람들 억압적이야"라고 한다든가, "우리 학교는 매우 억압적이다" 이런 식으로 많이 쓰죠. 일상 용법으로는 자아에 가해지는 외적 압력을 지칭할 때 주로 억압이라는 말을 많이 씁니다. 물론 타인이 우리한테 외적 압력을 가하거나 힘을 행사하는 경우도 있지만, 어떤 사회 체제나 집단, 혹은 권력 같은 것이 압력을 행사한다는 식으로도 많이 쓸 거예요. 이처럼 일상에서 광범위하게 쓰이지만 정신분석학적 의미에서의 억압과는 다소 거리가 있어요.

프로이트는 메타심리학 에세이를 썼던 시기인 1915년에 「억압(Die Verdrängung)」이라는 별도의 논문을 발표하는데, 억압 개념 자체는 히스테리를 연구하던 초창기부터 널리 써왔습니다. 이 에세이 자체는 그간의 용법을 정리하고 바로잡자는 취지에서 작성된 것인데 그전까지의 사용 과정을 잘 모르면 생각보다 이해하기가 쉽지 않습니다. 억압 개념의 변천은 나중에 또 언급하겠지만, 1915년의 시점에서 정리된 억압의 개념은 한마디로 불쾌를 줄이는 과정입니다. 프로이트는 "억압의 본질은 어떤 것을 의식으로 진입하지 못하게 하여 의식과 거리를 두게 하는 데 있다"라고 말합니다. 또한 일회적 사건이 아니라 일련의 과정을 뜻합니다. 다시 말해 시작과 끝을 확정할 수 있는 사태가 아니라 지속성을 띤 과정입니다. "억압은 지속적 힘의 소모를 요구한다"라고 프로이트는 강조합니다. 지난 강의에서 프로이트의 신경증 치료법 중 가장 중요한 사항이 충동이 야기한 불안을 없애는 것이 아니라 적절하게 관리하는 것이라고 했고, 이때 억압이 관리 작용의 원활한 작동을 촉진하는 과정이라는 이야기를 했었죠. 증상이 생겼을 때 일종의 백신주사를 놓아 면역을 생성시켜 주는 과정과 흡사하기에 한 번으로 끝나지 않습니다. 억압이 어느 순간 종결될 수 있고 그래서 증상이 사라질 수 있다면 좋겠지만, 신경증이 완전히 사라질 수 없듯이 억압 역시 일종의 흐름이자 과정으로서 상존한다고 말할 수 있습니다.

억압은 종결될 수도 없고 종결되었다고 문제가 해결되지도 않습니다. 앞서도 설명했듯이 우리의 몸으로부터 나와 심적인 것으로 표현되는 충동의 요구는 단일하지도 충족되지도 않아요. 다면적이면서 목적지향적이거나 대상지향적이지 않습니다. 이러한 충동의 요구를 상대하는 작업이기에 억제하고 조정하고 압력을 가하는 관리 방식도 다면적이죠. 또한 과정이기 때문에 억압을 행하는 중심기제—주체라고 쓰지 않겠습니다—도 하나로 정해져 있지 않아요. 프로이트는 의식과 무의식의 차원에서, 무의식에 있는 의미화되지 못한 표상을 조절하고 압박을 가하고 통제하는 기제로서의 의식 혹은 전의식이 억압을 행사한다고 말하기도 하고, 리비도 이론에서는 이드를 통제하는 힘으로서의 자아를 꼽거나 자아와 초자아의 협력을 거론합니다. 게다가 자아에 압박을 가하는 초자아가 억압의 중심기제인 것처럼 설명할 때도 있죠. 단일한 어떤 중심이나 기제가 따로 있는 게 아니고 억압을 요청하고 있는 충동의 흐름도 단일하지 않기에 억압 개념은 우선 복수의 기제가 관련된 항상적 심리 과정이라고 부를 수 있습니다. 요컨대 억압 개념을 억압적으로 쓰지 않는 것이 중요합니다. 프로이트 정신분석학의 맥락에서는 근본적으로 우리 안에 있는 충동의 요구를 관리하는 심리적 방어기제 혹은 관리 시스템이라고 생각하면 됩니다. 이 점이 왜 중요하냐면, 억압 개념을 일상적 의미의 부정적 규정으로부터 해방시킬 필요가 있어서입니다. 프로이트의 정신분석학에서 억압은 우리의 심리기제가 지극히 정상적으로 작동하고 있다는 것을 나타내주는 지표와 같기 때문입니다. 오히려 문제는 과정으로서의 억압이 제대로 작동하지 못할 때 생겨납니다. 역설적으로 들리겠지만, 정신분석은 억압의 제거가 아니라 원활한 작동을 추구합니다.

지난 강의에서 충동은 무의식의 영역에 위치하고 의미화가 불가능한 표상, 즉 표상이지만 의식에 인식되지 않는 무의미의 집합체라고 했습니다. 충동의 요구는 의미화되지 않는 표상임에도 항상 리비도를 통해 전달되며 궁극적으로 해소되어야 할 지향성을 지니기 때문에 이를 쾌원리에 맞게 적절하게 통제할 심리적 기제가 우리한테 필요한 것이죠. 의미화되지 않는 표상이자 해소를 요구하는 명령이기에 문제를 발생시킵니다. 이 명령이 야기한 불안을 줄이고 불쾌를 감소시키는 심리적 과정은 크게 두 차원에서 이루어집니다. 하나는 의미화되지 못한 표상을 우리의 의식 속에서 의미를 지닌 표상의 형태로 바꾸어 거르는 일종의 '번역' 과정이고, 다른 하나는 의미화 여부와 상관없이 표상에 딸려 있는 감능(Affekt)을 묶어서 통제하는 과정입니다. 전자는 꿈작업에서처럼 표상의 구조적 왜곡 과정을 가리키고, 후자는 표상에 결부된 에너지의 움직임을 통제하는 훨씬 더 미묘한 작업입니다.

1915년에 쓴 「억압」에서 프로이트는 억압을 이드와 자아와 초자아 기제를 순환하는 리비도가 아니라 주로 의식과 무의식이라는 심리 영역을 관통하는 표상을 관리하는 작업의 측면에서 설명합니다. 그래서 표상의 왜곡으로서의 억압이 문제가 되고 이를 추동하는 성적 기표를 검열하는 과정을 주로 거론합니다. 그런데 리비도 이론으로 설명할 경우 자아의 일부로서 초자아와 갈등하고 협력하는 이드, 그리고 이드가 운반하는 리비도의 통제가 문제입니다. 우리 안의 야수성이 문제라는 것이죠. 이드가 문제를 일으킨다는 것이 무슨 뜻이냐 하면, 우리는 외부에서 오는 자극을 적절하게 처리할 수 있는 심리 시스템이 있고 자극 중 일부는 의식화·개념화시켜서 기억으로 저장하고 나머지는 무의식으로 보내는 방식으로 반응하는데, 우리 내부에서 일어나는 의미화되지 않는 리비도의 (감능적) 표상은 훨씬 더 복잡하고 어려운 통제와 관리를 요구한다는 것입니다. 프로이트가 「억압」을 쓴 시점에서는 에너지만이 문제가 아니라 표상도 같이 문제가 됐기 때문에 두 차원을 모두 다뤄야 할 필요가 있었어요. 그러니까 표상을 억제하는 것과 리비도의 감능을 막는 것이 우리한테 전혀 다른 종류의 힘을 요구하기 때문에 억압 과정이 단일하지 않다는 뜻입니다. 우리의 무의식 속에 어떤 표상이 의미화되지 않은 상태로 잠재되어 있는 경우와 그런 의미화되지 않은 표상이 항상 리비도의 힘을 통해 감정적으로도 연루된 경우를 모두 통제해야 한다는 것입니다. 한마디로, 억압은 무의식의 표상을 거르고 리비도 에너지의 감능을 묶는 작용입니다.

그런데 프로이트는 거르기(Filterung)와 묶기(Bindung)로서의 억압을 충동과 관련해서 설명합니다. 우리말 번역에서는 영어판을 참조했는지 충동에 해당하는 독일어를 본능충동이라고 옮겼어요. 본능이면 본능이고 충동이면 충동이지, 본능충동이라고 번역했습니다. 프로이트에게는 구체적 대상을 통해서 충족이 되어야만 하는 본능적 욕구와 우리 몸이 심리에 가하는 충동의 요구가 다른데, 둘을 뭉뚱그려서 쓰고 있습니다. 충족될 때까지 없어지지 않고 긴장만 늘어날 뿐 억압이 안 되는 것이 본능의 욕구라면 충동에서 나오는 요구는 일종의 명령이기 때문에 적절하게 억제되거나 다른 방식으로 해소되어야만 합니다. 억압은 바로 충동의 요구를 적절한 대상을 통해 없애는 일이 아니라 미루고 억제하거나 다른 방식으로 걸러내는 과정을 뜻합니다. 한마디로 억압은 충동의 관리기제이고 요구를 지연하거나 치환하는 시스템을 말합니다. 충동에서 나오는 요구는 특정한 대상이나 행위에 의해 충족된다고 해서 사라지지 않기 때문에, 즉 우리의 몸이 정신에 압박을 가하는 충족 불가능한 요구이기 때문에, 미루거나 억제하는 방식으로 또는 치환하는 형태로 관리하는 수밖에 없습니다. 충동의 요구 대부분은 성적인 성격을 띠고 있기 때문에 정신분석학은 이를 욕망이라는 개념으로 설명하고 쾌원리를 따른다고 봅니다. 물론 충동에는 성충동으로서의 욕망만이 아니라 쾌원리를 거스르는 죽음충동도 있습니다만, 어쨌든 억압은 충동의 관리 시스템, 특히 리비도를 관리하는 과정입니다. 앞서 언급했듯이 충동으로서의 욕망은 결핍과 환상을 요체로 하기 때문에 제거되거나 종결될 수 없고 억제되어 지연되거나 치환되는 방식으로 관리될 수 있을 뿐입니다.

충동의 원리

충동을 조금 더 설명해보죠. 쾌원리를 다룰 때 더 자세하게 언급하겠지만, 충동은 우리 몸이 정신에 가하는 요구이고, 그 요구가 심리적으로 표상된 것입니다. 프로이트에게는 크게 두 가지 충동 개념이 있습니다. 충동 개념을 우리말로 '욕동(慾動)'이라는 낯선 단어로 옮긴 적도 있는데, 라캉의 영향으로 과도하게 의미부여한 결과인 것 같습니다. 프로이트는 초기에 본능과 충동을 혼동해 쓴 적이 있지만 후기에 가면 둘을 분명하게 구분합니다.

그런데 이런 혼란은 프로이트가 자초한 것이기도 합니다. 애초에 충동의 개념화가 다소 혼란스러웠어요. 1920년에 『쾌원리의 너머』를 쓰기 전까지 프로이트는 충동을 자기보존충동과 성충동으로 나눕니다. 그리고 성충동은 다시 리비도 이론과 결합시켜 자아리비도와 대상리비도로 세분했습니다. 자기보존충동이란 문자 그대로 외부와 내부의 자극에 대항하여 자아가 스스로를 방어하여 불쾌를 감소하려는 성향입니다. 예컨대 환자가 병원에 와서 자기의 심리적 증상을 잘 발설하지 않으려는 태도를 저항이라고 했죠? 물리적 상처를 치유할 때와 달리 심리적 증상의 경우엔 환자가 왜 저항을 할까요? 수치심 때문이기도 하고 자신의 존재감을 지키기 위한 반응일 가능성도 크죠. 자존감을 지키고 수치를 느끼지 않기 위해 자기를 방어하려는 강력한 기제가 발동해서 증상을 드러내길 막는다는 것입니다. 신부님에게 고해성사를 하는 경우는 좀 다르겠지만, 어떤 고민거리를 주위 사람에게 낱낱이 털어놓으면 속이 후련해지는 만큼 치부를 드러낸 수치심도 커질 수 있겠죠. 어쩌면 심리적 문제에서는 물리적 상처와 달리 스스로를 치료의 대상이라고 보지 않기 때문일 가능성도 있습니다. 어쨌든 프로이트의 자기보존충동은 이런 현상과 유사하기는 하지만 실은 수치심의 방지나 치료에 대한 거부와는 달라요. 프로이트의 자기보존충동은 타인과 관계를 맺으려는 인간의 더 본질적인 충동에 대한 이차적 반응입니다. 다시 말해, 어떤 대상을 향해 리비도의 투자를 요구하는 성충동의 일차적 요구를 자아가 미루고 억제하는 하나의 성향에 가깝습니다. 일종의 이차적 억압인 셈입니다. 자기보존충동이 쾌원리를 따르는 행동인 이유는 성충동을 따르는 리비도의 투자가 자극을 증가시켜 불쾌를 유발하는 데 비해 자기보존충동은 이를 감소시키는 경향이 있기 때문입니다. 성충동의 요구를 유보하거나 지연시키면서 리비도의 투자를 중단하는 행위입니다. 리비도 이론으로 설명하면, 대상을 향한 리비도를 자아를 향해 철회하는 과정을 일컫는 개념이 바로 자기보존충동입니다. 자석의 N극과 S극의 원리처럼 인간의 충동은 성충동과 자기보존충동, 리비도 투자와 철회처럼 상반된 두 성향이 균형을 이루어가려는 흐름을 뜻합니다. 프로이트의 충동론은 외부 대상 혹은 다른 존재와의 관계를 지향하는 경향과 우리 스스로를 지키고자 하는 충동이 긴장관계를 이루는 것으로 설명할 수 있습니다.

사랑의 감정을 예로 들어봅시다. 사랑의 반대가 뭐냐고 물으면 대부분의 사람들은 증오라고 대답할 것입니다. 그렇지만 프로이트에게 사랑과 증오는 동일한 감정의 양면이고 모두 성충동의 표현입니다. 즉 충동의 측면에서 보면 사랑과 증오는 긍정적이냐 부정적이냐의 차이는 있지만 모두 타인과의 관계에 얽매여 있는 것이죠. 그렇다면 관계지향적 충동과 대립하고 긴장관계에 있는 충동은 뭘까요? 나 혼자 있고자 하는, 다른 모든 것과 관계를 끊어버리고 혼자 있고자 하는 어떤 성향을 말하겠죠. 연애하는 사람들은 대체로 하루 종일 같이 있고 싶어합니다. 그런데 계속 같이 있다 보면 사랑의 감정과는 별개로 혼자 있고 싶은 순간이 있겠죠. 안 그런가요? 예컨대 좋아하는 사람과 하루 종일 같이 있다가도 혼자 있는 시간이 되면 잊고 지내죠. 아, 그건 사랑이 아닌가요.(웃음) 누군가 어떤 존재를 24시간 의식해야 된다면 알게 모르게 불쾌가 증가할 거예요. 프로이트에게 자기보존충동은 성충동으로서의 사랑과 상반되는 무엇이 아니라 성충동이 작동할 수 있는 일종의 보조충동 같은 것입니다. 자기의 개인성을 지키는 방식으로만 사랑이 작동할 수 있다는 원리 같은 것입니다. 사랑이라는 이름으로 개인성을 포기하면 둘 다 망하기 딱 좋습니다. 다른 존재를 향한 리비도의 투자를 꾀하는 충동의 이면에는 자기의 존재를 지키려는 반대 방향의, 그러나 협력하는 충동이 결합되어 있다는 뜻입니다. 두 충동이 긴장관계에 있고 리비도의 흐름도 상반되지만 지배적인 것은 성충동이고 자기보존충동은 종속 관계에 있습니다. 물론 충동의 시간적 기원으로만 따지면 그 반대입니다. 유아기는 자기보존충동이 지배하고 성숙하는 과정에서 성충동 요구가 이 자기보존충동을 압도합니다. 충동의 명령은 따라서, "너무 가까이 오지 마, 하지만 너무 멀리 가지도 마"입니다. 애매한 요구죠.

자기보존충동이 성적인 것으로부터의 철회라면, 성충동은 리비도 이론의 차원에서 대상리비도와 자아리비도로 나뉩니다. 좀 더 정확히 말하면, 성충동이 리비도에 의해 표상될 때 에너지의 투자가 외부 대상을 향하거나 자아를 향하게 만드는 내적 요구입니다. 간혹 자아를 향한 리비도의 투자를 자기보존충동과 연결짓기 쉬운데, 오히려 나르시시즘에 가깝습니다. 반면 대상을 향한 리비도 투자는 대상선택 혹은 사랑이라고 부르죠. 프로이트는 리비도 이론과 나르시시즘 개념을 정립하기 전에는 자아가 자아 자신에게 리비도 투자의 대상이 될 수 있다는 생각을 명료하게 하지 못했어요. 리비도 이론은 초창기에 유아의 성욕을 다룬 「성욕이론에 관한 세 개의 에세이」(1905)에 이미 등장하지만, 자아리비도 개념은 「나르시시즘 입문을 위하여」(1914)에 이르러서야 명료하게 정립됩니다. 자기보존충동처럼 성적 리비도 자체의 철회가 아니라 자기 자신을 리비도 투자의 대상으로 삼는 심리기제를 나르시시즘적 충동의 원리로 설명할 수 있었죠. 어쨌든 기억해둘 점은 나르시시즘 개념에 힘입어 성충동을 리비도 이론으로 설명함으로써 자아리비도와 자기보존충동을 구분할 수 있었고, 리비도를 철회하고 유아 상태로 회귀하려는 자기보존충동을 성충동의 종속변수로 포함시켰다는 사실입니다. 충동의 요구를 쾌원리와 결합시켜 일목요연하게 설명한 셈이죠.

앞서도 언급했듯 쾌원리는 충동, 특히 성충동의 지속적 충족을 요구하는 논리가 아니라 충동의 요구에서 비롯된 불쾌를 감소시키는 내적 성향을 가리킵니다. 충동의 요구 과정에서 불가피하게 생기는 외적이고 내적인 자극의 불쾌를 미루거나 억제하거나 치환해서 심리적 평정 상태를 유지하려는 유기체의 성향입니다. 충동의 요구가 욕망으로 나타나면 결핍된 대상을 얻기까지 엄청난 양의 리비도가 투자되고 긴장이 증가하겠죠. 이 긴장이 불쾌를 불러오는데, 쾌원리는 욕망을 제거하여 불쾌를 없애려는 움직임이 아니라 미루고 억제하고 치환함으로써, 다시 말해 억압함으로써, 그 결과로 혹은 바로 그런 과정에서, 더 큰 평정심, 즉 심리적 만족을 얻는다는 논리입니다. 쾌의 즉각적 충족이 불가능한 상황에서 만족을 연기함으로써 더 많은 즐거움을 얻을 수 있다는 점에서 쾌원리는 현실원칙이기도 합니다. 그러니까 쾌원리라고 이름 붙였지만, 실제로는 불쾌의 원리이죠. 충동과 욕망이 야기하는 불쾌를 줄이는 인간 심리의 근본 원리라고 할 수 있습니다. 그래서 쾌원리를 다른 말로 '항상성의 원칙'이라고도 부릅니다. 수학적으로 풀이하면 리비도 에너지의 흐름을 항상 일정한 정도로 유지하려는 유기체의 움직임입니다. 가령 리비도의 흐름을 0부터 100의 상태에 있는 스펙트럼이라고 본다면 50 정도의 상태를 유지하는 것이 가장 바람직한 상황이라고 볼 수 있겠죠? 50 이하로 떨어지거나 50 이상으로 올라가면 자아나 대상을 향한 리비도의 편중이 일어나는데, 쾌원리는 자아와 대상을 향한 리비도의 활동성을 50 정도에서 균형을 맞추려는 움직임이라고 보면 되겠습니다. 이때 긴장의 완화와 불쾌의 감소를 행하는 심리적 활동이 바로 억압입니다. 쾌원리에 따르면 억압은 충동과 욕망을 매개하는 리비도를 제거하는 게 아니라 미루고 억제하고 치환하는 과정입니다. 억제와 치환보다 더 큰 만족을 위해 연기하는 활동을 특히 쾌원리의 현실원칙이라고 할 수 있습니다. 예컨대 세 살배기와 일곱 살배기 아이들에게 사탕을 보여준 뒤 선택 상황을 제시합니다. "오늘 먹겠다면 두 개를 줄게. 그 대신 내일은 아무것도 없어. 하지만 지금 먹지 않고 참으면 내일 다섯 개를 얻을 수 있어"라고 말합니다. 그러면 세 살배기들은 당장 두 개를 먹겠다고 하지만, 일곱 살배기들은 참았다가 내일 다섯 개를 먹겠다고 반응합니다. 욕망의 대상을 당장 소유함으로써 불쾌를 없애려는 것이 쾌원리라면 일시적으로 불쾌를 참아 더 큰 만족을 얻으려는 후자의 태도는 현실원칙이라고 볼 수 있습니다. 결국 모두 충동이 야기하는 불쾌를 줄이려는 성향인데 시간적 연기가 더 큰 만족을 준다는 점이 다를 뿐입니다. 쾌원리와 현실원칙은 대립되는 성향이 아닙니다.

이렇게 보면 현실원칙은 쾌원리의 사회적 측면이라고 할 수 있어요. 개인의 입장에서 불편한 것이 사회적 차원에서 공동의 쾌원리로 기능할 수 있다는 것이죠. 왜냐하면 어떤 경우에는 우리가 즉각적으로 긴장을 완화시키고자 하는 쾌원리가 사회적으로 문제가 될 수도 있거든요. 가령 앞의 상황에서 모든 아이가 내일 먹기로 동의한다면 각자 열 개씩 얻을 수 있다고 제안합니다. 그러면 일곱 살배기 아이들은 합의를 원할 거예요. 반면 더 어린 아이들은 여전히 당장 먹고 싶어할 거고요. 그 아이들로서는 당장 두 개를 먹는 것이 쾌원리에 따르는 자연스러운 반응이지만, 그럴 경우 다른 친구들이 다섯 개에서 여덟 개를 더 먹을 수 있는 기회를 빼앗죠. 그런 상황에서 사회적 합의에 따라 함께 연기하는 데 동참한다면 쾌원리를 배반하는 것이 아니라 현실원칙을 따라 쾌락을 연기함으로써 더 많은 만족을 얻어 결국엔 쾌원리를 완성하는 것입니다. 우리가 민주주의라고 부르는 제도는 바로 현실원칙을 따르는 쾌원리입니다. 의견이 안 맞고 갈등이 있고 소통이 힘들더라도 참고 기다리는 것입니다. 다수의 의견을 따르는 것이 결국 소수에게도 더 많은 이익이 되기 때문에 시간을 두고 설득하고 합의를 도출하는 과정이 바로 민주주의입니다. 힘을 가진 다수가 즉각적 만족을 위해 힘없는 소수에게 희생을 강요하는 것은 민주주의가 아닙니다. 민주주의는 다수의 불쾌와 소수의 쾌로 구성되지 않습니다.

반복강박과 죽음충동

충동과 쾌원리는 이처럼 리비도 이론을 통해 재정립됩니다. 리비도 활성도 50의 평정 상태를 기준으로 0부터 100의 스펙트럼을 심리 에너지가 관리하는 시스템이 쾌원리인데, 이 원리를 극단까지 밀고 나갈 경우도 있겠죠. 만일 우리에게 긴장을 제로 상태로 몰아가려는 주관적 성향이 있다면 어떻게 될까요? 한편으로는 리비도의 긴장도가 제로일 때 가장 이상적으로 쾌원리가 구현되었다고 할 수도 있을 거예요. 아무런 긴장 상태 없이 항상적으로 평정을 유지하는 상태를 지향할 수도 있지 않겠어요? 가령 종교에서 열반 상태에 들거나 천국에 가려는 경우가 여기에 해당되겠죠. 아무런 인간적 불쾌도 없고 고통도 없는 해탈의 상태입니다. 프로이트에 따르면 쾌원리를 극단적으로 추구하여 리비도의 양을 제로로 만들려는 성향도 가능합니다. 유기체로서 아무런 긴장과 고통이 없는 상태, 즉 죽음에 가까운 경지로 가려는 성향을 열반원칙(Nirvana principle)이라고 합니다.

그렇지만 충동이 열반원칙을 따르더라도 쾌원리가 극단적으로 구현되는 것이지 쾌원리를 위반하는 것은 아닙니다. 열반원칙으로 향할 가능성이 있긴 하지만 쾌원리는 리비도의 활성도를 50으로 유지하려는 성향이기에 큰 문제가 되지는 않습니다. 리비도를 철회하기 때문에 자기보존충동이 성충동과 대립되는 것처럼 보일 뿐입니다. 하지만 그 반대의 경우는 심각한 문제를 야기합니다. 현실원칙에 따른 불쾌와 고통의 연기를 넘어서 더 큰 만족이 보장되지 않는데도 불쾌와 고통을 반복하려는 충동이 있을 수 있습니다. 프로이트가 충동의 쾌원리를 정립할 때는 이런 상황을 미처 염두에 두지 못했어요. 그러다가 1차 세계대전에서 전쟁 트라우마를 얻고 귀환한 병사들이 더 큰 만족이나 궁극적 해소의 전망도 없이 고통스러운 장면을 계속 반복하는 일을 목격합니다. 이른바 반복강박(Wiederholungszwang)이라는 현상입니다. 이들의 반복강박을 초래하는 트라우마는 성의 문제와 아무런 상관이 없었어요. 프로이트가 1914년에 쓴 「기억, 반복, 그리고 훈육」을 보면 그가 이 독특한 반복강박을 개념적으로는 이미 이해하고 있었다는 것을 알 수 있어요. 프로이트는 성적 트라우마가 초래하는 반복강박의 사례로 자신의 외손주가 엄마가 없는 상황을 견디기 위해 실패를 던져서 사라지게 만들었다가 다시 가져오는 놀이, 저 유명한 '포르트-다(fort-da)' 게임을 하는 현상을 분석합니다. 프로이트는 『쾌원리의 너머』에서 '포르트-다' 게임이 아이가 엄마의 출현(da)과 사라짐(fort)을 놀이로 치환하여 엄마의 부재가 주는 고통을 미루고 견디기 위한 일종의 방어라고 분석함으로써 반복강박을 쾌원리에 충실한 행위로 설명합니다. 이 분석에서는 반복강박을 행하는 인물이 자신의 반복적 행동의 의미를 자각하지 못한다는 점과 반복행위에 항상 고통이 수반되는 것은 아니라는 전제가 있었습니다. 아이는 무의식적으로 행위를 반복할 뿐이고 da의 상태에서는 고통을 잊을 뿐입니다.

반면 전쟁의 트라우마를 반복하는 병사들의 경우에는 이런 전제가 성립되지 않고 쾌원리로도 쉽사리 설명이 되지 않는 겁니다. 참전용사들의 반복강박은 카타르시스처럼 궁극적 해소의 전망도 없고 유아기의 성적 억압과도 아무런 관련이 없어요. 외적 트라우마의 체험으로 쾌원리를 위반하여 고통을 지속하는 행위이기에 개인의 성적 발달단계의 문제나 유아성욕의 일탈이 아니라 더 근본적인 충동의 차원에서 설명되어야 할 현상이 되어버립니다. 프로이트는 참전용사들의 트라우마적 반복강박을 통해 리비도 이론이나 자기보존충동과도 다르고 쾌원리를 위반하는 새로운 형태의 충동이 존재할 가능성을 사유합니다. 그는 이 현상을 죽음충동으로 개념화하고, 이 충동이 리비도와 쾌원리를 따르는 성충동보다 더 근원적인 인간의 충동일 가능성을 처음으로 제기합니다. 죽음충동은 성충동과 달리 억압이 불가능하다는 점에서 커다란 문제를 야기하는데, 프로이트 이론에도 커다란 전환점을 형성합니다. 프로이트가 '쾌원리'를 따르지 않는 충동의 가능성을 사유한 최초의 계기입니다. 프로이트는 죽음충동의 발견을 통해 충동이론을 완전히 새롭게 재구성합니다. 쾌원리에 따르는 자기보존충동과 성충동의 관계, 자아리비도와 대상리비도의 관계가 아니라 죽음충동에서 출발하는 새로운 충동이론이 탄생한 것이죠.

새로운 충동이론은 쾌원리를 위반하는 듯한 죽음충동이 인간의 더 본원적 충동이고 이것과 긴장관계를 형성하면서 쾌원리를 따르는 충동을 삶충동이라고 개념화합니다. 죽음충동과 삶충동은 이제 인간의 문명을 이루는 두 원리로 정립됩니다. 자기나 대상을 끊임없이 고통 속으로 몰아넣어 파괴하려는 성향과 이를 제어하는 반대 방향의 삶충동이 대립하는 길항관계로 설명하는 것이죠. 두 충동을 고대 신화 속 신들의 이름을 따서 타나토스와 에로스 간의 대립으로 바꿔 부르기도 합니다. 문명은 바로 개인에게서 대립하고 길항하는 죽음충동과 삶충동을 사회적으로 관리하는 원리입니다. 쾌원리 역시 재규정되죠. 긴장을 감소시키고 불쾌를 줄이는 원리가 아니라 죽음충동과 삶충동의 미묘한 균형을 추구하는 문명화의 원리로요. 따라서 억압도 삶충동의 기반인 리비도를 관리하는 과정일 뿐만 아니라 근원적 파괴 성향을 제어하는 과정이 됩니다. 이제 정신분석학이 풀어야 할 과제는 고통의 반복적 지속, 즉 쾌원리와 욕망의 논리를 따르지 않는 죽음충동을 어떻게 제어할 것인가 하는 문제가 되었습니다. 프로이트가 말년에 『문명과 그 불만』에서 씨름하는 문제가 바로 이 질문입니다. 제가 첫 시간에 정신분석학은 고통에 관한 학문, 즉 왜 인간은 고통을 자발적으로 지속하는가에 답하려는 학문이라고 이야기했죠. 프로이트의 이 난제를 라캉은 '주이상스(jouissance)'라는 개념으로 설명합니다. 고통의 끝에 더 큰 만족이 온다는 현실원칙의 결과가 아니라 고통 그 자체나 고통의 지속이 주는 쾌락의 가능성, 즉 죽음충동에 내재된 어떤 지고의 쾌의 가능성이죠. 달리 말하면, 고통이 존재해야만 가능한 쾌의 가능성입니다. 에로스적 충동을 억압과 쾌원리로 통제하는 문명의 삶의 저변에서 모든 삶의 충동을 무로 만들어버리려는 죽음충동은 그 자체로 매우 커다란 유혹일 수 있습니다. 고통 속에 바로 욕망이 야기한 긴장의 감소와는 다른 쾌의 가능성이 깃들어 있기 때문이죠. 죽음충동이 더 근원적 충동이라면, 고통 없이는 우리의 삶도 가능하지 않다는 말이 됩니다. 따라서 억압은 충동을 제거하고 고통을 없애는 일이 아니라 삶을 위해 오히려 고통을 감당할 수 있을 정도로 유지하는 과정이 됩니다. 일종의 근원적 마조히즘입니다.

이렇게 보면 프로이트의 이론은 마치 불교의 교리와 흡사해 보입니다. 인생이 고해(苦海)라는 생각에 가까우니까요. 유사해 보이지만 방향은 전혀 달라요. 정신분석의 충동이론이 불교와 다른 점은 두 가지예요. 불교에서는 고통을 초래하는 모든 것이 바로 인간의 욕망이라고 보는 반면에 정신분석의 죽음충동이 불러오는 고통은 일체의 욕망과 거리를 두려는 성향에서 나옵니다. 따라서 불교에서는 욕망을 없애서 고통을 제거하려는 수행을 도모하는 반면 정신분석은 고통을 보존해서 욕망을 유지하려고 합니다. 억압의 의미가 전혀 다릅니다. 불교의 수행이 극단적 자기보존충동으로서 쾌원리의 이상적 구현이라면 정신분석의 죽음충동은 쾌원리를 벗어난 상태에 머무르려는 몸짓입니다. 따라서 죽음충동이 자아의 내부에서 벌어질 때는 큰 문제가 아니에요. 자기 혼자 고통을 감당하면 되는 일이니까요. 하지만 이 충동이 바깥으로 향할 때는 전혀 다른 문제가 생깁니다. 프로이트가 문명론을 거론하면서 전쟁을 문제 삼는 이유입니다. 전쟁이야말로 죽음충동의 외적 구현이고 고통을 문명의 차원에서 집단적으로 연장하려는 시도이기 때문이죠. 프로이트가 서구 문명의 역설을 발견한 지점이 바로 여기입니다. 1913년에 쓴 『토템과 터부』에서 프로이트는 문명이 금지를 통해 욕망을 억압하는 체제라고 말했는데, 1차 세계대전을 겪고 난 뒤인 1930년의 『문명과 그 불만』에 이르면 문명 자체가 전쟁이라는 공격성, 즉 집단적 죽음충동을 내재하고 있는 것으로 그려집니다. 그래서 서구 문명의 죽음충동을 제어하는 길은 에로스적 삶충동으로 균형을 맞추는 것밖에 없다고 주장합니다. 물론 이때 에로스의 힘은 원죄의식에 기반을 둔 기독교적 사랑과는 다른 의미입니다.

억압의 새로운 의미

이 시간의 주제인 억압 개념으로 돌아가보겠습니다. 프로이트는 억압을 여러 의미로 쓰기 때문에 세밀하게 구분할 필요가 있습니다. 억압에 해당하는 독일어는 Verdrängung입니다. 어원을 풀이하면 ver라는 접두사에는 세 가지 뜻이 있습니다. 1) 어근의 의미를 이루다 2) 어근의 의미를 부정하다 3) 어근의 의미로 바꾸다. 그리고 어근에 해당하는 drang은 동사로 누르다 혹은 밀다, 라는 뜻이 있습니다. 명사형이니 밀거나 누르는 힘을 의미합니다. 그러니까 Verdrängung은 밀어내는 힘의 실행, 밀어내는 힘을 이끌어냄이라는 함의를 가지고 있습니다. 영어로는 repression이라고 옮기고 우리말에서는 억압이라 부르죠. 일본어 번역어에는 억제라는 표현도 있어요. 억압과 억제라고 하니까 힘으로 뭔가를 내리눌러서 제압한다는 의미가 강해졌는데, Verdrängung이란 말 자체는 어떤 압박에 대항해서 사후적으로 저항한다는 뜻에 더 가깝습니다. 일종의 밀어내기고 프로이트가 억압을 방어의 일종으로 보았다는 점과 관련이 깊어요. 따라서 압박 혹은 후압박이라고 옮긴 한글판 번역어는 가당치 않고, 억압보다도 억제에 더 가깝긴 한데 정확한 번역어인지 잘 모르겠습니다만, Verdrängung을 억압이라고 옮긴 것은 그야말로 좀 억압적입니다.(웃음) 이런 문제는 영어로 생각해보면 분명히 알 수 있는데, Verdrängung이라는 용어 말고 내리누른다는 뜻의 억압을 의미하는 독일어 표현으로 Unterdrückung이 있어요. 영어로는 oppression이나 suppression에 가깝습니다.(전자는 위에서, 후자는 아래에서 압박한다는 뜻입니다.) 프로이트가 Verdrängung이라는 말을 쓴 이유는 '억압'이 방어의 일종으로서 심리에 가해진 어떤 압박에 대항하여 그것을 밀쳐내는 반작용으로 보기 때문이에요.

내리누르는 힘의 작용에 가장 가까운 억압의 의미로는 영어의 oppression이 있어요. 원래는 무엇에 대항해서 밀다, 라는 뜻이었는데, 일반적으로는 힘의 불균형 상태에서 힘센 것이 힘 약한 것을 아래로 누르는 작용입니다. 지배계급의 피지배계급에 대한 억압, 아버지의 자식들에 대한 억압, 이런 경우에 씁니다. 그다음으로 suppression 역시 우리말로는 억압인데 oppression 처럼 힘의 불균형 상태에서 벌어집니다. 그런데 누르는 힘의 벡터가 반대입니다. 아래서 위로 향하는 압력, 혹은 아래로부터 압력을 받아 눌린 상태를 뜻합니다. oppression이든 suppression 이든 우리말로는 모두 억압이고 힘의 불균형 상태에서 강한 힘이 약한 힘을 제압한다는 의미가 단단하게 결합되어 있어요. 그래서 영어로 repression으로 써도 우리말로 억압이라고 번역하면 자꾸 강한 힘으로 내리누른다는 의미가 커요. 무의식에 있는 충동의 힘을 전의식이나 자아가 올라오지 못하게 내리누르는 힘이라고 자꾸 생각하게 되는 겁니다. 둘 모두 프로이트의 Verdrängung과 의미가 미묘하게 달라요. 영어의 repression이 차라리 더 적합합니다. 어떤 압박에 대항해서 그 힘을 억제하거나 막아내는 반작용입니다. 방어 내지는 저항의 일종으로서 억압이라는 말이 나왔으니 이참에 용어 정리 한번 하고 넘어가죠.(133쪽 표 참조)

억압을 Verdrängung의 취지에 맞게 표현하자면, 수직적이라기보다 수평적인 힘의 긴장관계에서 한쪽이 다른 쪽에 대항해서 밀어내는 힘의 작용에 가깝습니다. 상대적인 개념입니다. 어느 한쪽의 힘이 약하면 그쪽으로 억압이 되는 것이고, 반대쪽 힘

저항(Widerstand)	무의식의 분석을 방해/저지하려는 환자의 (비의도적) 언어와 행동. 정신분석 자체에 대한 학문적 불인정.
방어(Abwehr)	자아가 위협받는 상황에서 무의식적으로 자신을 속이거나 상황을 다르게 해석하여, 감정적 상처로부터 자신을 보호하는 심리적 태도.
방어기제	방어에 동원되는 저항의 제스처. 억압, 퇴행, 반동형성, 부인, 투사, 승화 등
부정(Verneinung)	자신의 무의식에 일어난 욕망과 감정을 인정하지 않음으로써 억압의 상태를 유지하여 방어하려는 저항의 태도. 분석자의 '해석'을 거부.
부인(Verleugnung)	방어의 한 형태. 외적 현실의 발생과 사실성을 거부하는 태도.
억압 (Verdrängung)	무의식에 존재하는 충동의 요구가 야기하는 불안을 제어하는 과정.

이 약하면 또 그쪽으로 억압이 되는, 즉 맞서는 힘에 따라 상대적으로 대항하는 힘의 작용입니다. re라는 접두어에 되돌아간다는 뜻이 있듯이, 억제력을 발휘하되 상대적인 힘의 압박에 대응하는 힘, 그래서 그 압박을 되돌리려는 힘에 가까워요. 힘으로 버티거나 힘을 주어 막아내는 작용입니다. 의식으로 진입하려는 표상을 거르고 선별하며 리비도를 철회하고 묶어서 감능의 활동성을 약화시키는 것입니다.

프로이트는 「억압」에서 억압 개념을 설명하기 위해 성격이 다른 몇 가지 본능적 상황을 논의해보자고 얘기하면서 배고픈 것과 관련된, 즉 욕구와 관련된 사례를 거론합니다. 이러한 본능적 차원의 욕구에서는 억압이 발생하지 않는다는 얘기를 하려는 것이죠. 배고픔, 추위, 수면부족 등은 충족되면 없어지기에 긴장 상태가 아무리 증가하더라도 이를 제어할 수 있는 기제가 생기지 않는다는 것입니다. 프로이트는 이 점을 "어떤 충동을 만족시키지 못해 생기는 긴장이 참을 수 없을 정도의 수준으로 올라가는 경우에서는 억압이 일어나지 않는다"라고 표현합니다. 충동이라고 했지만 욕구의 수준에서 일어나는 본능이지 충동이 아닙니다. 충동이 아니라 본능! 욕구의 충족과 관련된 본능의 수준에서는 긴장이 아무리 증가해도 억압이 생기지 않는다는 것이에요. 그러나 프로이트가 본능이 아니라 충동이라고 부른 것, 즉 우리의 몸이 정신에 가하는 압박의 층위에서 일어나는 요구는 일정한 정도 이상이 되면 불안을 야기합니다. 배고프다고 불안해지지는 않지만 보고 싶은 사람을 못 보면 불안한 것과 같은 이치입니다. 본능적 욕구는 그 대상을 찾거나 행위를 함으로써 없어지는데 충동의 압박은 그런 방식으로 해소되지 않죠. 충동의 경우에는 만족을 찾는 일보다 요구가 야기하는 불안을 가라앉히는 일이 더 중요합니다. 불안을 적절히 제어하고 관리하는 통제가 필요한 것입니다. 불안을 통제하고 관리하는 시스템, 그 일련의 과정을 바로 억압이라고 부릅니다. 요약하면, 억압 과정은 본능의 만족이 아니라 충동의 해소, 그리고 불안의 제어와 관련된 것이기 때문에, 억압이 진행중인 경우에도 본능적 욕구의 충족은 충분히 가능합니다. 내가 누군가를 그리워한다고 해서 밥을 안 먹거나 잠을 못 자거나 그러진 않잖아요. 그런데 억압 과정에서 욕구의 충족이 불가능해지면 문제가 되겠죠. 실연을 하고 밥도 안 먹고 잠도 못 자는 것은 불안을 통제하는 억압 과정이 작동불능에 빠졌기 때문이에요. 억압 과정이 있어야만 욕구의 충족도 가능하다는 프로이트의 얘기가 바로 그 점을 지적하고 있습니다.

프로이트가 지적하는 또다른 사례는 "욕구의 만족을 통한 쾌"입니다. 본능을 만족시켜서 나오는 어떤 쾌감이 있겠죠. 밥을 먹고 나서의 포만감, 잠을 자고 나서의 편안함 같은 거죠. 이런 쾌보다 사실은 불쾌의 원인이 되는 불안이 큰 경우에 억압이 발생한다는 얘기입니다. 욕구가 충족되어도 요구 수준에서 만족이 안 되면 불안이 가시질 않고, 배가 고픈 줄 알고 밥을 먹었는데도 포만감과는 별도로 뭔가 심적으로 채워지지 않는 불안이 남아 있는 거예요. 본능이 아니라 충동 차원에서 생긴 문제죠. 욕구의 만족과 상관없는 더 깊은 차원의 요구가 나한테 있고 그게 충족되지 않았기 때문에 벌어지는 일입니다. 이처럼 불안을 어떻게 관리하고 통제하느냐가 문제가 될 때 필요한 것이 바로 억압이라는 말입니다. 부연하자면, 억압이 발생하는 것은 충동의 요구 때문입니다. 본능적 욕구는 만족이 될 때까지는 절대로 긴장이 감소하지 않습니다. 욕구로 생긴 긴장과 자극을 우리가 심리적으로 통제하는 시스템이 없다는 얘깁니다. 내가 누군가를 향해서 상사병이 걸려 괴로운 상태에 있더라도 밥을 먹고 잠을 잘 수 있죠. 또 누군가를 잃어서 슬픔에 잠겨 있더라도 때가 되면 밥을 먹거나 잠을 자요. 이것이 하나도 이상한 상황이 아니라는 거죠. 억압이 있어도 욕구의 충족은 늘 가능하단 말입니다.

욕구의 만족을 통한 쾌보다 불쾌의 원인이 더 강한 경우에 억압이 생긴다는 말은, 충동의 요구로부터 야기된 불안은 욕구의 차원에서 충족될 수 있는 문제가 아니라 훨씬 더 근본적 심리 압박으로 존재한다는 뜻이죠. 불안을 제어해서 충동의 요구를 해소해야 할 필요가 생기는데 그것이 바로 억압 과정을 작동시키는 동인이라는 얘깁니다. 충동은 대개 잘 알려지지 않은, 의미화되지 않은 무의식의 표상으로 나타나기 때문에 우리 의식 속으로 끌어들여 어떤 식으로든 의미화를 해야만 해소됩니다. 욕구의 충족으로 대체될 수 없이 불안을 야기하는 어떤 다른 문제가 있는 것이죠. 요컨대 억압은 우리를 불편하게 하고 불안하게 만드는 기제가 아니라 우리가 일상적으로 살아가게 해주는 과정이라는 말입니다. 억압 시스템이 파괴되거나 작동불능이 되는 순간 본능적 삶으로 추락하거나 일상생활을 할 수 없는 정신적 이상 상태에 빠집니다.

전치와 응축

프로이트는 「억압」을 쓸 무렵 메타심리학에 관한 글을 집필

하면서 정신분석학에 대한 재정리를 시도하고 있었습니다. 애초에는 모두 12편의 글을 구상했는데 지금 남아 있는 것은 5편입니다. 1896년 『히스테리의 병인학을 위하여』를 펴낼 즈음에 '정신분석학'이란 용어를 처음 쓴 이래 20여 년 동안 있었던 성과와 논쟁을 바탕으로 리비도 이론을 통해 자신의 이론을 재정립하려는 노력을 기울이고 있었죠. 이 글에서는 억압 개념이 아직 자아, 이드, 초자아의 경제적이고 역동적인 관계로 설명되기보다 여전히 의식, 무의식, 전의식 간의 지형학적 관계로 표현됩니다. 전의식이 의식과 무의식을 매개하면서 표상을 걸러주는 일종의 '거르기(필터링)' 작업을 하는 것으로 억압 개념을 이해하고 있어요. 이러한 선별 기능은 어떤 근거에서 무엇에 토대를 두고 이루어질까요? 바로 쾌원리입니다. 의미화되지 않은 표상이 의식에 떠올랐을 때 불쾌가 증가하지 않도록 걸러주는 것입니다. 의미화되었을 때 불쾌가 증가할 가능성이 있거나 의미화가 불가능한 표상은 의식으로의 진입이 차단되거나 모습이 바뀌어서 의미화됩니다. 의미화되지만 다른 의미인 것처럼 변형되거나 치환되어야만 의식에 떠오를 수 있는 거죠. 꿈작업에서처럼 억압은 이렇게 거르기를 통해 선별하고 '왜곡'하는 과정을 말합니다. 그리고 그 표상에 결부된 감능을 묶는 일을 뜻합니다. 어머니와의 친밀한 관계를 욕망하는 아이에게는 아버지의 존재가 걸림돌이겠죠. 그런데 아버지에 대한 증오를 의미화하기는 쉽지 않아요. 근친상간에 대한 죄의식이 생길 뿐만 아니라 아버지처럼 되고 싶은 동일시의 욕망이 함께 있기 때문이에요. 그래서 아버지에 대한 증오는 무의식에 의미화되지 못한 채 머무르거나 아버지가 아닌 다른 표상으로 의식 속에서 의미화됩니다. 전의식에 의한 억압의 거르기 과정이 꿈작업의 검열과 유사하게 생각되는 이유입니다. 마치 문지기가 문 앞에 서서 출입을 통제하는 시스템이죠. 프로이트는 이를 의식과 무의식의 간극이라고 표현합니다. 의식 안에서 의미화되어 불쾌를 일으키지 않는 방식으로 진입하는 무의식의 표상과 그렇지 못한 표상 사이에 간극이 생기고 이를 통해 불안이 생겨납니다.

전의식을 통해 무의식의 표상이 의미화되는 방식에는 크게 두 가지 길이 있습니다. 하나는 전치(Verschiebung)입니다. 영어로는 displacement라고 합니다. 표상의 자리를 바꾸는 것, 즉 바꿔치기입니다. A라는 표상이 그대로 의미화되기 불가능할 때 B라는 표상으로 둔갑하는 겁니다. 아버지에 대한 증오가 그대로 표현되면 문제가 생길 수 있기 때문에 뱀 같은 동물을 학대하거나 우산 같은 사물을 망가뜨리는 이야기로 바뀔 수 있겠죠. 다른 하나는 응축(Verdichtung)이라고 합니다. 영어로는 condensation으로 하나의 표상이 시공간적으로 이질적인 여러 표상을 압축해서 품고 있는 경우입니다. 수음(手淫)을 금지하는 아버지에 대한 증오가 늑대에게 쫓기는 어린 양의 형상으로 드러날 수 있습니다. 의미화되지 못한 표상과 관련된 어떤 속성이 하나의 표상으로 뭉쳐지는 것입니다. 이런 압축을 풀기 전에는 원래 표상을 파악하기 힘들죠. 마치 컴퓨터의 ZIP 파일을 만드는 원리와 같습니다. 이처럼 뒤바꾸거나 압축하는 방식으로 무의식의 표상은 의식 속에서 의미화됩니다. 흥미로운 점은 꾸며져서 바뀐 이야기나 표상은 그 자체로는 의미가 없다는 거예요. 일종의 해독을 기다리는 암호와 같습니다. 누군가 꿈 이야기를 하거나 상담을 진행할 때 우리가 들을 수 있는 건 암호처럼 변형된 표상이에요. 변형된 표상은 무의식에 있는 어떤 에너지의 흐름이나 불쾌감과 달리 그대로 의미화된다고 문제를 일으키지 않습니다. 프로이트가 무의식의 속성으로 시간성이 없다고 했듯이 의미화된 표상은 그 자체로는 사실 논리적 연관성이 없는 서사입니다. 아버지가 들어갈 자리를 다른 사물이 차지하거나 다른 이야기로 합쳐졌기 때문입니다. 정신분석가가 하는 작업은 이런 전치의 논리를 찾고 압축을 풀어서 숨겨진 서사를 복원하는 일, 즉 암호해독입니다. 꿈의 분석과 동일합니다. 전치와 응축의 과정을 의식과 무의식 사이에서 벌어지는 억압이라고 부르고, 상담사와 환자 간의 관계에서는 저항이라고 간주합니다.

라캉 같은 정신분석가는 나중에 프로이트의 전치와 응축을 각각 인접성을 따르는 환유(metonymy)와 유사성을 따르는 은유(metaphor)로 개념화합니다. 여기서 환유와 은유 개념은 문학적 비유법과 다른 의미를 갖습니다. 전치가 논리적 연관성이 없는 두 개의 이질적 표상이 하나의 맥락 속에 수평적으로, 즉 인접해서 대체되는 환유의 원리라면, 응축은 동일한 의미를 갖는 여러 부분적 표상이 의미상의 유사성으로 하나의 표상에 수직적으로 대표(리)되는 은유의 원리입니다. 예를 들어보죠. 전치와 환유에서 아버지라는 기표를 대체한 뱀과 우산이라는 표상은 다른 동물이나 사물로도 대체가 가능하기에 둘 사이에 의미상으로는 논리적 연관관계가 성립하지 않습니다. 아버지와 뱀 사이의 의미상의 연관성은 대체 가능한 다른 기표들과의 일대일 대응관계 및 그 연쇄라는 맥락에 의존하고 두 표상 간의 이질성은 그대로 보존됩니다. 반면 응축과 은유는 자신과 아버지의 관계와 늑대와 어린 양의 관계라는 상징적 유사성을 따라 구축되어 있습니다. 아버지-아들의 관계를 늑대-양의 관계가 대리하는 것이죠. 응축은 전치와 달리 동일한 맥락에서 차이를 지닌 표상 간의 대체가 가능한 관계가 아니라 이질적 맥락에 있는 서로 다른 표상이 하나의 대표적 표상으로 대리되면서 차이를 잃어버리는 관계입니다. 이런 표현이 가능하다면, 전치와 환유는 직접민주주의 방식이고 응축과 은유는 간접민주주의 방식이라고 할 수 있습니다. 서로 대체 가능한(=평등한) 개별자들이 각자 자신의 의사(=차이)를 표현하는 방식이 전자라면, 비슷한 의견을 지닌 개별자들이 자신들의 의사(=차이)를 대리할 수 있는 대표자에게 특권(=불평등)을 위탁하는 형태가 후자입니다.(야콥슨이라는 언어학자는 라캉과 반대로 '선별'의 원리를 따르는 은유를 프로이트의 전치와 동일시하고 '종합'의 원리를 따른 환유를 응축과 유사한 것으로 보았습니다.) 이 관계를 그려보면 아래와 같습니다.

프로이트	라캉	방향	야콥슨
응축	은유	수직	전치(=선별)
전치	환유	수평	응축(=종합)

이런 차이가 나오는 이유는 프로이트의 전치와 응축 개념 모두가 억압 과정의 두 양상일 뿐 근본적으로 의미화되지 않는 표상을 의미 있는 표상으로 바꾸는 거르기 과정이라는 점에서 동일하기 때문입니다. 또한 전치든 응축이든 암호해독이라는 면에서 정신분석가에게는 동일한 작업일 뿐입니다. 흥미로운 대목은 프로이트가 억압이 있기 전에도 이런 문제를 해소하는 과정이 있다고 보는 점입니다. 두 가지 형태가 있는데, 하나는 의미화 자체를 거부해서 표상을 거르기 과정 이전으로 돌려보내는 작업이고 다른 하나는 의미화의 연쇄 가능성을 봉쇄하기 위해 의식에 이미 존재하는 표상을 무의미의 영역으로 밀어내는 작업입니다. 특히 후자는 외부 대상을 향한 충동의 요구를 자아 내부의 문제로 치환시키는 작업으로서 나르시시즘과 관련이 깊습니

다. 프로이트는 이렇게 표상의 대체 이전에 벌어지는 무의식 표상에 대한 거부를 원초적 억압(Urverdrängung)이라 부르고 본래적 의미의 억압은 사후적 억압(Nachverdrängung)이라고 합니다. 정리하자면, 억압은 의식을 지배하는 법칙과 무의식을 지배하는 법칙이 다르기 때문에 생깁니다. 의식이 인과관계의 법칙을 따른다면 무의식은 리비도의 원리, 즉 충동의 법칙을 따르는 무의미의 영역입니다. 둘 사이의 간극은 의식의 법칙으로 무의식의 표상을 의미화하는 일이 근본적으로 한계를 지니기 때문에 생겨납니다. 무의미를 의미화하는 기능이 바로 억압입니다.

더 중요한 문제는 무의식의 표상이 전치와 응축을 비롯한 필터링을 거쳐 의식의 표상으로 의미화되더라도 표상에 결부되어 있는 감각적 에너지 혹은 감능은 그대로 유지되는 경향이 있다는 사실이에요. 의미화된 표상으로 변형이 되더라도 원래의 무의미한 표상을 움직이는 감능 에너지가 그대로 남아 있다는 것이죠. 이것을 프로이트는 '감능양(Affektbetrag)'이라고 합니다. 표상만 걸러서 되는 문제가 아니라 표상에 들러붙어 있는 일종의 표상값 역시 분리하는 시스템이 필요하다는 말입니다. 프로이트가 억압을 두 가지 차원이 결부된 일련의 과정이라고 이야기하는 이유가 여기 있습니다. 즉 표상을 거르는 작업과 표상에 부착되어 있는 표상값으로서의 감능을 묶는 차원이 맞물려 진행되어야 합니다. 예컨대 신경증자의 무의식 속에서 죄의식을 유발하는 표상이 억압의 거르기를 통해 의식 속에서 의미화된다면 죄의식이 소멸되어야 하겠죠. 그런데 계속 괴로운 상황이 벌어지고 신경증이 사라지지 않는 겁니다. 표상이 인과적으로 설명되면 불안이 해소되어야 하는데 감능양의 차원에서는 충동의 요구가 계속 남아 있는 거예요. 프로이트에 따르면 신경증은 바로 두 작업 간의 시차 때문에 생겨나고 각기 다른 형태를 띱니다.

어떻게 보면 억압은 표상의 거르기보다도 감능양을 묶어서 불쾌를 줄이는 것이 더 핵심적입니다. 바로 의식-전의식-무의식보다 자아-초자아-이드라는 기능적 심리 모델이 더 중요한 위상을 차지합니다. 표상과 결부된 리비도 에너지의 철회가 공통의 목표이지만, 감능의 양을 통제하는 억압의 메커니즘은 대체물을 형성하는 억압 메커니즘과 일치하지 않습니다. 표상이 대체 혹은 대리되었지만 감능양의 통제가 되지 않아 불안이 가시지 않는 증상인 불안 히스테리가 있습니다. 아버지를 늑대로 대체했지만 두려움은 사라지지 않아서 생기는 동물공포증(Tierphobie)이 대표적입니다. 또 대체된 표상과 결부된 신체적 감각에 이상이 생겨서 감능의 양이 일정하여 통증을 느끼지 않는데도 신체의 이상증상이 계속되는 대체 과정 자체의 실패가 드러내는 전환 히스테리가 있습니다. 표상의 대체와 감능의 양 조절 모두에 실패하여 대체와 거부를 반복하는 강박신경증으로는 결벽증이 대표적입니다.

억압의 도식을 정리하자면, 무의식에 존재하는 충동의 요구, 즉 무의미한 표상과 감능의 양이 불쾌를 유발할 정도로 커져서 의미화를 요구할 때 의식에 의미화된 대체물을 형성하거나 리비도 에너지를 철회하여 감능의 양을 조절하는 것이 억압입니다. 충동에 의해 촉발된 불안을 통제하고 관리하는 일련의 과정입니다. 앞서도 언급했지만 신경증은 이러한 억압 과정의 결과물로 인한 불안 때문에 생겨나는 것이 아니라 충동이 불러일으킨 불안을 억압 과정이 충분히 통제하지 못하기 때문에 발생합니다. 지형학적 모델에서는 억압을 담당하는 심리적 기관이 전의식이라고 간주되었는데, 감능의 양과 관련된 리비도 투자의 철회 역시 고려하게 되면서 억압 과정은 충동의 리비도를 작동시키는 이드의 힘에 대항하여 자아와 초자아가 이루는 다양한 방어전략에 기반을 둔 것으로 설명됩니다. 인간은 거르기와 묶기로서의 억압과 동거하는 존재입니다. 따라서 억압의 제거가 아니라 유지가 관건입니다.

4강

그때는 그런 줄 몰랐어요

freud seminar

거르기와 묶기

지난 강의에서 가장 중요한 내용은 억압이 내리누르거나 압박하는 부정적 의미의 과정이 아니라 우리의 심리적 기제가 원활하게 작동하도록 무의식의 표상과 에너지를 적절하게 거르고 묶는 선별 메커니즘이라는 점입니다. 억압의 대상이 있다면 욕망이나 충동이 아니라 실제로는 불안입니다. 쾌원리죠. 불안을 통제하기 위해 거르는 과정이기 때문에 만일 억압이 사라진다면 본능을 따르는 삶이 되거나 정신증자가 될 확률이 높습니다.

정신분석학의 치료법, 즉 임상으로서 정신분석의 목표는 억압의 해체가 아니라 망가진 억압기제의 복원입니다. 불안이 문제이기 때문에 억압은 특정한 사람들에게만 문제가 되는 과정이 아니라 모든 사람이 갖추고 있어야 하는 심리기제입니다. "모든 인간은 신경증자"라는 프로이트의 말은 이런 뜻에서 받아들여야 합니다. 억압이 없이 인간은 살아갈 수 없습니다. 프로이트가 억압과 불안의 관계를 이렇게 재정립한 데에는 초기에 신경증자를 치료하는 데 실패한 경험이 중요한 밑거름이 되었습니다. 초기의 프로이트는 이른바 '유혹이론'을 통해 인간의 성이 성립되는 과정을 설명했습니다. 인간의 성은 어린 시절에 형성된 외적 요인, 즉 부모를 비롯한 성인의 개입(=유혹)에 의해 폭력적으로 성립되고, 이런 외상적 성의 기원이 억압을 만들어내는 근원이라고 보았던 것입니다. 따라서 외적 유혹을 통해 성적 트라우마를 형성했던 억압을 제거하는 것이 치료의 중심이 되었습니다. 그리고 오이디푸스 콤플렉스라는 개념을 통해 바로 그 외상적 성을 극복하고 성인이 되기 위해 어린아이가 거쳐가야 할 핵심 과정을 그려냈습니다.

유혹이론에 따르면 인간의 성은 이런 과정을 겪고 난 사춘기에 이르러 재탄생합니다. 그런데 1905년에 나온 「성욕이론에 관한 세 개의 에세이」에서부터 이런 관점이 변화를 겪어요. 유아의 성을 다룬 이 책에서 프로이트는 부모와 같은 외부 요인에 의한 트라우마적 과정이 아니라 진화론적 관점에 입각하여 성 발달 단계를 따르는 내재적 발전 모델을 사유합니다. 이런 변화의 바탕에는 유혹이론을 통한 치료의 실패가 큰 몫을 했고, 유아의 성과 결부된 '환상' 기제의 가능성과 '사후성'이라는 개념이 중요한 역할을 합니다. 그리고 이러한 전환은 나르시시즘 개념이 등장하면서 완성됩니다. 유혹이론은 유아를 성적 주체로 인정하지 않았어요. 유아가 사회적 관계에 종속되어 있다고 생각한 것이죠. 그러나 나중에는 트라우마로 형성된 유아의 성을 성인에 근거해 미성숙한 상태로 간주하지 않고, 도착적 성향을 지닌 어린 성적 존재가 환상을 통해 스스로의 성을 정립해가는 내재적 발달과정으로 인식한 것입니다. 성적이지 않은 경험을 시차를 두고 성적인 것으로 상상해서 구성하는 환상의 논리가 바로 사후성이고 어린아이가 환상으로서의 성을 구성하는 과정에서 자기 자신(=어머니)과의 관계가 지대한 영향을 행사한다는 생각이 바로 나르시시즘입니다. 따라서 불안은 트라우마적 성과 관련한 무의식적 기억을 억압해서 생겨나는 현상이 아니라 성적 발달과정에서 환상기제가 원활하게 작동하지 못하여 발생하는 증상이고 따라서 억압이 필요함을 드러내는 계기가 됩니다.

유아가 형성하는 성적 환상이란 한마디로 자신에 대한 환상이라고 할 수 있습니다. 아이는 자신이 통제할 수 없는 상황에 압도된 상태에 놓여 있죠. 부모를 비롯한 존재들에 의존하는 수동적 존재입니다. 유아의 성은 구강기에서 성기기에 이르기까지 즐거움을 주는 자신의 모든 신체 기관을 대상으로 성적 만족을 얻는 형태로 형성됩니다. 이른바 다형적 도착성(die polymorphe Perversität)입니다. 오이디푸스 콤플렉스는 유아의 다형적 도착성이 사회적으로 특정한 성욕의 형태, 즉 이성애로 수렴되어 규범화되는 과정을 뜻합니다. 프로이트에게 유아의 환상은 도착성을 띤 성적 존재가 스스로를 독립된 성적 주체로 표상하는 심리기제를 뜻하는데, 외적 수동성을 심리적 능동성으로 착각하는 과정입니다. 프로이트는 트라우마적 사건을 설정하는 유혹이론을 포기한 다음에도 유아의 환상을 가능하게 하는 어떤 원초적 환상을 상정하려고 했습니다. 결정적 사건이 아닌 환상의 기원을 설명하기 위해 기원적 환상을 설정한 것이죠. 원초적 장면(Urszene)이라는 개념이 그것입니다. 이는 부모의 성교 장면을 목격한 것에서 오는 트라우마적 사건을 뜻하는데, 프로이트는 환상 개념을 통해 원초적 장면이 실제 사건이 아니라 아이에 의해 사후적으로 구성된 허구적 환상일 가능성에 무게를 둡니다. 즉 유아의 성이 실제로 트라우마적으로 벌어진 외부적 사건에서 형성되는 것이 아니라 원초적 장면에 대한 사후적 환상을 통해 성립된다고 보는 것입니다.

1914년에 완성되었으나 전쟁 끝 무렵인 1918년에 출판한 「유아 신경증의 역사에 대하여」에서 이른바 '늑대인간(der Wolfsmann)'의 신경증을 분석한 보고서에서도 프로이트는 세르게이 판케예프(Sergei Pankejeff)의 원초적 장면에 대한 환상이 문제라고 보았습니다. 물론 이 분석은 결국 실패로 판명났죠. 유혹이론과 트라우마 및 근원적 환상에 대한 프로이트의 입장은 나르시시즘 개념을 통해서야 근본적으로 달라집니다. 유아의 도착적 성은 아이를 돌보아주는 존재, 즉 어머니와의 나르시시즘적 동일시라는 환상기제로부터 시작되어 오이디푸스 단계를 거쳐 규범화되는 과정으로 재정립됩니다. 어쨌든 프로이트가 불안과 관련해서 억압 개념을 새롭게 사유하게 된 바탕에는 유혹이론과 트라우마적 사건과의 결별, 그리고 원초적 환상 및 다형적 도착성에서 출발하는 내재적 발전단계 이론이 중요한 기여를 합니다. 물론 결정적 계기는 리비도 이론입니다. 라캉은 프로이트가 발견한 다형적 도착성, 환상, 나르시시즘 개념을 종합하여 유아의 성의 기원을 거울단계(stade du miroir)라는 개념을 통해 일목요연하게 정리합니다.

3강에서 언급했듯이, 억압에는 그 양상에 따라 크게 두 가지 형태가 있습니다. 하나는 원초적 억압이고 다른 하나는 사후억압입니다. 억압은 충동과 관련 있는데, 정확히 말하면 충동의 표상과 연관됩니다. 삶충동과 죽음충동을 한번 다루었는데, 여기서 말하는 충동은 주로 에로스로서의 삶충동입니다. 충동표상이라고 뭉뚱그려 말했지만 여기서 프로이트는 충동의 대표자(Repräsentanz) 혹은 대리자라고 씁니다. 영어로는 representative입니다. 표상을 뜻하는 Vorstellung이 아닙니다. 충동이 표상이라면 충동표상이 실제로 작동하는 형태는 그 대리자 혹은 대표자를 통한다는 얘기입니다. 대표(리)자에는 관념, 이미지, 감능의 양과 같은 에너지가 포함되겠죠. 그러니까 충동이 표상되는 방식은 항상 이러한 대표(리)자를 통해서인데 이들을 상대하는 작업이 바로 억압 과정입니다. 원초적 억압은 충동의 대표(리)자를 의식이 불가능한 것으로 보아 의미화하길 거부하는 과정입니다. 의미화의 공정에 애초부터 발을 들여놓지 못하게 막는 것이죠. 사후억압 혹은 본래적 의미의 억압은 원초적 억압이 거부한 대표(리)자를 대체한 파생자, 즉 대체된 대표(리)자를 관리하는 작업입니다. 의미화의 가능성을 지닌 대표(리)자를 거르고 선별하여 불안을 감소시키고 불쾌를 해소하는 과정입니다. 엄밀히 말하면 원초적 억압은 억압이 아니에요. 거르기 과정 자체가 이루어지지 않습니다. 특히 성충동의 표상은 의식의 인과법칙으로 설명이 불가능하기 때문에 애초부터 진입이 거부됩니다. 게다가 이 표상은 현재의 불안을 야기하는 직접적 원인이 아니고 망각된 상태로 의미 없이 존재하기 때문이에요. 프로이트에 따르면 망각된 표상은 현재의 불안을 야기하는 충동표상의 대표(리)자보다 더 먼저 일어난 일과 관련돼 있고 성적 뉘앙스도 띠지 않습니다. 사후적으로 환상기제를 통해 성적 뉘앙스가 덧붙여져야만 현재의 불안을 유발하는 형태로 바뀌는 것이죠. 원초적 억압은 우리가 모르는 사이에 이미 벌어진 근원적 억압을 뜻합니다.

표상의 대체

이제 원초적으로 억압된 표상의 대표(리)자가 어떻게 그것을 대체하는 파생자에 의해 사후억압의 대상이 되는지 알아봅시다. 전에 거론한 엠마 사례 보고서가 이 점을 잘 밝혀줍니다. (1강 '신경증' 참조) 상기하는 셈 치고 다시 정리해볼게요. 엠마는 현재 혼자 가게에 물건을 사러 가는 일에 두려움을 느끼는 증상을 호소합니다.(증상2) 그런데 이 증상이 있기 전인 사춘기 시절에 가게에 들렀다가 남자 점원 두 명이 같이 웃고 있는 모습을 보고 도망쳐나왔던 일이 있었습니다.(사건2) 엠마는 자신의 초라한 옷차림을 비웃은 점원들을 기억하며 둘 중 한 명에게 성적 매력을 느낀 사실도 상기합니다. 그런데 상담 과정에서 이 일(사건2)보다 4년 전에 있었던 또다른 사건(사건1)이 나옵니다. 사탕을 사러 갔던 상점에서 미소를 짓던 상점 주인이 자신의 생식기를 만졌던 일이 기억난 것이죠. 이 트라우마적 사건(사건1)은 발생 당시에는 증상(증상1)으로 나타나지 않고 잠재되어 있다가, 사춘기 시절의 일화(사건2)에 의해 사후적으로 트라우마로 등장합니다. 프로이트의 분석을 엠마의 시간으로 재구성하면 사건1 → 증상1 → 사건2 → 증상2가 되지만, 실제로 드러난 순서로 보면 증상2 → 사건2 → 사건1 → 증상1입니다. 최초에 상점 주인과 관련된 사건1은 가장 나중에서야 성적 트라우마인 증상1로 나타납니다. 이렇게 의미화되기까지 증상1은 무의식에 잠재되어 있으며, 증상1을 일으킨 사건 역시 실제 발생 여부는 확인 불가능합니다. 지워져 있는 것이죠. 사건의 중요성을 인지하지 못하는 이른바 장막기억(Deckerinnerungen)의 작용입니다.

이 사례에서 프로이트가 충분히 주의를 기울이지 못한 것은 무엇보다도 최초의 사건1이 발생한 당시에는 엠마가 이를 성적 트라우마로 느끼지 못했다는 사실이었어요. 기억이 은폐된 것이죠. 증상1의 성립이 분명치 않아요. 그보다 프로이트는 사건1의 실제 발생 여부가 확실치 않다는 점을 의심했습니다. 다시 말해, 성적 트라우마가 실제 사건의 발생 여부보다 근원적 환상을 통해 형성되었을 가능성을 따져본 것입니다. 프로이트의 근원적 환상은 이처럼 실제 사건이 아니라 트라우마를 유발한 기원적 환상에 주목하여 환상 개념을 정립하는 데 그쳤습니다. 이 사건의 실제 발생 여부와 상관없이 엠마가 당시에는 성적 트라우마로 느끼지 못했다는 점에 관심을 집중하면, 기원적 환상이 아니라 유아의 성적 환상 자체가 어떻게 기원하는지에 대한 이야기로 볼 수 있습니다. 즉 유아의 환상은 기원적 사건에 대한 환상적 재구성이 아니라 성적 뉘앙스가 없었던 사건에 성적 의미를 부여하는 일반적 심리기제를 뜻합니다. 말을 바꾸면, 최초의 사건은 피분석자의 사후 성적 의미 부여와 상관없이 발생하지 않았기 때문에 원초적 억압을 당한 셈이고, 존재하지 않은 사건을 성적 억압의 근거로 삼음으로써 유아의 환상은 마치 어떤 기원적 사건이 사후억압의 대상이 된 듯이 간주하는 것입니다. 환상은 바로 충동의 대표(리)자를 성적 의미가 부여된 파생적 대표(리)자로 생산하는 과정을 뜻하고, 사후성이란 이러한 환상을 작동시키는 심리적 현실 재구성의 논리를 뜻합니다. 초기의 프로이트는 유아의 환상 자체가 성립되는 과정에 주목하지 못하고 트라우마의 근원이 된 기원적 환상에 대한 억압을 없애면 치료가 가능할 것이라고 보았기 때문에 실패합니다. 기원적 환상을 거부한 원초적 억압이 아니라 엠마의 환상 자체가 일종의 사후억압이라는 사실이 문제인 것이죠. 이렇게 보면 억압은 성적 의미화가 되지 못하게 충동의 대표(리)자를 막는 과정이 아니라 환상을 통해 충동의 파생 대표(리)자로 성적 의미화를 행함으로써 불안의 증상을 다스리는 과정이 됩니다. 바로 이렇게 충동의 대표(리)자를 환상을 통해 사후에 성적으로 의미화하여 대체 파생자를 거르는 과정이 바로 억압입니다. 이 파생자가 바로 성적 의미가 부여된 충동의 대표(리)자입니다.

프로이트에 따르면 무의식 속에 있는 충동의 대표(리)자는 환상과 억압에 의해 성적 의미가 부여되는지의 여부와 상관없이 결코 사라지지 않아요. 유아의 성이 환상으로 구성되어 있는 한 결코 없어지지 않습니다. 따라서 현재 엠마가 지닌 증상을 유발한 불안의 제거는 원초적 억압을 제거하여 기원적 환상, 즉 원초적 트라우마의 장면을 찾는 것으로 가능하지 않습니다. 왜냐하면 기원적 환상은 엠마가 억압의 일환으로 환상의 기제를 작동하여 나중에 만들어낸 것이기 때문입니다. 엠마가 지닌 불안의 더 핵심적 이유는 트라우마적 환상에 있지 않고 수치스러움을 느끼는 사건2의 상황에서 '도착적으로' 성욕이 생겼다는 사실에 있습니다. 엠마의 환상은 바로 이 도착성을 억압(=거르기/묶기)하려는 심리기제가 일종의 방어기제로 작동해서 다른 원인으로 증상의 원인을 대체하는 작업입니다. 프로이트의 신경증 치료가 실패한 원인을 여기서 찾을 수 있어요. 그는 환자가 원초적 억압으로 망각한 표상에서 성적 트라우마가 형성된 기원적 환상을 찾아내면 치료가 가능할 것이라고 보았던 셈이죠. 늑대인간을 예로 들면, 늑대 꿈을 꾸는 신경증자에게 늑대는 곧 아버지의 표상이므로 아버지와 연관된 어린 시절의 기원적 환상, 즉 원초적 장면이 불안의 원인이라고 설명하는 것입니다. 분석가의 개입을 통해 신경증자는 자신의 기억 속에서 아버지와 관련된 어떤 장면에 성적 의미화를 부여하는 환상기제를 작동하고, 자신이 마치 부모의 원초적 장면을 목격한 일이 있었다는 듯이 환상을 만들게 됩니다. 프로이트는 기뻐하고, 불안의 기원이 되는 트라우마적 환상을 찾았으니 치료의 종료를 선언합니다. 그렇지만 환자는 조금도 나아지지 않습니다. 치료가 실패한 것이죠. 나중에 세르게이 판케예프가 쓴 회고록을 보면 프로이트가 자기 증상에 대해 그렇게 분석할 것이라고 예견했는데 실제로 그렇게 말해서 놀랐다고 합니다.

유아의 환상은 참으로 묘해서 프로이트처럼 환자가 어린 시절의 트라우마적 사건을 꾸며낼 가능성이 있다고 볼 여지가 많아요. 왜냐하면 사건이 실제로 있었더라도 유아에 의해 성적 의미화가 되지 못했기 때문에 환상의 힘이 아니고서는 상기될 수 없어요. 분석가가 그런 가능성을 암시하기 때문에 환상이 작동하여 피분석자는 마치 그런 일이 있었던 것처럼 원초적 장면을 재구성하는 것입니다. 성적 의미화는 분석가에 의해 촉발되고 환자의 환상에 의해 재구성된 것이고 이를 통해 진짜 불안의 원인을 파악 못하게 만드는 방어이자 저항이라는 사실은 꿈의 서사가 1인칭 주인공 시점인 데 반해 환상의 이야기는 마치 1인칭 관찰자의 시점에서 서술된다는 점에서 알 수 있어요. 자신을 주인공이 아니라 목격자로 설정한다는 것입니다. 꿈과 달리 환상은 1인칭 관찰자의 시점에서 사후성을 통해 만들어집니다.

리비도 철회

리비도의 투자가 어느 정도를 넘으면 불쾌가 발생하고 불안이 생기면 억압이 작동한다고 했습니다. 리비도는 주로 어디에 어떻게 투자된다고 했죠? 자기 바깥에 있는 대상을 향하는 경우와 자기 자신에 투자하는 두 가지 형태가 있다고 이야기했습니다. 유아가 마주하는 최초의 원형이 되는 대상은 당연히 부모겠죠. 좀 단순하게 말하면 프로이트의 유아성욕은 성인으로서 현재 겪는 문제를 어린 시절 원형적 대상과의 관계에서 발생한 문제로 귀속시키는 논리입니다. 성인은 나이가 들어서도 유아성욕 과정을 되풀이한다는 것입니다. 오이디푸스 콤플렉스 개념도 마찬가지입니다. 남아가 어머니에 대한 애착이 심해서 어머니에게 리비도를 투자하면 사회적으로 문제가 발생하겠죠. 어머니를 향한 리비도 투자를 막는 일이 곧 억압입니다. 프로이트는 억압이 일종의 모델이 되어서 나중에도 반복된다고 봅니다. 그러니까 인간이라면 누구나 겪을 수밖에 없는 통과의례라는 것이죠. 사춘기를 거쳐 가는 과정에서 유아성욕이 규범적 성으로 정립되는 과정이 바로 억압의 완성입니다. 억압기제가 제대로 형성되지 못하면 두 가지 현상이 벌어지겠죠. 하나는 억압기제를 무시하고 유아성욕의 상태에 정지해서 성장하지 않고 머무르려는 태도가 있습니다. 고착입니다. 몸은 성인인데 어린아이 같이 행동하는 경우죠. 다른 하나는 억압기제를 유지하는 것이 견디기 힘들어서 자꾸 어린 시절로 돌아가려는 거예요. 퇴행이라고 부릅니다. 억압이 생성되기 이전의 상태를 환상하고 거기로 돌아갈 수 있다고 믿는 것이죠. J. D. 샐린저의 소설 『호밀밭의 파수꾼(The Catcher in the Rye)』에 나오는 홀든 콜필드(Holden

Caulfield) 같은 친구가 대표적 사례입니다.

억압이 전개되는 형태를 보면 크게 두 가지 방향이 있습니다. 우선 개별적이에요. 억압이라는 큰 틀, 그 과정 자체는 내재화되어 있지만 그 과정이 어떻게 이루어지는가는 획일적이지 않고 사람마다 다르다는 얘기죠. 시간적으로 빠를 수도 있고 늦을 수도 있으며, 어떤 것을 얼마만큼 억압으로 느끼는가 하는 정도도 다르다는 것입니다. 따라서 유동적입니다. 유동적이기 때문에 개별적으로 다르게 나타나는 것이 억압 과정의 본질입니다. 또한 개별적이라는 의미는 충동표상의 파생자 역시 고정된 의미에 갇혀 있지 않다는 것입니다. 아버지에 대한 표상이 늑대로 나타날 수도 있고 자동차로 나타날 수도 있겠죠. 꼬마 한스의 경우처럼 말이나 기차가 될 수도 있어요. 어떤 일관된 상징체계가 있다고 생각하는 순간 분석가는 자기망상에 빠집니다.

억압은 개별적이고 유동적인 과정입니다. 어느 순간에 종결되지 않습니다. 억압은 제거나 치료의 대상이 아니기 때문입니다. 무의식에 있는 충동표상의 대표(리)자를 근절하는 것이 아니라 그 대체자를 통해 지속적으로 관리하고 조정하는 일종의 협상 과정이죠. 따라서 지속적인 힘의 소모를 요구합니다. 억압이 거르기와 묶기라고 했는데 거름종이를 놓고 그냥 걸러지기를 기다리는 과정이 아니라 충동표상의 대체자와 감능양의 변화에 맞서 계속 밀고 당기는 씨름을 하는 선별작업입니다. 어떤 때는 힘을 가해서 막아야만 하고 어떤 때는 그냥 버티기만 해도 되고 또 어떤 경우는 문을 반쯤 열어 흘려보내면서 활동성을 낮추기도 해야 하는 심리적 처리 과정이죠. 우리 심리 에너지의 상당히 많은 부분을 쏟아야 합니다. 그러니까 사는 일이 힘든 거예요.(웃음) 일상생활의 영위가 바로 억압 과정의 지속적 힘을 소모하는 일이에요. 심리 에너지의 거의 대부분을 억압 과정에 쓰고 있다고 해도 과언이 아닙니다. 어느 순간 놓고 싶겠죠. 하루 일과를 생각해보세요, 저기 지하철이 들어와요. 뛰어서 타면 약속시간에 맞출 수 있을 것 같아요. 뛰기 위해서는 뛰어서 힘들고 싶지 않은 마음을 추슬러야 해요. 억압의 승리입니다. 수업시간에 맞추려면 마을버스를 놓치지 않아야 하는데 그러려면 새치기를 해야 될 것 같아요. 그런데 그럴 수 없다는 생각도 같이 들죠. 하고 싶지만 하지 않는 것. 억압을 위해서는 엄청난 에너지를 소모해야 합니다. 심지어 잠을 자는 순간에도 억압의 끈을 완전히 놓지 않아요. 약물의 힘으로 심리적 기제가 망가졌을 때는 가능하죠. 술을 먹고 필름이 끊겼던 순간을 기억해보세요. 기억이 안 난다면 억압이 무장해제된 것입니다. 억압이 무너지면 '헬게이트'가 열립니다.(웃음) 요즘 강철멘탈, 유리멘탈이라는 말을 자주 쓰죠. 억압기제의 작동력이 어느 정도인지로 나눌 수 있습니다. 강철멘탈은 생각과 달리 방어하는 억압의 힘이 센 게 아니라 유연한 것입니다. 웬만한 표상의 대표(리)자는 의미화를 해도 크게 문제가 없다고 보는 거죠. 구멍이 넓고 그물코가 성긴 거름종이입니다. 그래서 강철멘탈의 사람들은 트라우마적 상황을 당해도 별로 흔들리지 않아요. 반면 유리멘탈은 아주 작은 것이라도 억압의 틀을 벗어나는 일을 힘들어합니다. 거름종이가 촘촘하게 만들어져야 해요. 조금이라도 불편한 기미가 보이면 계속 억누르고 있는 거예요. 유리멘탈이 훨씬 더 많이 에너지를 소모하는 겁니다.

억압이 감능의 양을 조절하는 과정이기도 하다고 했죠. 리비도 투자를 철회하고 철회된 리비도의 활동성을 감소시키는 일입니다. 이를 묶기라고 부릅니다. 마침 천만 원이 생겨서 친구가 하는 떡볶이 가게에 투자를 했어요. 그런데 장사가 잘 안되네요. 그러면 투자금을 회수하고 싶겠죠. 여기서 돈을 리비도라고 본다면 회수한 돈을 어떻게 할 것인가가 문제입니다. 프로이트는 투자 가능한 리비도의 총량은 늘 일정하고 투자된 리비도는 파산의 위험 없이 항상 회수 가능하다고 생각했기 때문에 리비도의 상실이 아니라 철회되어 돌아온 리비도를 처리하는 것이 더 큰일이라고 보았어요. 돌아온 리비도로 내 안에 너무 많은 리비도가 쌓이는 것이죠. 리비도의 과잉투자(Übersetzung) 혹은 과잉축적이라고 합니다. 리비도의 총량을 100이라고 하면 가장 이상적인 투자 상태는 자기에게 50, 상대에게 50으로 나누는 것이에요. 거기에 상대 역시 본인에게 50, 내게 50을 투자하면 내가 절반을 투자했음에도 그만큼의 투자를 받은 셈이니까 균형을 이룹니다. 그런데 억압에 의해 리비도의 철회가 벌어지면 투자관계가 끊기고 전체 리비도 100이 전부 자신에게 집중되는 거예요. 리비도는 적절한 대상을 향해 적절하게 투자되어야 하는데 전체 양이 자아에 과잉축적되면 억압이 작동하지 않아요. 대상과의 리비도 관계(=거래)가 존재하는 한 자기에게 얼마가 남아 있는가는 중요하지 않습니다. 50 대 50의 투자가 이상적이지만 80 대 20이어도 멀쩡하게 살아갈 수 있고 50 대 50이어도 불안해하는 경우가 있겠죠. 상대의 맞투자가 자신의 부족한 양을 채워준다고 믿기 때문입니다. 따라서 리비도를 투자한 대상으로부터 적절한 맞투자가 존재하는 한 빈곤함이나 과잉감을 느끼지 않습니다. 어머니를 생각해보세요. 자식을 위해서 자신이 지닌 리비도를 거의 모두 투자합니다. 희생이라고 생각합니다. 그런데 자식이 보답을 못합니다. 괜히 투자했구나 싶어 거둬들입니다. 그렇게 거둬들이는 순간이 여러분이 대학을 오는 순간입니다.(웃음) 그런데 다시 돌아온 100을 투자할 곳이 마땅치 않은 것이에요. 남편한테 가긴 힘들죠. 남편은 처음부터 투자처가 아니었어요.(웃음) 반려동물을 기르거나 본인을 가꾸는 데 투자합니다. 그것이 불가능할 때 '화병'이 생깁니다.

리비도를 철회하고 묶는 과정, 즉 감능의 양을 조절하는 과정은 투자된 리비도를 다시 자기 속으로 끌어들이는 것입니다. 아주 정상적 과정입니다. 돌아오지 않고 소멸되거나 회수 불가능하다면 파산을 맞겠죠. 돌아오는 것 자체는 하등 이상하지 않습니다. 그런데 프로이트는 처음에 이 상태를 병리적으로 보았어요. 묶기가 극단적으로 진행되면 죽음충동의 경우처럼 리비도 양 자체의 소멸로 갈 수 있다고 본 것이죠. 그래서 유아기로의 퇴행이라며 문제라고 봤는데, 나중에 실제로 그렇지 않다는 사실을 깨닫습니다. 대상과의 리비도 투자 관계를 청산하고 자기 안에 과잉축적하는 것 역시 그 나름의 억압을 행하는 과정이라고 본 것입니다. 핵심은 리비도의 과잉이 아니라 돌아온 리비도를 묶어서 불안이 나타나지 못하게 막는 관리예요. 불안을 막고 해소하기 위해 억압 시스템이 작동하는 것인데 이 시스템이 제대로 작동하지 않으면 불안 요소가 계속 남아 있어요. 리비도의 축적에도 불구하고 자아는 심한 빈곤감을 느낍니다. 억압이 있어서 불안과 증상이 생긴 것처럼 보이지만 실제로는 정반대입니다. 철회된 리비도, 돌아온 리비도를 다시 관리하고 재투자하는 시스템 역시 억압 과정의 일부입니다.

억압이 제대로 작동하지 않을 때 생기는 신경증 양상을 다시 한번 설명하면서 이번 강의를 마칠까 합니다. 불안 히스테리는 공포증입니다. 특히 동물공포증이 그렇죠. 불안을 형성하는 아버지라는 존재를 늑대나 말 같은 동물의 표상으로 대체하는 데 성공하지만 감능의 양이 그대로 남아서 대체된 표상을 공포의 대상으로 착각하는 것입니다. 표상은 바뀌었지만 공포감 자체가 아직 해소되지 않아서 바뀐 표상에 감능이 옮겨가는 것이죠. 공포감을 해소해야 하는 게 아니라 불안을 관리해야 합니다. 프로이트의 환자는 대부분 불안 히스테리 증상이었어요. 쥐인간, 한스, 늑대인간이 여기에 속합니다. 전환 히스테리는 말 그대로 억압이 원활하지 못해서 심리적 증상이 신체적 형태로 전환된 사례입니다. 아버지에 대한 감정적 연루는 사라졌는데 다른 표상으로 대체되지 못해서 아버지라는 표상이 떠오를 때마다 불안해져서 특정한 신체의 작동에 문제를 일으킵니다. '아버지'라는 얘기만 들으면 두렵거나 화가 나는 대신 소화가 안되거나 다리가 아픈 증상이 나타납니다. 아버지에게 증오나 공포 같은 감정을 느끼지 않는데 다른 표상으로 대체되는 과정이 지체되어서 원래의 표상에 연루되었던 시점의 감정이 심리기제를 통해 걸러지지 못하고 곧바로 신체의 일부를 통해 표현됩니다. 전환 히스테리는 이렇게 대체 표상을 형성하는 데 실패한 것입니다. 강박신경증은 대체물 형성과 감능의 양을 관리하는 데 너무 철저한 나머지 계속 높은 수준의 억압을 유지하기가 힘들어서 생깁니다. 억압 대상의 대응력을 과대평가해서 억압을 유지하기가 힘들어지면 반동형성(Reaktionsbildung)이 생겨납니다. 영어로는 reaction formation이라고 불러요. 철저한 억압을 유지해야 만족하기 때문에 그에 못 미치면 불안과 함께 강박증세가 나타납니다. 이런 불안을 해소하기 위해 일종의 방어행위로 억압이 깨진 상태를 환상을 통해 만들어냅니다. 노인들이 "늙으면 죽어야 해"라고 말하거나 연인들이 "사랑하니까 헤어져야 해"라고 하는 말이 바로 반동형성의 사례입니다. 사소한 일 하나로 좋아하는 사람과의 관계가 깨어질까봐 노심초사하다 못해 일부러 정을 떼려고 하는 것이죠. 반동형성을 통해 극도의 억압을 유지하는 바람에 극과 극의 양가적 감정 상태를 수시로 오락가락하는 것입니다.

거울단계

프로이트 강의 중간에 뜻하지 않게 라캉 이야기를 좀 해야겠습니다. 애초에는 오이디푸스 콤플렉스 이론을 다루고 나서 거론하려고 했는데, 환상 개념과 관련해서 라캉의 이론을 설명하고 넘어가는 것이 좋을 것 같아요. 오이디푸스 콤플렉스를 다룬 다음에 라캉의 거울단계 개념이 어떤 의미를 지니는지는 그때그때 다시 언급하겠습니다. 라캉은 프로이트 이론을 재정립하여 그 합리적 핵심을 드러내고자 했던 인물인데, 막상 라캉의 책을 읽으면 엄청난 어려움에 부딪칩니다. 어렵기도 하고 프로이트 이론과의 연관성을 사유하기가 쉽지 않습니다. 이 강의에서 간간이 언급하기는 했지만, 저는 상징계-상상계-실재의 분석틀

못지않게 중요한 개념이 거울단계라고 생각합니다. 왜 거울인지부터 생각해보겠습니다. 왜 하필 거울일까요. 프로이트 이론에서 거울과의 연관성을 찾자면 나르시시즘이 가장 먼저 떠오릅니다. 그리고 초자아의 기능이 거울과 흡사하다고 했던 것도 생각날 거예요. 거울의 가장 큰 특징은 대상을 그대로 비춰주는 것이죠. 라캉은 비춰주는 기능보다 주체—라캉에게는 심리현실을 주도하는 자아가 아니라 타자(他者)와 대비되어 규정되는 주체가 중심이 됩니다—가 거울을 통해 수행하는 '모방행위'와 거울을 매개로 한 주체의 존재론적 '환상구조'에 관심이 있습니다. 환상구조 개념이 있기에, 아이의 거울을 통한 모방은 플라톤이나 아리스토텔레스가 말한 '미메시스(mimesis)'와는 의미가 다릅니다. 거울단계 논의에 앞서 프로이트와의 차이를 키워드 중심으로 큰 맥락에서 비교할게요. 아주 단순하게 비교한 것이니까 맥락 이해에만 참조하기 바라고 양쪽의 차이를 꼭 대립적인 것으로 생각하지는 않았으면 합니다.

우선 프로이트는 증상을 주체 내부의 심리현실 문제로 설명하려는 방법론입니다. 증상이 외부 현실과의 관계에서 생긴다는 점을 부정하는 논리가 아니라 내부든 외부든 항상 심리현실이라는 자아 내부의 기제를 통해서만 의미화된다는 논리입니다. 두 현실의 매개는 성 혹은 성욕에 의해 이루어집니다. 트라우마적 사건이든 내적 욕망이든 성을 매개로 한 심리현실의 기제를 중심에 둡니다. 성을 매개로 외부 현실이 심리현실로 굴절되는 것입니다. 비유하자면, 물이 담긴 유리그릇에 막대를 넣고 정면에서 바라보면 막대가 굴절되어 보이는 것과 흡사합니다. 성에 의해 굴절된 현실이 바로 심리현실입니다. 프로이트에게 성은 좁은 의미로는 성욕과 성애를 뜻하지만, 넓은 의미로는 인간 심리에 구조화된 성차 관념과 성 담론 및 성적 기제를 포함하는 존재론적 개념에 가깝습니다. 라캉이 취하는 방법은 방향이 좀 다를 뿐 프로이트의 전제와 크게 다르지 않아요. 심리현실이 성을 매개로 하는 것은 맞지만 모든 증상은 바깥에 있는 타자와의 관계에서 기원한다고 보는 입장에 가까워요. 타자는 프로이트가 대상이라고 부른 것보다 훨씬 큰 개념입니다. 주체를 둘러싼 상징적 질서 혹은 파악이 불가능한 존재를 뜻하는데, 그 존재에 대한 주체의 욕망이 문제의 근원이라는 것이죠. 타자는 표상의 형태로, 그러나 파악이 불가능한 표상으로 주체 내부의 심리현실에 자리잡아요. 내 안에 내가 알 수 없는 존재의 표상이 있기 때문에 주체의 불안이 발원합니다. 표상 불가능한 것의 표상이 문제입니다.

프로이트는 성을 매개로 한 심리현실의 기제를 강조하기 때문에 리비도라는 심리 에너지가 이루는 움직임이 매우 중요합니다. 양적 원리에 기반을 둔 리비도 경제학입니다. 자아-초자아-이드의 관계는 리비도를 작동시키는 심리기제이자 기능입니다. 라캉은 리비도 경제학을 성립시키는 더 근본적 구조를 강조합니다. 환상 개념이 핵심이기에 환상의 경제학이라고 할 수도 있을 것입니다. 리비도를 작동하게 만드는 더 근본 원인으로서의 환상에 주목합니다. 프로이트의 환상 개념은 라캉과 달리 구조가 아니라 성과 관련한 자아의 증상이나 방어와 더 깊은 관련이 있습니다. 한마디로, 억압된 증상으로서의 환상입니다. 그때는 그 일이 그런 의미인 줄 몰랐던 것입니다.

프로이트	라캉
주체 내부의 심리현실 리비도 경제학 오이디푸스 콤플렉스 나르시시즘 쾌원리	주체와 타자의 관계 환상 거울단계 팔루스와 결핍 주이상스

라캉의 구조로서의 환상은 크게 보면 주관적 환상으로서의 상상계, 공동의 사회적 환상으로서의 상징계로 나눌 수 있어요. 주체는 주관적 환상을 지닌 채 사회적 환상의 세계에 존재합니다. 프로이트에게 인간이 억압 없이 살 수 없는 존재라면, 라캉에게는 환상의 구조를 벗어나 살 수 없는 존재입니다. 그렇다면 환상구조는 언제 어떻게 생겨날까요. 유아에게 환상이 형성되는 최초의 시점이 바로 거울단계입니다. 환상은 인간이 욕망을 지

닌 존재라는 증거입니다. 욕망은 프로이트가 성 혹은 충동이라고 부른 것이죠. 환상은 타자의 욕망으로부터 생겨납니다. 즉 욕망은 우리 안의 심리현실에 자리잡은 타자로부터 오는 것이기에 자아는 이 욕망을 알 수 없는 타자를 향한 욕망으로 인해 근원적 결핍 상태에 처합니다. 환상은 이 결핍을 메우는 심리작용이고 욕망하는 주체의 존재조건입니다. 환상의 환상성이 드러나는 시점이 실재가 도래하는 순간입니다. 환상이 존재조건에 해당하기에 라캉에게는 오이디푸스 콤플렉스라는 보편적 플롯이 아니라 새로운 개념이 필요했죠. 바로 거울단계입니다.

앞서도 언급했지만, 라캉에게도 오이디푸스 콤플렉스 개념이 없지는 않아요. 라캉에게 이 개념은 거울단계를 거친 아이에게 사회적 환상이 성립되고 팔루스(Phallus)라는 중심기표를 통해 욕망이 규범화하는 단계입니다. 팔루스는 타자를 향한 욕망을 지닌 존재의 결핍을 뜻하는 중심기표입니다. 라캉에게 환상 개념을 가능하게 해준 프로이트의 이론이 바로 나르시시즘입니다. 앞서도 지적했지만, 나르시시즘 개념은 자아도 리비도 투자의 대상이 될 수 있다는 깨달음이 아니라 환상구조의 가능성을 함축하고 있기에 중요합니다. 마지막으로, 죽음충동의 가능성을 사유함으로써 프로이트는 쾌원리의 함의를 더 풍부하게 만들었는데 라캉은 더 나아가서 쾌원리를 위배하는 죽음충동의 논리에서 주이상스라는 개념을 주조합니다. 주이상스는 환상을 통한 욕망의 충족 원리가 팔루스를 중심으로 한 쾌원리와 협력하거나 길항하며 빚어내는 주체의 쾌락입니다. 리비도의 투자가 전제되지 않은 개념입니다.

거울단계는 나르키소스가 연못에 비친 자기 얼굴을 보고 사랑에 빠지는 나르시시즘처럼 어린아이가 자아에 대한 잘못된 표상을 형성하는 과정을 뜻합니다. 유아의 자아 표상이 거울에 비친 이미지처럼 형성되는 환상의 성립 과정입니다. 거울단계를 통해 자아의 주관적 환상구조, 즉 상상계가 탄생하는데, 프로이트가 말한 '다형적 도착성' 혹은 어머니와의 원초적 동일시 단계와 유사합니다. 거울은 유아가 자아표상을 형성하는 밑바탕 이미지와 동일합니다. 거울에 비친 자신의 이미지를 통해 자아의 표상을 환상으로 만드는 과정이죠. 이때 거울은 주로 자기 또래의 어린아이들이나 형제자매입니다. 자기와 유사한 존재들의 이미지를 모방하거나 동일시하여 자아표상을 만드는 것이죠. 자아의 실제 모습이 아니라 거울에 모방된 이미지에 근거한 과정이기에 환상의 성립 과정이라 부릅니다. 이미지와 모방이 환상의 핵심 요소입니다. 이런 말이 가능할지 모르지만 호모 판타지스에 가깝습니다. 인간 존재는 거울단계에서 형성된 환상과 함께 시작되고 지속됩니다. 공동의 환상으로 이루어진 상징계로 진입해서도 초기의 환상은 유지됩니다. 프로이트는 성이 형성되어 심리현실이 자리잡는 최초의 시기를 구순기로 보는데, 거울단계 역시 이즈음입니다. 환상이 존재적 조건인 까닭은 동물과 달리 인간의 성숙과 성이 완성되는 데 오랜 시간이 걸리기 때문입니다. 동물은 매우 짧은 기간에 성장을 이루고 생식능력도 갖춥니다. 인간은 혼자 걷는 데도 시간이 걸리고 언어 습득도 필요하며 사춘기에 성장을 이루고 생식능력을 갖추기까지 누군가의 보살핌이 없으면 생존이 불가능한 존재입니다. 특히 인간의 성 형성은 세 살 이전에 이루어지는데 실제로 성욕을 충족하고 생식할 수 있기까지 지체가 발생합니다. 성욕의 형성과 생식능력의 완성까지 10년이 넘는 시간차가 생기죠. 이 시간적 지체와 그로 인한 심리적 격차를 메꾸는 기제가 바로 환상입니다. 프로이트가 오이디푸스 콤플렉스를 통해 성차와 성애를 형성한 유아가 라캉이 말한 공동의 환상체계인 상징계로 진입하는 순간에 중요성을 부여했다면, 라캉은 그 이전에 환상이 성립하여 지속되는 현상에 주목한 것입니다.

거울단계는 대체로 6개월에서 18개월, 혼자 걸을 수 있는 시기를 전후한 기간입니다. 이 시기에 아이가 겪는 원초적 경험, 아니 체험에 집중합니다. 아하-체험(Ah-Erlebnis)이라고 합니다. "아, 이게 나구나!"라고 깨닫는 순간을 뜻합니다. 자신의 불완전한 신체 이미지에도 불구하고 거울 속 자신의 이미지 혹은 또래의 아이들을 모방하면서 스스로를 성숙한 존재로 착각하는 것입니다. 몸은 이제 겨우 걸음을 떼기 시작했을 뿐인데 심리적으로는 이미지의 모방을 통해 자신을 하나의 통합된 전체(Gestalt)라고 잘못 인식하고 그 전체로서의 이미지를 자기 자신이라 여기는 일종의 나르시시즘적 동일시에 빠지는 것입니다. 라캉의 용어로 오인(誤認)입니다. 잘못 인식함으로써 자기인식을 시작하는 것이죠. 왜 그럴까요? 거울 역할을 하는 다른 아이들이나 자기의 신체가 불완전함을 인지함에도 모방의 대상이 되는 이미지는 어머니에서 오기 때문이에요. 거울단계의 아이는 어머니에 전적으로 의존하기 때문에 심리적으로뿐만 아니라 신체적으로도 자신을 어머니와 동일시하는데, 어머니는 그런 아이에게 "이게 너야!(It's you!)"라는 인정을 통해 환상의 형성을 도와줍니다. 그런 인정을 통해 자기가 어머니처럼 성숙한 존재라는 환상을 갖는다는 것입니다. 여기에는 동일시가 결정적 역할을 합니다. 이상적 자아의 이미지를 자아라고 착각하는 자아동일시와 자신의 신체를 어머니의 신체라고 오인하는 대상동일시입니다. 자아동일시에서 생긴 자아 이미지와 자아의 파편성 간의 간극을 어머니의 신체로 메우는 것입니다. 어머니에 해당하는 존재가 없다면 환상구조는 생겨나지 않아요. 구순기 즈음에 생겼다가 항문기로 이행하면서 대체로 약화됩니다. 동일시에 기반을 둔 거울단계가 깨지면 자아는 스스로를 어머니와 독립된 존재로 인식합니다. 이것을 라캉은 소외(aliénation)라고 부릅니다. 소외는 거울단계의 동일시가 깨지는 것입니다. 이때 자기 신체는 어머니의 신체로부터 독립되고 아버지의 존재가 각인됩니다. 어머니와 자아 사이에 아버지라는 존재, 그 존재가 상징하는 공동의 환상, 즉, 아버지의 이름(nom-du-pére)이 틈입하는 과정을 분리(separation)라고 부릅니다.

소외와 분리를 통해서 독립적 존재가 되지만 아직 독자적 생존이 불가능한 상황을 아이는 어떻게 극복할까요. 오이디푸스 콤플렉스 단계가 바로 소외와 분리 이후에 유아가 공동의 환상을 통해 상징적으로 간극과 결핍을 메우는 과정입니다. 소외와 분리 이후에 유아가 느끼는 불안을 분리불안(angoisse de séparation)이라고 합니다. 어머니와의 동일시 세계에서 분리되면서 생긴 불안은 나중의 성숙 과정에서 생기는 불안의 원형이 되는 구조를 만들어냅니다. 프로이트의 원초적 나르시시즘과 거울단계 이론이 이 점에서 흡사한데, 프로이트는 나르시시즘이 먼저 있고 동일시는 나중에 오는 데 비해 라캉은 나르시시즘적 동일시가 먼저 있으며, 나르시시즘은 동일시가 깨진 존재를 욕망할 때 자아가 대상이 되는 현상입니다. 어머니로 인해 생긴 환상은 자아의 형성이 타자의 인정에서 출발한다는 이론의 근거가 되기도 합니다. 아이는 거울단계를 통해 이상적 자아를 환상으로 정립하면서도 성욕과 모든 신체의 기형적 불균형도 경험합니다. 성욕은 생겼는데 성욕의 주체가 될 수 없는 미발달된 몸을 지니는 것이죠. 이로부터 생긴 불안은 자기에게 불가능한 일을 금지된 것으로 치환하여 억압합니다. 거울단계의 자아는 이상적 자아(ideal Ich), 원초적 나르시시즘 단계에서 자아가 모방을 통해 만들어내는 자아의 이상적 이미지와 동일합니다. 표상으로서의 이미지와 실재를 착각을 통해 동일시하는 것이죠. 소외와 분리의 과정을 거치면서 이상적 자아의 이미지는 문화적으로 인정된 자아이상으로 변합니다. 내가 거울단계에서 모방한 내 이미지가 나와 동일하다고 생각하는 단계에서 다른 사람이 만들어낸 자신의 이상적 이미지가 자기와 동일하다고 생각하는 단계로 옮아간다는 것입니다. 상상계에서 상징계로의 이행은 자아이상(Ich-Ideal), 즉 타자의 욕망의 대상으로서 자아를 정립하는 단계이고 오이디푸스 콤플렉스와 관련이 큽니다. 프로이트와 달리 라캉에게 욕망은 동일시의 대상이었던 어머니를 근친상간적 욕망의 대상으로 선택하는 과정에서가 아니라 어머니라는 타자가 욕망하는 것을 욕망하는 과정에서 생겨납니다. 분리된 존재로서의 엄마가 욕망하는 존재가 되려는 것이 모든 욕망의 출발입니다. 타자가 욕망하는 것을 욕망하는 것이 인간의 원초적 욕망 형성 과정입니다.

5강

나를 지켜보는 또다른 나

freud seminar

꿈 이론

오늘 주제는 드디어 여러분이 기다리시던 꿈입니다. 먼저 여러분의 꿈 얘기를 좀 하고 꿈 이론으로 넘어갑시다. 여러분이 기술한 꿈의 사례 중에 몇 개를 골라서 거론하고 꿈이 왜 프로이트한테 중요한 연구 대상이었는지 생각하는 시간을 갖죠. 구체적으로 정신분석에서 꿈이 왜 중요한가에 대한 자세한 얘기는 프로이트가 1900년에 출판한 대작 『꿈의 해석』이라는 책에 있어요. 정신분석 공부의 출발점이자 입문서입니다. 프로이트가 1인칭 화자로 자기의 꿈에 대한 생각을 기록한 소설이라고 생각하고 읽으면 더 재미있어요. 출판연도가 1900년이라 19세기의 마지막 저작으로 봐야 할지, 20세기를 여는 저작으로 분류해야 할지는 모르지만 저는 19세기와 20세기를 통틀어서 마르크스의 『자본』에 비견할 책이라고 생각합니다. 꿈 연구를 통해 장차 정신분석학이라고 불릴 학문의 토대가 될 개념과 방법론을 펼치는 책입니다. 왜 하필 꿈이었을까 생각하면서 읽어보기 바랍니다. 우리가 수업에서 다룰 글은 1917년에 쓰인 「꿈이론을 위한 메타심리학 보론」이라는 짧은 논문입니다.

여러분이 제출한 꿈 얘기를 읽어봤더니 크게 두 부류로 나눌 수 있었어요. 한 부류로 어떤 지배적 이미지 혹은 장면이 등장하는 꿈을 서술한 사람이 상당히 많았네요. 다른 부류는 마치 소설처럼 구체적 서사가 있는 꿈들입니다. 첫번째 부류는 가령 죽음에 대한 꿈, 재난에 대한 꿈이 있었습니다. 예전에는 『토정비결』처럼 꿈풀이 책이 많았는데, 거기 보면 주로 어떤 지배적 이미지와 장면이 나오는 대표적 꿈 사례가 무슨 의미인지 예측하는 해석이 담겨 있어요. 꿈을 통해 앞으로 벌어질 일을 예측하는 예지몽(豫知夢)에 가깝습니다. 똥이나 분뇨처럼 지저분한 경험을 하면 돈을 벌거나 좋은 일이 생길 거다, 라고 풀이하는 식입니다. 일종의 문화적 해석이기 때문에 비슷한 꿈이라도 사회마다 의미를 분석하는 논리가 다릅니다. 두번째 부류는 조금 달라서 자세한 내러티브가 구성됩니다. 프로이트가 주목했던 꿈입니다. 여러분의 예를 들면, 숟가락으로 어떤 사람 목의 경동맥을 찌르고 난 뒤 에어컨 안에 시체를 숨겼는데 경찰이 출동하고 경찰이 리모컨을 찾는 사이에 또 그 경찰을 숟가락으로 살해하는 이야기가 있네요. 그 와중에 에어컨 수리기사가 갑자기 도착하고 그 사람도 죽여요. 그래서 시체 셋을 어떻게 할까 고민하다가 먹어 버리기 위해서 헤어드라이기로 시체를 튀깁니다. 그랬더니 프라이드치킨 냄새가 났다, 이러고 끝이 납니다. 꿈이 아니었다면 개연성이 별로 없는 허무맹랑한 이야기일 것입니다. 아마도 프로이트라면 그날 낮에 여럿이 같이 어떤 음식을 먹었던 일이 있었는데 꿈꾼 사람이 자기 몫만큼 먹지 못해 그런 꿈을 꾸었을 것이라고 분석할 거예요. 그러고 나서는 꿈에 나오는 구체적 사물, 즉 헤어드라이어, 숟가락, 에어컨 등의 이미지가 꿈꾼 사람의 어린 시절 트라우마적 사건과 관련된 상징이라고 볼 것입니다. 프로이트의 주요 관심은 예지몽처럼 앞으로 벌어질 일을 지칭하는 꿈보다 이미 벌어진 일 가운데 의미화되지 못한 표상이 꿈에서 재현되는 과정에 있습니다.

소개하고 싶은 또다른 꿈 얘기가 있어요. 자신이 토끼를 키우고 있었는데 방에서 잘 보살피려고 했더니 토끼가 갑자기 토하기 시작했고, 그 색깔이 짙은 보라색이었어요. 자세히 보니 토한 것만이 아니라 똥도 쌌고, 결국 토끼를 화장실 변기에 넣어 흘려버립니다. 우습게 들리겠지만, 프로이트라면 토끼가 무엇을 뜻하느냐보다 토끼와 토사물 사이의 음성적 유사성에 더 주목할 거예요. 꿈의 표상—사물과 언어의 이미지—은 구체적 맥락 없이 일종의 환유처럼 무의식에서 연결됩니다. 아마 이 꿈이 토요일에 벌어졌다면 더 의미심장했을 것입니다. 이와 비슷한 사례가 특정한 숫자나 문자와 관련된 꿈입니다. 녹음실에서 녹음을 하는데 모두 10명이 M자형 소파에 둘러앉아 있었고, 10장의 악보가 있었답니다. 또 엘리베이터가 하필 14층에서 멈춘 얘기도 있고, L자형 파일을 분실한 사례도 있어요. 프로이트는 서사가 있는 꿈에 주목했지만, 서사 자체보다는 거기 등장하는 구체적 이미지에 더 관심을 기울여 해석합니다. 꿈은 하나의 완성된 서사가 아니라 의미화되지 못한 사물과 언어의 표상이 전치와 응축을 통해 연결된 거대한 이미지의 조합입니다. 프로이트에게 꿈이 무의식의 존재양태를 확인시켜주는 중요한 계기였던 이유입니다.

꿈은 잠을 자야 꿀 수 있는 것이기 때문에 잠과 꿈의 관계가 중요합니다. 물론 잠을 안 자고 꾸는 꿈도 있죠. 대낮에 꾸는 꿈, 즉 백일몽이라고 하죠. 백일몽도 프로이트의 분석 대상이긴 합니다만, 주로 몽상 내지는 공상으로 봅니다. 1908년에 출판한 「작가와 몽상」이라는 글을 보면 작가들을 일컬어 잠은 안 자는데 꿈을 꾸는 사람, 즉 몽상가라고 불렀어요. 작가들의 창조적 글쓰기를 잠 없는 꿈에, 작가들은 공상적 이야기를 만들어내는 사람에 비유한 참신한 생각인데, 그 바람에 작품의 의미를 작가의 개인적 욕망의 반영으로 보는 한계도 드러냅니다. 작가들의 글이 다양한 관점에서 쓰이는 반면 꿈은 주로 1인칭 주인공 시점에서 서술되기 때문에 이런 문제가 생기는 것 같습니다. 프로이트가 꿈에 관심을 기울인 가장 큰 이유가 무의식의 존재를 확인하려는 바람 때문이었다고 했죠. 정신분석은 무의식이 존재한다는 가설을 세우고 설립된 학문인데 실험을 통해서나 경험적으로 이 가설을 입증하기는 불가능했죠. 그 때문에 비판도 많이 받았습니다. 의식의 존재도 입증하기 쉽지 않은데 무의식을 찾아내기란 더 어렵겠죠. 더구나 무의식이 누구에게나 존재하는 보편적 심리기제라고 전제했으니 특정한 사람들에게서만 발견되어도 문제가 됩니다. 프로이트가 꿈에 주목한 이유는 꿈의 성격과 관련 있어요. 꿈은 누구나 경험하는 보편적 현상이면서 동시에 꿈의 서사는 현실적으로 의미화되지 않는 이미지의 조합입니다.

이 방법은 프로이트가 처음에 히스테리 환자, 즉 신경증자를 통해 무의식과 억압의 존재를 규명하려 했던 방식과는 조금 다른 접근법이었죠. 히스테리 연구는 보편적 심리 과정의 예외 상태, 즉 문제가 발생한 지점을 통해 우회하여 정상적 심리기제가 어떻게 작동하는지 규명하는 일종의 방증법(傍證法)입니다. 어떤 가설의 거짓됨을 입증하는 반증이 아니라 간접 증거로 증명하는 방증입니다. 즉 무의식이 없다면 이러한 예외적 증상이 나타날 수 없다는 논리입니다. 예컨대 「성욕이론에 관한 세 개의 에세이」가 성욕을 정의하고 증명하는 방식이 아니라 성적 일탈(die Abirrungen)의 형태를 먼저 거론하는 서술방식인 것이 단적인 사례입니다. 그런데 꿈작업은 직접적으로 증거를 찾는 방법입니다. 다시 말해, 무의식이 있기 때문에 모두가 꿈을 꾸는 것이라고 주장하는 것이죠. 말장난 같지만 다릅니다. 프로이트가 정신분석이 과학이라는 신념을 갖게 된 근거이기도 합니다. 꿈이 정상적—정상적이란 표현이 꼭 맞는 말은 아니지만—심리과정의 필수 요소라고 보는 것과 이상 증상의 근거라고 보는 것은 엄연히 다릅니다.

프로이트는 무의식 가설을 근거로 우리의 심리 과정을 크게 두 절차로 분류합니다. 앞서 설명한 일차과정과 이차과정입니다. 일차과정은 무의미한 표상이 활동하는 무의식의 영역입니다. 경제적 모델로 보면 이드에서 충동의 표상이 전치와 응축 이전에 제약 없이 자유롭게 활동하는 기능입니다. 일차과정은 시간적으로 앞선다는 의미가 아니라 억압 이전의 상태를 의미합니다. 이차과정의 핵심은 억압입니다. 지형학 모델로 보면 전의식과 의식의 활동입니다. 경제적 모델에서는 일차과정의 표상이 리비도에 의해 작동하기 시작해서 억압을 거치는 과정을 뜻합니다. 일차과정이 쾌원리를 따른다면 이차과정의 법칙은 현실원칙입니다. 억압을 거르기이자 묶기라고 했죠? 억압은 일차과정의 표상과 리비도를 이차과정에서 사후적으로 막고 지연시키고 필터링하는 과정입니다. 그런데 경험적으로 확인 가능한 것은 이차과정뿐입니다. 왜냐하면 억압을 거친 이후에야 무의미한 무의식의 표상이 의미를 지닌 표상의 대표(리)자로 바뀌기 때문입니다. 이차과정에는 억압만 있는 것이 아니라 분석결과를 거부하는 부정(Verneinung)과 심리현실의 객관성을 검증하는 현실성 검사(Realitätsprüfung) 같은 과정도 포함되어 있습니다.

일차과정과 이차과정 사이에 억압과 지연 활동이 벌어진다는 점을 통해 무의식이 존재한다는 사실을 규명하는 작업이 꿈 분석의 요체입니다. 우리가 영위하는 일상생활의 대부분은 이차과정이 일차과정을 통제하는 형태로 구성되어 있는데, 꿈은 이차과정의 억압 기능이 한시적으로 약해져서 일차과정의 표상과 리비도의 흐름이 상대적으로 우세해지는 상황이라는 것입니다. 프로이트는 꿈에 나타나는 이차과정의 약화가 신경증의 경우와 달리 문제라고 보지 않습니다. 꿈은 인간의 두 심리 과정이 자연스럽게 작동하고 있다는 표지입니다. 잠을 자는 과정에서 일상의 심리적 긴장을 유기체 스스로 이완하는 활동이라는 것이죠. 오히려 인간이 꿈을 꾸지 못한다면 문제겠죠. 요즘 인공지능(artificial intelligence) 기계에 관한 이야기가 많이 나오죠. 특히 영화나 문학작품에서는 인공지능이 인간을 능가할 수 있는가라는 문제가 형상화됩니다. 인공지능은 잠을 잘 수 없고 꿈도 꿀 수 없기 때문에 무의식을 갖지 못합니다. 이 점이 인간과 가장 큰 차이고 무의식을 지닌 인공지능을 인간이 만들어낼 가능성은 거의 제로에 가깝습니다. 그러니까 크게 걱정 안 해도 되어

요.(웃음)

프로이트는 꿈이 방해받은 잠이라고 봅니다. 잠은 낮 동안 작동했던 이차과정의 억압활동이 잠시 정지한 채 투자했던 리비도를 일시적으로 회수한 상태라고 할 수 있는데, 꿈은 그 잠이 방해를 받을 때 생긴다는 것입니다. 다시 말하면, 꿈은 잠을 자는 순간에도 우리의 이차과정이 결코 완전히 멈추지 않고 있다는 사실을 드러내는 계기입니다. 이 사실은 또한 잠을 자는 순간에도 일차과정의 자유로운 활동은 계속된다는 의미이기도 합니다. 잠이 들어도 억압이 계속되어야 할 이유가 있다는 얘기입니다. 무의식이 있기 때문에 이러한 현상이 모든 사람에게 나타나는 것이겠죠. 프로이트의 과학적 가설을 입증하는 사례입니다. 꿈이 잠의 방해라면, 잠을 자는 동안 이차과정의 힘이 느슨해져서 리비도의 회수가 원활하게 이루어지지 않고 따라서 무의식의 활동이 자신의 자취를 뚜렷하게 남기는 현상이 발생한다는 얘기입니다.

소망성취

꿈 이론의 핵심은 방해받은 잠에 있습니다. 그러면 왜 잠이 방해를 받을까요? 프로이트가 보기에 수면의 방해 요소는 크게 두 가지입니다. 하나는 낮 동안의 잔재(Tagesreste)이고, 다른 하나는 잠재된 충동표상의 대표(리)자입니다. 정확하게 말하면, 전자는 낮 동안에 벌어진 생각의 잔재이고 후자는 그보다 먼 과거에 억압된 채 남아 있는 충동의 표상입니다. 낮 동안에 이차과정을 통해 걸러진 생각 중에서 미처 의미화되지 못한 채 남아 있는 것이 전자입니다. 왜 걸러지지 못했을까요? 사실은 걸러지지 못한 것이 아니라 별 의미가 없다고 여겨져서 원초적 억압에 따라 거부했는데 잠을 자는 와중에 계속 문을 두드리는 겁니다. "전화를 안 받네" 하고 넘겼던 일이 "왜 전화를 안 받았지?"라는 물음으로 바뀌는 것입니다. 잠을 자는 와중에 갑자기 의문이 떠올랐다는 얘기가 아니라 낮에도 묻고 싶었으나 억압되었던 질문이 이차과정의 느슨함 때문에 의미화를 요구하는 바람에 잠이 방해를 받는 것이죠.

여담이지만, 2017년 노벨문학상을 탄 가즈오 이시구로가 1989년에 쓴 소설 제목이 바로 'The Remains of the Day'입니다. 프로이트의 용어를 제목으로 붙인 것입니다. 낮 동안의 사고의 잔재. 한국어판은 『남아 있는 날들』이라고 번역했어요. 그럴듯한 번역인데 꼭 '낮 동안의 잔재'라고 번역할 필요는 없지만 과거의 일을 미래의 일로 생각하게 만들 가능성이 큽니다. 남아 있는 날들을 뜻했다면, 'Remaining Days'라고 했겠죠. 프로이트의 뉘앙스를 살리고 작품의 의미도 풍부하게 하려면, '그날의 남겨진 것들' 정도가 무난할 것 같아요. 프로이트는 평범하게 사실을 서술하는 듯한 문장(사고)에 이런 의문이 함축되어 남아 있었다는 점을 얘기하고 싶었던 것입니다.

이렇게 보면 잠을 잔다는 것은 이차과정이 느슨하게 작동하며 리비도를 회수하는 과정일 뿐만 아니라 낮 동안에 벌어진 일과 사고를 재처리하는 메커니즘에 가깝습니다. 꿈은 바로 그 재처리 공정에서 리비도를 회수당하지 않고 오히려 새롭게 리비도를 투자받은 잔여 표상이 잠을 방해한 결과입니다. 프로이트는 이렇게 명확하게 설명을 안 했습니다만, 낮 동안의 잔재가 왜 남느냐에 대해서도 욕구와 요구의 차이로 설명이 가능합니다. 한마디로 말하면 충동의 새로운 요구가 생겨서 잠의 욕구를 지속하기 힘들어진 것입니다. 재처리 과정에서 새롭게 리비도를 부여받은 사고의 잔재는 프로이트가 꿈-사고(Traumdenken) 혹은 잠재몽(潛在夢)이라고 부른 것의 원형을 구성합니다. 바로 "왜 전화를 안 받았지?"라는 의문입니다. 꿈-사고는 잠재되어 있어서 의식에 떠오르지 않아요. 낮에 묻지 못했기 때문입니다. 꿈-사고라는 함축된 의문에 답을 찾아가는 과정이 바로 구체적 꿈-내용(Trauminhalt) 혹은 현실몽(現實夢)입니다. 우리가 꿈을 꾸었다고 말할 때는 바로 꿈-내용을 뜻하고, 잠을 자고 난 뒤 기억을 통해 그 자체로는 무의미한 서사로 만들어집니다. 일반적 꿈 해몽과 달리 프로이트의 꿈 해석은 꿈-내용이 어떤 상징적 의미가 있는지를 따지는 일이 아니고, 꿈-내용을 만들어낸 꿈-사고를 찾아내는 작업입니다. 잠을 자는 동안에도 이차과정의 억압은 멈추지 않고 작동하기 때문에 꿈을 꾸면서 꿈-내용이 만들어지는 과정에서도 꿈-사고는 억압됩니다. 다시 말해, 꿈-사고는 무의식에 있는 충동표상의 대표(리)자를 통해서만 표현될 수 있기 때문에 전치와 응축, 그리고 이차 수정을 비롯한 이른바 꿈-작업(Traumarbeit)의 과정에서 잘 드러나지 않습니다. 따라서 꿈이 만들어지는 과정이야말로 우리의 심리기제가 억압을 통해 어떻게 무의식의 표상을 거르며, 그 속에서 억압의 흔적을 그 자체로는 무의미한 표상으로 의식에 남기는지 보여주는 표본이 되는 것입니다. 신경증과 같은 예외 상태가 아니라 모범 사례입니다. 프로이트의 말을 인용해보겠습니다.

> 수면 상태의 나르시시즘은 모든 대상의 표상으로부터, 즉 무의식적 혹은 전의식적 표상이 차지하는 해당 부분으로부터 리비도 투자를 철회함을 의미한다. 그런데 만약 낮의 잔재가 투자된 리비도를 그대로 보유한다면 그 에너지가 밤에도 우리 의식의 주목을 끌 만큼 획득되었다고 가정하기가 꺼려진다. 그보다는 그 표상이 보유하는 리비도의 투자가 밤에는 낮 동안에 갖고 있던 에너지보다 훨씬 미약한 것이라고 가정해야 한다. 분석을 해보니 더이상 숙고할 필요가 없었는데, 왜냐하면 낮 동안의 잔재가 만일 꿈의 형성자로 나타날 경우 무

의식의 본능적 충동에서 기원하는 어떤 추동력을 얻을 수밖에 없다는 점을 드러내기 때문이다.(「꿈이론을 위한 메타심리학 보론」, *Gesammelte Werke*, 10권 416쪽)

낮 동안의 사고의 잔재가 잠의 재처리 과정에서 새롭게 리비도를 부여받아 꿈-사고를 구성하는 도중에 이제껏 잠재되어 있던 충동의 대표(리)자도 활성화됩니다. 즉 꿈-사고가 제기하는 의문에 답하는 꿈-내용의 형성 과정에서 낮 동안의 표상만이 아니라 먼 과거에 억압되어 잠재된 충동표상의 대표(리)자도 소환되는 것이죠. 무의식의 표상은 시간과 공간의 차원 없이 존재하기 때문에 리비도가 재활성화된 표상을 중심으로 다양하게 결합합니다. 흥미로운 것은 이러한 꿈작업이 바로 프로이트가 말하는 사후성의 작동을 그대로 보여준다는 점입니다. 다음의 도식을 보시죠.

꿈 도식	잠 → 낮의 사유 잔재 → 꿈-사고 → 잠재된 충동표상의 대표(리)자 → 꿈-내용
시간 도식	현재 → 가까운 과거 → 먼 과거 → 현재

이 도식은 꿈이 형성되기까지의 과정을 순차적으로 나열한 것입니다. 그런데 시간의 도식으로 보면 현재의 시점에서 가까운 과거를 거쳐 먼 과거로 진행합니다. 일종의 퇴행이죠. 가까운

과거의 요소에 의해 먼 과거의 잠재된 표상이 소환되어 현재의 꿈을 구성하는 것입니다. 따라서 꿈 분석은 꿈-사고를 찾아내는 데서 그치지 않고, 그보다 더 먼 과거에 의미화되지 못한 채 억압되었다가 낮 동안의 사유 잔재에 의해 소환된 기원적 억압의 흔적, 즉 잠재된 충동표상의 대표(리)자를 꿈-내용에서 추적하는 작업이기도 합니다. 다시 말해, "왜 전화를 안 받았지?" 하는 의문에 대한 답을 낮 동안의 억압뿐만 아니라 더 먼 과거의 억압에서 근원하는 것으로 해석하는 일입니다. 이때 기원적 억압의 흔적은 낮 동안의 잔재가 만들어낸 꿈-사고에 의해 사후적으로 성적 의미를 부여받는 것입니다.

프로이트에게 꿈이 소망성취(Wunscherfüllung), 즉 억압된 성적 욕망의 위장된 성취인 것은 바로 사후적 재의미화 때문입니다. 이는 엠마의 사례에서 보았듯이, 신경증의 문제를 유아기의 기원적 환상에서 찾는 증상분석의 방법과 동일합니다. 따라서 꿈-내용은 꿈꾸는 사람이 만들어내는 환상입니다. 꿈-내용이 그 자체로는 무의미한 표상과 이미지로 이루어진 서사인 까닭은 환상의 결과이기 때문입니다. 꿈-내용이 표층서사라면 소망성취로서의 환상의 내용이 심층서사를 구성합니다. 꿈 분석자는 표층서사를 통해 그의 환상이 빚어낸 심층서사를 밝혀내는 작업을 수행해야 합니다. 프로이트가 발견한 것은 심층서사의 보편적 플롯이 바로 유아기에 억압된 성적 욕망의 위장된 성취라는 사실입니다. 꿈-내용이 근본적으로 1인칭 주인공 시점의 서사라는 점이 이를 입증합니다.

프로이트는 이 점을 꿈의 자기중심성이라고 불렀습니다. 꿈의 주인공이자 서사의 주체는 '나'예요. 자기가 중심이 되는 이야기라는 말인데, 자기중심성은 내가 항상 꿈의 주인공이라는 얘기가 아니라 서사의 주체라는 뜻입니다. 주인공은 달라질 수 있지만 서사의 내용은 항상 자기 관점에서 서술된다는 것이죠. 엠마와 늑대인간의 경우처럼, 꿈은 환상이기 때문에 내가 목격한 것으로 이야기되는 것이지 꼭 내가 행한 일은 아니라는 점을 기억해두기 바랍니다. 「작가와 몽상」의 논점도 바로 이것입니다. 작가가 써낸 글은 작가가 서술의 주체로 등장해서 펼치는 이야기이자 환상이라는 얘기고, 그 원형이 되는 플롯은 꿈과 마찬가지로 억압된 욕망의 위장된 성취라고 보는 것입니다. 프로이트식으로 보아서 문학작품의 해석이 꿈의 분석과 유사하다면 어떻게 될까요. 오해를 피하자면, 작가의 전기적 사실을 근거로 작가의 소망성취를 추적하는 일이 아닙니다. 꿈-내용의 이미지가 지닌 상징적 의미를 밝혀내는 일종의 원형분석도 될 수 없겠죠. 작가는 주인공이 아니라 서사의 주체에 불과하기 때문에 분석의 요체는 보편적 플롯인 환상의 구조를 찾아내는 일이 됩니다. 다시 말해, 작가가 만들어낸 서사에 내재된 심층서사를 찾아내는 일입니다. 문학 분석으로 치면 구조주의적 비평에 가깝습니다.

자기중심성 말고 꿈-내용의 또다른 현상적 특징으로는 잠이 곧 나르시시즘이라는 사실을 드러낸다는 점입니다. 간단히 말해, 투자했던 리비도가 회수되는 과정이 잠이라는 것을 꿈이 잠을 방해하면서 보여준다는 얘기입니다. 실제로 『꿈의 해석』에서는 나르시시즘이라는 개념이 거의 나오지 않아요. 그런데 「꿈 이론을 위한 메타심리학 보론」에서는 명료하게 정리합니다. 꿈은 잠의 "나르시시즘이 방해받은 것이다"라고 말합니다. 흥미로운 것은 잠의 나르시시즘을 방해한 것이기에 꿈은 심리 내부의 현상이라는 점입니다. 프로이트가 주목하는 바는 왜 우리 심리 내부에서 나르시시즘 경향에 반대되는 흐름이 생겨나는가보다, 왜 꿈이 나르시시즘을 거스르는 이야기인가 하는 점이에요. 말을 바꾸면 왜 욕망의 위장된 성취로서의 꿈은 나르시시즘과 길을 달리하느냐 하는 문제죠. 이 문제는 꿈의 자기중심성에서 '나'라는 존재가 서사의 주인공이 아니라 서술의 주체라는 지적과 관련이 있어요. 프로이트는 이 점을 "꿈은 투사(Projektion)"라는 말로 표현합니다. 투사는 내적인 문제가 마치 외부에서 기인한 것처럼 전가하는 방어기제의 일종입니다. 반대로 외부, 특히 타인의 특성을 마치 자기 것인 양 간주하는 태도는 내투사(Introjektion)라 합니다. 꿈이 투사라는 얘기는 자기 내적으로 발생한 문제를 마치 자기 자신이 목격자가 되어 서술하는 것처럼 객관화시키는 서사라는 말입니다. 잠이 나르시시즘적 퇴행이라면 꿈은 퇴행을 방해해서 내부 문제가 이미 해결된 것처럼 객관화한다는 뜻입니다.

정리해보죠. 잠이 들면 대상에 투자된 리비도가 자신에게 나르시시즘적으로 회수됩니다. 세상에 대한 관심이 끊겨야 돼요. 전화나 문자도 끊고 불도 끄죠. 옷도 벗고 양말도 벗고 마치 유아기의 상태로 돌아가듯, 자기 혼자의 세계 속으로 들어갑니다. 사람이 잠잘 때 태아의 모습으로 돌아간다고들 얘기하죠. 수면 욕구가 형성되면 심리 과정이 중단되어야 할 것 같은데, 그냥 쉬는 것이 아니라 억압이 느슨한 형태로 재처리 과정을 반복합니다. 리비도의 회수가 바로 재처리 과정을 뜻합니다.

그런데 낮 동안 억압된 사고의 잔재와 더 오래된 무의식의 충동표상이 리비도를 빼앗기기는커녕 새롭게 충전되는 일이 벌어집니다. "아직 해결되지 않은 문제가 있어. 너, 잠을 깊게 잘 수 있을 거 같아?"라고 우리를 괴롭히는 거죠. 잠이 방해를 받겠죠. 따라서 잠을 지속하면서 새롭게 리비도를 투자받은 사고의 잔재와 충동표상의 대표(리)자를 재차 억압하기 위해 꿈이 작동합니다. 꿈을 촉발한 꿈-사고는 잠재된 채 남아 있고 대신 충동표상의 대표(리)자가 전치와 응축 같은 꿈작업을 통해 꿈-내용을 만들어냅니다. 꿈으로 잠의 나르시시즘은 방해받지만 수면 상태는 계속되는 셈이죠. 꿈-내용은 자아가 내부 억압으로 발생한 문제를 마치 외부에서 벌어지는 일처럼 관찰자가 목격한 듯 투사합니다. 자기가 주인공이라면 이루어질 수 없는 이야기가 관찰자의 시점에서 투사되니까 억압의 거르기 과정을 통과해서 꿈-내용으로 의미화되는 것입니다. 따라서 꿈-내용은 자기의 서사라면 억압되어 의미화될 수 없는 충동의 요구가 꿈작업을 통해 '합법적으로' 검열을 뚫고 의미화된 결과입니다. 꿈-내용은 그 자체로는 아무 의미가 없지만 그 밑에 명백한 의미를 지닌 심층서사를 전제하고 있는 것입니다. 프로이트는 그 명백한 의미의 심층서사를 꿈-내용에서 밝혀내는 작업을 수행한 것이고, 그 보편적 플롯이 "유아기에 억압된 성적 욕망의 위장된 성취"라는 사실까지만 규명한 것입니다. 이 보편적 플롯의 발견을 통해 무의식이 존재할 뿐만 아니라 그 핵심이 유아기 성적 욕망의 억압과 관련되어 있고, 이 서사는 환상에 의해 형성된다는 생각을 갖게 된 것입니다.

퇴행

소망성취가 환상으로 표현되는 방식에는 꿈 말고도 세 가지가 더 있습니다. 망상(Der Wahn), 몽유병(Somnambulismus), 퇴행(Regression)입니다. 망상은 정신증의 한 양태인 정신분열증(Schizophrenie)의 대표적 증상입니다. 심리적 현실이 만들어낸 환상이 자아에게 유일한 현실성을 띠는 경우를 말합니다. 한마디로 늘 꿈속에 사는 것입니다. 이런 망상의 사회적 형태가 팬덤(fandom)입니다. 남들이 보기엔 말도 안 되는데, 본인이 보기엔 처음부터 끝까지 말이 되는 현실입니다. 일종의 가상현실이 유일한 현실로 나타나는 사례죠. 콘서트에서 스타 가수가 자길 보고 손 흔든 게 아닌데 자길 보고 손 흔들었다 생각하는 것은 모두 망상입니다. 몽유병은 꿈만 꾸는 것이 아니라 꿈의 환상을 직접 행동으로 옮기는 경우예요. 충동의 요구가 꿈 상태에서 바로 행동으로 분출된 사례죠. 본인이 욕망하는 바를 가수면(假睡眠) 상태에서 주인공이 되어 행하는 것이죠. 자다 말고 갑자기 일어나 부엌에 가서 밥을 막 비벼 먹습니다. 아침에 일어나 기억을 못 하는데 배가 아프죠.(웃음) 퇴행은 억압이 없는 상태가 있었다는 환상을 만들어서 그 지점으로 돌아가고자 하는 태도입니다. 욕망의 충족이 현실에서 이루어질 수 없기 때문에 마치 그것이 충족되었던 시점이 과거에 있었던 것처럼 환상을 갖는 것입니다.

이제 프로이트가 환상의 형태인 꿈의 퇴행성에 대해 어떻게 말하는지 알아보죠. 프로이트에 따르면 꿈이 퇴행인 이유는 이미 이차과정 속에서 사고로 개념화되어 있던 표상이 행동으로 이어지지 못하고 일차과정, 즉 무의식 속 특정한 사물의 이미지로 돌아간다는 뜻입니다. 꿈-사고로 형성되어 있던 잠재된 표상이 그대로 구체화되지 못하고 억압에 의해 꿈-내용의 구체적 이미지 조합으로 나타나는 꿈의 형성 과정이 그 자체로 심리 과정의 순차성에 역행한다는 말입니다. 처음에 지적했듯이 꿈-내용은 구체적 이미지의 의미 없는 조합이죠. 숟가락, 에어컨, 헤어드라이어 등등의 이미지가 무의미한 서사로 묶여 있습니다. 꿈 자체가 낮 동안의 사고의 잔재에서 시작해 이미지의 조합으로 돌아가는 것처럼 보인다는 것이에요. 애초에 억압된 것은 어떤 사고, 앞서 말한 "왜 전화를 안 받지?" 같은 의문인데 그것이 드러난 꿈-내용은 무의미한 이미지의 조합이라는 것이니, 마치 이차과정의 사고가 억압을 거슬러서 일차과정의 영역으로 회귀한 것처럼 보인다는 말입니다. 다른 말로 바꾸면, 이차과정에서 억압된 언어표상이 무의식의 사물표상으로 자리를 옮기는 과정이기 때문에 심리 과정의 순차성을 거슬러 장소적으로 퇴행한다고 본 것입니다.

프로이트가 설명한 심리 과정에 따르면 일차과정의 무의미한 무의식의 표상은 이차과정의 억압을 거치면서 의미화된 표상으로 나타납니다. 그런데 꿈작업의 결과인 꿈-내용은 이차과정을 거친 다음에도 여전히 일차과정에 나타나는 무의미한 표상과 이미지의 조합을 만들어내기 때문에 역행한다고 간주하는 것입니다. 꿈의 퇴행성에 표현된 프로이트의 생각은 꿈작업의 핵심이 표상들 간의 교환논리라는 것이에요. 즉 꿈-내용의 이미지는 그 자체로 고유한 사용가치를 지닌 표상이 아니라 꿈-사고라는 표상의 교환가치로서만 의미 있다는 말입니다. 꿈-사고를 표현하는 한에서 사물표상과 언어표상 간의 질적 차이가 없고 그 교환 가능한 표상은 자체로는 무의미합니다.

꿈의 퇴행성은 꿈의 형성 과정 자체가 사후성에 지배된다는 점과도 연관이 있어요. 아래의 도식을 참조하세요. 주지하다시피, 우리가 꿈의 존재를 알게 되는 것은 꿈작업의 결과로 나타난 꿈-내용을 통해서죠. 이것은 어떤 증상을 통해 신경증의 존재를 아는 과정과 달라요. 왜냐하면 증상의 형성은 억압이 실패해서 불안이 사라지지 않아 생겨난 결과지만, 꿈은 정상적인 억압이 작동한 결과인데도 의미화되지 않기 때문이에요. 따라서 어떤 증상이 신경증으로 판명나는 것은 무엇 때문에 억압이 실패했는지 규명이 되면 가능합니다. 반면 꿈-내용은 억압을 통해 만들어진 퇴행적 환상의 결과이기 때문에 조합된 이미지를 만들어낸 꿈-사고를 찾는다고 해서 의미화되지 않아요. 퇴행을 거슬러서 꿈-내용을 표층서사로 하는 심층서사와 그 보편적 플롯을 찾아내야만 알 수 있습니다.

꿈의 형성	억압된 충동 + 사유의 잔재 → 꿈-사고 → 환상 → 꿈-내용
해석의 방향	꿈-내용 → 사유의 잔재 → 꿈-사고 → 억압된 충동 → 환상
증상의 형성	충동의 요구 → 불안 → 억압의 실패 → 증상
해석의 방향	증상 → 억압의 실패 분석 → 충동의 요구

두 과정의 차이가 잘 보이나요? 증상의 형성에서는 불안의 존재 여부로 억압의 실패를 파악할 수 있습니다. 잠을 자는 동안 벌어지기에 꿈에는 그러한 불안의 증표가 없어요. 더구나 꿈은 퇴행이기에 해석의 출발점이 되는 꿈-내용이 의미화되지 않은 무의식의 표상과 같은 형태로 주어집니다. 사후성의 원리에 따라 사유의 잔재에서 꿈-사고를 거쳐 억압된 충동의 의미화가 이루어져야 소망충족 환상으로서의 꿈의 본질이 드러납니다. 꿈은 무의식의 충동에서 기원하는 잠재된 표상이 전의식에 남아 있는 낮 동안의 사고 잔재와 결합하기 때문에 증상 형성과 다릅니다. 프로이트는 꿈에 나타나는 충동과 환상의 관계를 낮 동안의 사유 잔재라는 의미화된 표상의 규명으로부터 시작하는 것입니다. 말하자면 꿈해석은 두 번에 걸친 과정입니다. 꿈-내용에서 사유의 잔재 가능성을 찾고 꿈-사고를 구성하기까지가 1단계라면, 꿈-사고로부터 더 먼 과거의 억압된 충동을 소환하고 이것을 환상으로 재구성하는 과정이 2단계입니다. 억압의 실패 원인을 충동의 요구로 소급해가는 증상 해석의 과정보다 훨씬 복잡합니다. 정신분석이 신경증을 치료하는 병인학, 즉 의학이 아니라 무의식의 논리를 해석하는 방법론, 즉 과학인 근거가 여기에 있습니다. 프로이트 꿈분석에 한계가 있다면, 꿈-내용의 심층서사가 여전히 유아기의 억압된 성적 욕망에서 기원한다고 보는 관점입니다. 엠마의 사례 분석에서 유아의 성적 환상기제 자체의 기원이 아니라 기원적 환상만을 읽어냈듯이, 꿈의 분석에서도 소망성취라는 기원적 환상과 그 보편적 플롯을 찾아냈을 뿐 환상기제 자체의 구조와 기원에 대해서는 규명하지 못한 셈입니다. 이것은 훗날 라캉이 밝혀냅니다.

현실성 검사

어쨌든 꿈해석의 출발점에서 우리가 알 수 있는 것은 꿈-내용밖에 없습니다. 그것이 환상이라는 것을 밝혀내기까지는 복잡한 과정을 거쳐야 합니다. 꿈-내용에 담긴 서사만 놓고 보면 아무런 논리적 근거나 인과관계가 없고 시간적·공간적 일관성도 없습니다. 숟가락으로 누군가를 살해하여 에어컨에 시체를 숨긴 다음 출동한 경찰을 숟가락으로 또 살해하고 그 와중에 갑자기 도착한 에어컨 수리기사도 죽인 뒤 시체 셋을 헤어드라이기로 튀기다 프라이드치킨 냄새를 맡는 꿈, 이런 내용에서 꿈을 꾼 사람의 억압된 욕망의 서사가 감추어져 있다고 보기는 힘들겠죠. 아무런 맥락 없이 들으면 정신분열증자가 꾸며낸 일종의 환각이라고 볼 것입니다. 이런 꿈-내용의 환각성 내지는 환상성은 꿈이 퇴행일 수 있다는 것 이외에 아무것도 알려주지 않습니다.

꿈작업의 맨 마지막에 이뤄지지만 꿈분석에서는 맨 처음 행하는 일은 꿈-내용이 만들어낸 환상이 내부에서 기인한 환각인지 외적 요인을 갖는 심리적 현실인지 구분하는 절차입니다. 꿈이 환상인지 현실인지 구분하는 일이 아니라 순전히 내가 만든 것인지 타당한 근거가 있는 환상인지 테스트하는 것입니다. 이것을 프로이트는 현실성 검사라고 부릅니다. 잠이 깬 다음 꿈을 복기하면서, "내가 왜 이런 꿈을 꿨지?" 묻는 순간이 바로 현실성 검사입니다. 『꿈의 해석』에서 현실성 검사는 소망충족으로서의 꿈을 내적 요인에 의해 생겨난 퇴행의 결과로 확인하는 작업을 뜻했습니다. 검사라기보다는 확증입니다. 「꿈 이론을 위한 메타심리학 보론」에서야 환상의 근원이 내적인가 외부 자극인가 구별하는 과정으로 정립됩니다. 그냥 "개꿈이네" 하면 내적 관련이 없다고 판단하는 것이고, 낮에 벌어진 어떤 일 때문에 꾼 것이라고 판단하면 외적 관련을 찾는 것입니다. 꿈을 꾼 사람이 하는 현실성 검사는 대부분 성공합니다. 꿈 해석자가 되어 원인 분석까지 하지 않는 다음에야 이런 정도의 구분을 못하지는 않겠죠.

문제는 환상의 현실성 검사가 성공하지 못하는 경우입니다. 앞에 든 사례 중 꿈과 매우 유사한 환각을 만들어내는 정신분열증이 여기에 해당합니다. 정신분열증자에게는 환상의 환상성을 판명해줄 기준으로서의 외적 현실이 부재하기 때문이죠. 꿈에서 괴물에 쫓기는 환상을 경험하고 나서 사람들이 자신을 쫓고 있다고 믿는 것이죠. "내 귀에 도청장치가 있다"라고 믿는 것이 대표적 사례이고, 우리가 보통 음모이론(conspiracy theory)이라고 부르는 현상도 바로 현실성 검사의 실패가 만들어낸 환상입니다. 현실성 검사의 일부는 우리가 꿈을 왜 꾸었을까 스스로 묻는 초보적 해석입니다. 해석의 대부분은 환상을 외부 요인의 결과로 봅니다. 발표, 면접, 시험을 앞둔 압박 때문에 무언가에 쫓기거나 가위눌리는 혼란스러운 꿈을 꾸었다고 설명하죠. 본격적 꿈 분석은 외적 요인 없이 내부 요인 때문에 생긴 것이라고 판단해야 하는 꿈의 경우예요. 분석가나 상담자의 역할은 바로 이 내적 요인을 거슬러 환상의 기원을 밝히는 일이 되겠습니다.

정신분열증과 유사한 현실성 검사의 사례로는 신경쇠약증이 있습니다. 신경쇠약증은 현실과 환상의 차이를 구별하지만, 꿈이든 환상이든 외부 현실이 원인이라고 받아들이기가 힘든 겁니다. 그래서 꿈을 꾼 뒤 "하필 왜 이런 꿈을 꾸었지?" 하며 절망하는 것입니다. 그 결과 현실로부터 방어적으로 단절을 해요. 눈앞의 현실을 현실로 받아들일 수 없어서 절망하고 반동형성으로 나아가거나 강력한 부인(Verleugnug)의 태도가 두드러집니다. 흔히 삼포세대 혹은 88만원 세대가 지니고 있는 엄청난 상실감과 절망감은 신경쇠약과 관련이 깊습니다. 자신이 처한 현실을 도무지 정상적 현실이라고 받아들이지 못하여 스스로가 현실과 단절을 해버리는 겁니다. 현실성 검사를 받아들이지 않으려는 태도입니다.

마지막으로 프로이트가 꿈분석을 어떻게 활용하는지 살펴봅시다. 꿈의 분석을 통해서 확인하려는 바는 무의식의 존재와 억압 과정의 작동입니다. 꿈을 예외 상태가 아니라 모범사례로 간주하는 일입니다. 꿈분석으로 잠은 심리 과정의 중단이 아니라 일종의 재처리 과정이라는 사실이 드러나고, 꿈은 낮 동안의 사고 잔재에 의해 리비도가 회수되지 못하고 오히려 투자를 받기 때문에 잠이 방해를 받는 과정이 됩니다. 일차과정에서 이차과정에 이르는 재처리 공정을 꿈이 거슬러서 퇴행하는 것으로 여겨지는 이유가 여기 있습니다. 꿈은 이차과정의 억압을 정상적으로 통과했던 꿈-사고가 낮 동안의 사고 잔재의 개입으로 그 자체로 무의미한 꿈-내용을 산출하기에 일차과정으로 돌아간 것처럼 인식됩니다.

꿈분석은 꿈-사고의 존재를 확인하고 환상적인 꿈-내용을 만들어낸 좀더 기원적 요인인 억압된 성적 욕망으로 소급해가는 과정입니다. 낮 동안의 사유 잔재는 꿈을 왜 꾸게 되었는가를 설명해주기는 하지만 이 꿈이 왜 의미 없는 이미지의 조합으로 이루어진 환상인지는 알려주지 못합니다. 유아기의 억압된 성적 욕망이라는 심층서사의 플롯을 통해서야 반복된 꿈의 원인이 되는 기원적 환상이 구성됩니다. 실현될 수 없는 환상이기에, 위장된 성취이기에 거듭 반복됩니다. 니체가 말한 동일자의 영원회귀와 유사한 구조입니다. 억압 과정이 존재하는 한 무의식에 내재한 충동의 요구와 성적 욕망은 충족이 불가능하기 때문입니다. 그렇지만 억압이 없다면 삶을 영위하는 일도 마찬가지로 불가능해집니다. 진퇴양난이죠. 어떻게 살아야 할까요.

6강

금지가 욕망을 만든다

freud seminar

가족 로맨스

5강 마지막에 퇴행이자 환상으로서의 꿈이 반복될 수밖에 없다고 설명하면서 프로이트가 기원적 환상인 유아기의 억압된 성적 욕망으로 소급했다고 했죠. 사후성입니다. 어떻게 보면 정신분석 방법론의 요체는 사후성이라는 개념입니다. 사후에 구성된 기원적 환상이 인간의 심리에 관한 진실을 담고 있고 그 핵심은 성욕이라는 얘기니까요.

히스테리 연구에서 실패를 맛본 다음에 프로이트가 착수한 일이 바로 유아성욕에 대한 분석이었다는 점은 매우 시사적입니다. 시간상으로 따지면 어린 시절의 이야기로 거슬러올라가는 건데 실제로 유아기가 의미화되는 것은 현재의 어떤 증상이나 계기에 의한 사후적 재구성의 결과이며, 이러한 재구성은 유아기를 기원적 환상이 성립된 순간으로 정립합니다. 어린 시절에 성적 트라우마와 관련된 사건이 실제로 있었는지는 중요하지 않죠. 기억의 한계가 있을 뿐만 아니라 사건의 실제 발생 여부와 상관없이 유아가 그 일을 의미화하지 못하기 때문입니다. 프로이트는 우리 기억 속에서 의미화되지 못한 사건이 왜 오랜 시간 무의식 속에 잠재되어 있으며 어째서 현재의 특정한 계기에 의해 환상으로 재구성되는 것일까 묻습니다. 어떤 표상이 기억 속에 남지는 않지만 무의식 속에 계속 남아 있는 일은 가능할 수 있다고 가정합니다. 그리고 그렇게 남아 있을 수 있는 이유가 그 표상이 처음부터 억압되어야만 했기 때문이라면, 이는 인간사회에서 드러나면 안 되기에 보편적으로 금기시되어온 어떤 성적 환상과 연결되어 있을 것이라는 가설을 세웁니다. 꿈분석이 오이디푸스 콤플렉스 개념으로 이어지는 이유입니다.

오이디푸스 콤플렉스(Oedipuskomplex)라는 개념은 생각보다 간단하지 않아요. 프로이트도 중간에 여러 번 생각을 바꿨습니다. 『성욕이론에 관한 세 개의 에세이』와 1924~1925년 무렵 오이디푸스 콤플렉스의 해소 과정이나 인간의 해부학적 성 기능의 차이를 다룬 글을 읽어보면 여자아이가 어떻게 오이디푸스 콤플렉스를 거치는가 하는 문제와 여전히 씨름하고 있어요. 본인이 세운 가설 중에서 가장 입증이 어려운 논리거든요. 또다른 난제는 어머니의 역할이 별로 없다는 거예요.

나중에 이 점에 주목해서 프로이트 이론을 수정한 흐름이 두 갈래가 있습니다. 하나는 프로이트의 딸인 안나 프로이트(Anna Freud)가 창시했고 주로 미국에서 발전한 자아심리학입니다. 어린 시절에 형성되는 무의식보다 방어기제로서 자아의 역할에 주목합니다. 프로이트의 오이디푸스 콤플렉스 개념을 그대로 유지하면서 다소 축소합니다. 또하나는 대상관계이론(Objektbeziehungstheorie)으로 멜라니 클라인(Melanie Klein)이 어머니의 역할을 중시해서 전(前)오이디푸스 단계라는 개념을 만들어냅니다. 아버지의 개입이 결정적인 오이디푸스 콤플렉스 성립 이전에 맺어진 아이와 어머니 간의 관계가 아이의 성 형성에 더 중요한 계기라고 보는 것입니다. 프로이트의 이론을 자아와 대상의 관계로 다시 쓰는 것인데, 그 바탕에 아이와 어머니의 원초적 관계가 놓여 있다는 생각입니다. 리비도 이론, 특히 대상리비도 개념이 보여주듯이 프로이트에게 대상이 중요하지 않은 것은 아니에요. 다만 리비도의 투자는 대상을 향하지만 실제로 밖으로 나가는 게 아니라 자아와 자아가 만들어낸 대상표상 사이의 거래죠. 자아가 대상표상을 향하는가 아니면 자아이상이라는 자신의 표상과 관계하는가에 따라 리비도의 투자 방향이 달라지는 것입니다. 심리 내부의 거래이기 때문에 회수가 가능하고 총량이 변하지 않는 것이죠.

흥미롭게도, 정신분석에서 차지하는 중요성에도 불구하고 정작 프로이트가 오이디푸스 콤플렉스라는 개념을 별도로 설명한 글은 없어요. 말하자면 '오이디푸스 콤플렉스에 관하여'라는 글을 쓴 적이 없어요. 직접 언급한 글은 1924년에 출판한 「오이디푸스 콤플렉스의 쇠퇴」가 유일합니다. 최초로 언급된 것은 『꿈의 해석』입니다. 꿈분석 도중에 어떤 꿈이 개별적 맥락에 국한되지 않고 인류 전체나 특정 집단의 무의식적 욕망을 담아낼 가능성을 언급하면서 오이디푸스 콤플렉스 얘기를 꺼냅니다. 고대 그리스의 비극작가 소포클레스의 『오이디푸스왕』 이야기를 예로 들어서 부모와 아들 간의 관계를 설명하는 상징으로 언급하죠. 콤플렉스라는 말은 일상적 의미의 열등감이 아니라 개인이 통제할 수 없는 보편적 심리구조를 가리킵니다. 따라서 어떤 단일한 증상이 아니라 일정 기간 진행되는 과정을 뜻합니다.

꿈분석에서 암시했지만 프로이트는 아이가 필수적으로 겪는 부모와의 관계에서 어머니에 대한 사랑과 아버지에 대한 증오가 금지됨으로써 인간의 성과 욕망이 형성된다고 보는 입장입니다. 보편적 성장 플롯이죠. 콤플렉스는 성장의 필수 단계이기 때문에 제거되어야 하는 것이 아니라 '통과'되어야만 하는 것입니다.(이 점에서 영어본이나 우리말 번역 모두 '해소'라고 한 것은 큰 오해를 불러일으킬 가능성이 있습니다.) 아시다시피, 『오이디푸스 왕』 이야기의 골자는 친부살해와 근친상간이라는 신탁을 인간이 피할 수 없어서 결국 파멸하는 운명에 처해 있다는 것입니다. 피하려고 하면 할수록 신탁이 관철되기에 비극이죠. 그런데 이 신화적 이야기는 신탁의 불가피성을 강조하는 서사가 아니라 신탁의 명령인 친부살해와 근친상간이 인간에게 형벌로 주어진다는 플롯입니다. 아버지가 저지른 죄에 대해 신탁이 내린 형벌을 아들이 감당해야만 하는 이야기입니다. 지상의 최고 권력인 왕도 피할 수 없는 형벌입니다. 프로이트는 이 신화를 통해 인간의 문명이 금기를 통해 신탁의 형벌을 피하는 방식으로 성립되었을 가능성을 찾아냅니다. 정신분석이론을 설명하기 위해 문학작품을 원용한 것이죠. 문명의 형성에는 인간 욕망의 극단적 형태를 금지하는 두 가지 금기가 바탕이 되고 있다는 얘기입니다. 인간의 성은 부모를 통해 형성될 수밖에 없지만, 부모를 직접적 대상으로 한 성일 수는 없다는 역설입니다.

프로이트는 이런 역설을 1908년에 쓴 「신경증자의 가족 로맨스」라는 글에서 정리했어요. 아이가 현재 부모보다 더 나은 존재들이 자신의 친부모일 것이라고 믿는 환상을 뜻합니다. 오이디푸스 콤플렉스가 해소되는 과정을 이렇게 설명한 것이죠. 아이와 부모 간의 직접적 관계가 다른 관계로 대체되어야만 사회와 문명이 형성 가능하다는 주장입니다. 한마디로 인간의 성과 욕망은 금기, 즉 원초적 욕망에 대한 억압을 통해 탄생한다는 플롯입니다. 문학작품에서는 아버지의 죄에 대한 형벌을 아들이 대속하는데, 프로이트는 이를 인간의 문명과 성의 탄생 과정과 결부시키는 것이죠. 개인 성장이론이자 문명론입니다. 그래서 어머니는 작품이나 프로이트 이론의 플롯에서 이렇다 할 역할을 못해요. 왕비는 자기가 낳은 아들을 왕이 버리겠다고 해도 신탁이기 때문에 막지 못할 뿐만 아니라 아들이 살아 돌아와 왕이 되어도 못 알아봅니다.

이 서사가 현대적으로 재해석된 작품으로 셰익스피어의 『햄릿』이 있습니다. 햄릿은 아버지가 잔인하게 죽었는데 엄마가 아버지를 죽이고 왕위를 찬탈한 삼촌과 결혼한 사실을 견디지 못합니다. 햄릿은 현재의 의붓아버지인 삼촌을 죽이고 선왕과 의붓아버지의 차이를 알지 못하는 어머니를 단죄하고 나서 스스로도 죽습니다. 친부살해와 근친상간의 형벌을 대신하는 인물은 아니지만 햄릿의 운명 역시 부모와의 관계를 통해 형성된 가족로맨스를 여성의 희생을 통해 완성하는 이야기로 읽을 수 있습니다. 삼촌이자 아버지인 현재의 의붓아버지를 죽이고 근친상간에 버금가는 일을 저지른 어머니 역시 죽음에 이르게 만듦으로써 햄릿은 왕국의 질서를 바로잡는 신의 심판자가 되는 것이죠. 어쨌든 이러한 비극적 서사의 핵심적 플롯은 아들과 아버지의 관계인데, 어머니를 매개로 아들이 새로운 아버지로 성장하는 서사의 실패를 통해 거꾸로 그 서사의 보편성을 입증합니다. 프로이트가 문학작품을 다루는 태도는 이렇게 자신의 이론적 논의에 필요한 모티프를 끌어오는 데 한정되어 있습니다.

거세불안과 남근선망

오이디푸스 콤플렉스가 이루어지는 과정을 봅시다. 우선, 남자아이 혹은 여자아이가 어머니와 한몸이 되어 스스로를 표상하는 단계가 있고, 그다음에 아이가 주로 부모를 통해 남근의 유무로 스스로의 차이를 인식하는 생물학적 발견의 순간이 옵니다. 아버지에게는 있고 어머니에게는 결핍된 남근의 존재를 깨닫는 것이죠. 여기까지는 남녀의 차이가 없어요. 생물학적 발견에도 불구하고 여자아이와 남자아이는 아직 성이 형성되지 않았다는 점에서 동일합니다. 문제는 이 발견을 어떻게 받아들이고 대처하는가에 따라 남녀의 차이가 생기고 이 차이를 통해 남녀의 다른 성이 형성된다는 점입니다. 시작은 같지만 대처 방법에서 다른 길을 걷는 것입니다. 최초의 공통 단계에서는 어머니와의 관계가 지배적이었기 때문에 남녀 아이의 차이가 없는데, 아버지의 개입으로 갈라진다는 이론입니다. 이때 아이는 어머니를 남근이 결핍된 존재로 처음 인식합니다. 어머니와의 최초 관계를 프로이트는 나중에 원초적 나르시시즘 혹은 원초적 동일시라고 불렀어요. 원초적 동일시가 깨지고 남근을 지닌 아버지에 비해 남근을 결핍한 어머니의 존재를 발견함으로써 콤플렉스가 형성됩니다. 남자아이는 자신이 아버지와 같은 존재라고 생각해서 원초적 동일시가 깨지는 반면 여자아이는 자신을 어머니와 계속 동일시합니다. 남자아이로서는 동일시가 깨져도 어머니와의 관계를 유지하려는 욕망이 남아 있기에 오이디푸스 콤플렉스 단계로 진입합니다.

아버지에 의해 어머니를 향한 욕망이 금지된다는 사실과 어머니의 욕망 대상이 남근을 지닌 아버지를 향한다는 현실을 깨닫는 순간이 남자아이의 콤플렉스, 즉 거세불안(Die Kastrationsangst)이 형성되는 지점입니다. 거세불안은 아버지에 의해 자신도 어머니처럼 남근을 잃을 수 있다는 깨달음입니다. 반면 여자아이는 엄마와의 동일시가 계속 유지되기에 콤플렉스로 진입하지 못합니다. 남자아이는 거세불안을 자신이 아버지를 대체하여 어머니의 욕망 대상이 되는 방식으로 해소하길 원하지만, 곧 부친살해와 근친상간이라는 금기와 만나겠죠. 따라서 아버지에 대한 증오를 아버지와의 동일시로 치환하고 어머니에 대한 욕망을 어머니 이외의 대상으로 바꿈으로써 해소합니다. 여자아이는 남자아이와 달리 어머니처럼 남근을 결핍한 존재라는 동일시가 유지되기 때문에 어머니를 대신하여 아버지의 욕망 대상이 되고자 한다는 것입니다. 이렇게 남근선망(der Penisneid)이라는 콤플렉스가 생김으로써 비로소 여자아이는 오이디푸스 콤플렉스에 진입합니다. 남근선망이 불가능한 욕망이기에 아버지에 의해 금지되었다고 착각하는 것이죠. 여자아이는 남자아이와 달리 부친살해의 욕망은 생기지 않습니다.

여자아이의 콤플렉스가 해소되는 데는 세 가지 길이 있습니다. 남근선망을 유지한 채 결핍을 채워줄 아버지 이외의 대상을 찾거나, 스스로의 남근 결핍을 받아들이지 않고 남자아이처럼 어머니에 대한 욕망을 유지하는 방법, 그리고 남근의 대체물로서 아이를 원하는 길이 있습니다. 첫번째와 세번째 길은 남근선망을 유지하되 남근의 대체물을 찾는 방식이기에 여성적 남근으로서의 클리토리스로부터 질로 이어지는 성적 만족의 변화를 전제합니다. 두번째는 여성의 동성애적 경향으로 진행됩니다. 엄밀하게 말하면, 여자아이는 남자아이보다 뒤늦게 오이디푸스 콤플렉스를 해소한다기보다 남자아이와 다른 콤플렉스 혹은 부정적 콤플렉스를 겪는다고 보는 게 옳을지도 모릅니다. 세 경우 모두 어머니와의 동일시가 계속 유지되기 때문입니다.

라캉은 남녀 아이의 콤플렉스를 생물학적 남근이 아니라 욕망과 결핍의 기표인 팔루스에 대한 태도의 차이로 설명합니다. 즉 남자아이는 자기가 소유하고 있다고 믿는 결핍의 기표 팔루스를 잃지 않으려고 하는 반면, 여자아이는 팔루스가 되고자 하는 욕망을 지니면서 성애와 성차가 성립한다고 보는 것이죠. 라캉에게는 프로이트의 오이디푸스 콤플렉스 개념이 큰 중요성을 차지하지 못합니다. 어머니와의 원초적 동일시에서 아버지와의 동일시로 나아가는 과정을 뜻할 뿐입니다. 라캉에게는 상상계의 존재였던 아이가 언어로 표상되는 상징세계에 진입하는 거울단계가 더 결정적입니다. 오이디푸스 콤플렉스는 거울단계에 따라오는 부차적 현상으로서 상상적 동일시의 세계에서 상징적 동일시로 진행하는 환상의 이행 과정을 지시할 뿐입니다.

프로이트의 오이디푸스 콤플렉스 개념에 대해서는 여러 비판이 가능합니다. 우선, 남자아이와 여자아이의 과정이 대칭적이지 않아요. 『오이디푸스왕』의 비극에서도 그러했듯이 아들과 아버지의 관계를 전형적 패러다임으로 만든 다음 여자아이의 경우는 그것의 부정적 구현 과정으로 설정했기 때문입니다. 둘째, 남근의 소유 여부가 결정적 중요성을 차지합니다. 남자아이의 경우는 대체로 단일한 과정을 겪는 반면 여자아이의 경우는 여러 갈래로 나뉘는 것이 그러합니다. 셋째, 성차의 문제만이 아니라 성애의 기준점 역시 이성애입니다. 즉 남녀의 결합만을 정상적이고 규범적인 과정으로 설정합니다. 페미니즘의 비판을 받을 소지가 다분합니다. 이렇게 문제가 많음에도, 프로이트의 오이디푸스 콤플렉스 개념은 인간의 성이 형성되는 일련의 과정, 즉 성차와 성애라는 두 가지 성 관념이 어떻게 인간에게 생겨났는가를 설명하기 위한 문명사적 설명틀로서 의미를 지닙니다. 다시 말해, 성차와 성애가 태어나면서부터 형성되는 것이 아니라 3세에서 5세를 전후한 남근기에 가족이라는 사회적 제도를 통해 후천적으로 만들어진다는 이론입니다. 남성의 성을 규범화한 이성애 중심주의라는 비판을 받으면서도 젠더의 문화적 형성을 견지하는 페미니즘 이론과 부합하는 논리이기도 한 것입니다. 또한 이 이론은 신경증을 비롯한 증상들이 원초적 성의 형성 과정에서 생긴 문제에서 파생한다는 입장과 이어지기에 임상치료의 방향도 제시해줍니다. 프로이트에게 유아성욕이 중요성을 차지하는 근거가 여기에 있습니다. 원초적 콤플렉스의 해소, 즉 오이디푸스 콤플렉스의 억압을 통과해야만 인간의 성숙이 가능해진다는 것이죠. 말을 바꾸면, 인간의 성 자체가 애초부터 성취 불가능한 원초적 욕망 혹은 욕망의 결핍에서 유래했을 뿐만 아니라 사회에 속한 모든 인간의 욕망은 결국 불가능한 욕망의 대체물, 즉 위장된 성취라는 환상이 되는 것이죠. 라캉이 말한 팔루스가 바로 이러한 결핍의 기표입니다. 오이디푸스 콤플렉스 개념을 인간 성의 근본적 환상성을 설명하는 이론으로 읽을 수 있다는 얘기입니다.

따라서 오이디푸스 콤플렉스라는 성의 형성 과정과 결핍된 욕망의 논리를 받아들이지 못할 경우 불안이 생기고 반사회적 욕망이 형성된다고 볼 수 있겠죠. 인간의 성과 욕망은 반사회적 흐름을 환상을 통해 사회화한 결과입니다. 그 중요한 심리기제가 바로 초자아입니다. 이는 오이디푸스 콤플렉스의 해소 과정에서 동일시가 차지하는 중요성을 상기시켜줍니다. 부모로부터 형성되었으나 부모에게 직접적으로 행사될 수 없는 욕망을 동성의 부모와 동일시하는 과정을 통해 해소하는 기제가 바로 초자아입니다. 자아에게 원초적 욕망의 충족이 아니라 대체물의 추구를 꾀하고 쾌원리에 따를 것을 명령하는 것이죠. 이때 남자아이의 아버지와의 동일시, 여자아이의 어머니와의 동일시가 바로 콤플렉스 해소의 결정적 계기로 작용합니다.

동일시

동일시는 리비도의 투자 없이 대상과 이루는 합일이자, 대상에 대한 욕망이 치환된 관계입니다. 프로이트는 오이디푸스 콤플렉스 단계를 해소하는 동일시를 이차적 동일시라고 불렀고, 남자아이와 여자아이 모두가 최초로 어머니와 형성하는 동일시는 일차적 동일시라고 개념화합니다. 이렇게 보면 오이디푸스 콤플렉스는 일차적 동일시에서 이차적 동일시로 이어지는 과정과 다름이 없어요. 즉 어머니와의 동일시에서 동성 부모와의 동일시로 나아가는 과정입니다. 주의할 점은 동일시와 나르시시즘을 혼동하지 않는 것입니다. 동일시는 대상을 향한 리비도의 투자가 억제되는 과정인 반면 나르시시즘은 리비도 투자의 대상이 자아로 대체되는 과정입니다. 나르시시즘은 대상 대신에 이상적인 자아의 모습으로 설정된 자아이상에 리비도가 투자되는 환상적 욕망관계입니다. 동일시는 대상이든 자아이상이든 리비도의 투자가 이루어지기 위해 인간의 성이 거쳐야 하는 선행단계라고 할 수 있습니다. 따라서 동일시는 그 과정에서 불안이 따르지 않으며, 리비도 투자가 야기하는 불안을 억압하는 중요한 수단이기도 합니다.

단, 하나의 예외가 있는데, 프로이트가 '나르시시즘적 동일시(Narzisstische Identifizierung)'라고 부른 과정입니다. 리비도를 투자했다가 상실한 대상을 자아의 내부로 내투사하여 리비도의 투자관계를 유지하는 것인데, 표면적으로는 사라진 대상과 동일시하는 형태이지만 심리 내적으로는 나르시시즘적 리비도 투자가 유지되는 현상입니다. 1917년에 출판한 저 유명한 「비애와 우울」에 나옵니다. 자기 자신이 욕망의 대상이 되는 것처럼 보이지만 실은 사라진 대상의 이미지에 리비도가 투자되는 관계입니다. 프로이트는 나르시시즘적 동일시를 이차적 동일시의 한 유형으로 보았지만, 라캉은 어린아이의 '거울단계'를 설명하면서 이와는 조금 다른 각도에서 개념화합니다. 어린아이가 거울을 통해 자신의 이상적 이미지, 즉 이상적 자아와 동일시하는 과정을 나르시시즘적 동일시라고 부릅니다. 이는 어린아이의 성이 일종의 잘못된 인식, 즉 오인(méconnaissance)에 의해 형성된다는 독특한 이론의 출발점이 됩니다. 어쨌든 프로이트의 이론은 인간의 성이 남근기의 오이디푸스 콤플렉스 과정에서 결핍과 동일시를 통한 환상의 형성에 따라 구성된다는 관점을 유지합니다. 그 이전의 아이는 '다형적 도착자'에 불과합니다.

오이디푸스 콤플렉스 이론은 프로이트가 유아의 성심리적 발달단계(Psychosexuelle Entwicklungsphasen)를 설정하는 데도 큰 역할을 합니다. 유아의 다형적 도착성에서 출발하는 인간의 성이 성애와 성차라는 두 형태로 성립하는 최초의 과정이 바로 오이디푸스 콤플렉스인데, 이는 바로 남근기(phallische Phase)에 해당합니다. 달리 말하면, 인간의 성은 오이디푸스 단계를 통해 생식기 중심으로 이루어지는 보편적 플롯을 따르면서 남녀의 구분과 이성애를 중심으로 시작된다는 것입니다. 3세 이전에 다형적 도착성이 지배하는 최초의 두 단계는 구순기(orale Phase)와 항문기(anale Phase)라고 부릅니다. 여기서 자아가 최초로 형성됩니다. 그다음 3세에서 5세에 걸쳐 생식기가 주는 쾌락이 중심이 되는 남근기가 오는데, 오이디푸스 콤플렉스를 거치며 초자아가 생깁니다. 6세에서 10세에 이르는 잠복기(Latenzzeit)에는 초자아와 생식기 중심의 성애가 이루어졌으나, 신체적으로는 미숙하여 성적 움직임이 활발하지 못합니다. 마지막 단계인 사춘기(Pubertätsphase)에 이르면 신체적 성숙이 이루어져서 잠복되었던 남근기의 성애가 본격화되고 인간의 성이 재탄생합니다. 구순기와 항문기는 어머니와의 동일시로 이루어진 세계인데, 생존 이외의 다른 목적이 없기에 모든 본능적 에너지가 자아의 만족을 위해 쓰입니다. 프로이트는 나중에 이 단계를 '원초적 나르시시즘(Primärer Narzissmus)'이라고 부릅니다. 성차와 규범적 성욕이 자리잡기 이전에 유아의 도착적 성욕이 주로 자기 자신의 신체 일부를 통해 이루어지는 단계입니다. 이에 비해 대상으로부터 리비도가 철회되어 자아로 과도하게 투자되는 경우가 이차적 나르시시즘(Sekundärer Narzissmus)입니다. 과대망상부터 우울에 이르기까지 다양한 형태가 존재합니다. 이는 리비도가 형성되기 이전, 철저히 자신만을 대상으로 한 본능(생존) 에너지의 투자가 이루어지던 시기로 퇴행하는 현상입니다.(다시 한번 상기하자면, 프로이트는 리비도가 아닌 이 본능 에너지의 투자도 Besetzung이라고 부릅니다. 그러니까 이 용어를 일괄적으로 '리비도 집중'이라고 옮긴 한글 번역은 문제가 많습니다.)

남근기는 인간의 성이 생식기 중심의 규범적 형태로 후천적으로 정립되는 단계입니다. 초자아가 만들어지고 억압 과정이 작동합니다. 성차와 성애라는 인간의 성 관념이 최초로 모습을 갖추는 단계인데, 표현을 달리하면 원초적 욕망의 억압과 금지에 의해 환상으로서의 인간 욕망이 탄생하는 시기이기도 합니다. 아버지와의 동일시, 혹은 사회적 금지의 내면화 기제가 마련됩니다. 그다음이 잠복기인데 좀 문제적입니다. 오이디푸스 콤플렉스를 거친 다음 사춘기가 도래하기 전에 규범적 성의 활동이 일시적으로 정지된 상태가 온다는 것입니다. 이를 잠복기라고 합니다. 성인과 동일한 성적 심리기제가 이미 완성되었는데 신체적으로는 성숙이 이루어지 않았기 때문에 그렇습니다. 잠복기를 기준으로 보면, 인간의 성은 심리적 성숙과 신체적 성장 간의 불일치, 즉 물리적 지체(遲滯)를 극복해야만 완성됩니다. 이 지체가 너무 짧거나 길면, 혹은 반대로 오이디푸스 콤플렉스의 해소가 늦어져 신체적 성장이 심리적 성숙을 앞지른다면 많은 문제가 생기겠죠. 실제로 어린아이들이 겪는 대부분의 불안 증세와 정신적 이상 증상은 잠복기에 겪는 지체 현상 때문에 발생합니다. 요즘에는 아이들의 사춘기가 점점 빨라진다고 말하는데 이는 사실 잠복기의 지체가 점점 더 짧아진다는 뜻입니다. 지체의 극복 없는 유아 성의 완성은 가능하지 않습니다.(조금 다른 각도에서, 라캉의 거울단계 이론은 이 '지체'가 잠복기 이전의 전오이디푸스 단계에서 이미 출현하며 유아의 성 형성 과정에 더 근본적이라고 봅니다. 따라서 프로이트와 달리 구순기에서 사춘기에 이르는 성발달을 일종의 진화로 보는 관점을 탈피합니다.)

사춘기는 지체가 극복되고 시차가 사라지는 과정을 말합니다. 남근기의 규범적 성 관념과 성애가 재완성되는 것이죠. 사춘기는 단지 신체적 성숙이 이루어져서 지체가 극복되는 단계일 뿐만 아니라 물리적 지체가 극복되었음에도 부활한 남근기적 성적 욕망이 신체적 성숙을 압도하는 시기이기도 합니다. 욕망의 충족을 위한 조건이 갖추어졌음에도 실제적 만족이 따라오지 못하는 것이죠. 흔히 욕구불만이라 불리는 욕망의 과도한 압박에 시달리는 단계입니다. 자위를 비롯한 도착적 행동이 두드러지고 그에 수반해서 초자아에 의한 죄의식, 즉 양심이 발달합니다. 스스로가 독립된 존재로서 세상물정을 다 알고 있다고 느끼고 한 사람의 온전한 인간으로 대우해달라는 요구가 강해지는 동시에 양심 역시 첨예하게 작동합니다. 이때 가족의 테두리를 벗어나려는 욕망이 강해집니다. 일종의 인정투쟁이에요. 사회적으로 성숙을 공인하는 절차가 필요하고, 이를 통해야 억압기제가 균형을 찾아 규범을 내면화하게 됩니다. 프로이트의 성심리적 발달단계는 단계라는 이름이 붙었지만, 사실 오이디푸스 콤플렉스가 해소되어 인간의 성이 두 번에 걸쳐 후천적으로 성립되는 일련의 과정에 다름 아닙니다. 성애, 즉 이성애를 중심으로 구성되었기에 성차의 문제는 제기만 되었고 충분히 설명되지는 못했습니다. 프로이트에게 여성의 성이 끝까지 해결되지 못한 난제이자 가설로 남았던 이유가 여기에 있습니다. 프로이트는 이 과제를 해명하기 위해 1925년 「해부학적 성차의 몇 가지 심리적 결과」와 1931년 「여성의 성욕에 대하여」를 썼고, 1933년 『새로운 정신분석 입문 연속 강의』에서는 '여성성(Die Weiblichkeit)'을 다루지만, 끝내 여성성에 관한 깊이 있는 통찰에는 실패합니다.

이러한 실패는 프로이트가 오이디푸스 콤플렉스를 상정하면서 성차와 성애를 설명하는 방식과 깊은 관련이 있어요. 프로이트는 남녀의 차이를 두 가지 방식으로 이야기했습니다. 우선 남자아이를 기준으로 가설을 세운 다음에 여자아이는 대칭적으로 반대일 것이라고 단순하게 보았습니다. 나중에는 어머니와의 동일시라는 공통의 일차적 단계를 놓고 남녀가 남근에 대해 보이는 상반된 태도를 통해 비대칭적으로 구성했습니다. 첫번째 대칭이론은 성차를 중심에 놓고 성애의 차이를 설명한 방식입니다. 자기의 성과 다른 성의 부모에 애정을 느끼는 욕망을 설정하고, 남자아이는 오이디푸스 콤플렉스, 여자아이는 엘렉트라 콤플렉스(Elektrakomplex)라고 부릅니다. 성애 이원론이라고 부르고 싶어요. 두번째 비대칭이론은 성애를 중심에 놓고 성차를 해명하는 길입니다. 성애 일원론 혹은 이성애 중심주의죠. 성애에 종속되느냐 독립되어 있느냐 하는 차이는 있지만 두 경우 모두 여성성은 남성성의 부정적 형태예요. 여성성은 남성성의 속성이 결핍된 것이거나 부정적 형식이라고 본 것입니다. 비대칭이론에서는 그마저 성애의 종속변수입니다. 이는 후천적 성차라기보다 해부학적 성차의 후천적 발현에 가깝고, 따라서 남성중심주의라는 비판이 가능합니다. 이 문제는 마조히즘(Masochismus)을 논하는 자리에서 다시 등장합니다.

나중에 수정한 비대칭이론에 따르면 전오이디푸스 단계에서 남자아이와 여자아이는 모두 어머니와의 동일시 상태에 있습니다. 자신을 돌봐주는, 즉 어머니로 표상되는 존재에 비성애적으로 애착을 느낍니다. 성욕이 아니라 애착(愛着)입니다. 양육해주는 존재와 자신을 한몸이라고 생각하는 감정이고, 성애는 애착의 부수효과입니다. 아이가 성애로 못 느끼는 것입니다. 따라서 성차의 구분도 없습니다. 오이디푸스 단계에 들어서면 아버지로 인해 애착과 성애가 분리되어 아버지를 증오하고 어머니를 욕망하는 콤플렉스가 생기죠. 반면 여자아이는 어머니와의 동일시가 지속되어 애착과 성애의 분리가 늦어지거나 생기지 않는 것입니다. 왜 그럴까요? 프로이트는 명확하게 설명하지 않습니다. 갑자기 해부학의 논리로 회귀합니다.

여성도 마찬가지로 오이디푸스 콤플렉스, 초자아, 잠복기가 발달한다. 여성의 성에도 남근의 조직화와 거세 콤플렉스가 해당되는가? 답은 물론 그렇다지만, 이런 과정이 남자아이와 동일할 수는 없다. 이 점에서는 성에 대해 평등권을 주장하는 페미니스트들의 요구가 큰 의미가 없는데, 형태학적 특징이 심리적 발달의 차이로 나타날 수밖에 없기 때문이다. 나폴레옹의 말을 바꿔, '해부학은 운명이다'라고 말할 수 있을 것이다. 여자아이는 남근의 결핍이 성적 특성임을 이해하지 못한다. 언젠가 더 어렸을 때 남자아이와 마찬가지로 큰 기관을 가졌으나 나중에 거세되어 잃어버렸다고 가정함으로써 그 결핍을 설명한다. 여자아이는 이러한 추론을 자기로부터 다른 성인 여성의 경우로 확장하지 못하고 남근기의 경로를 따라 성인 여성도 크고 완전한, 다시 말해 남성의 성기를 지니고 있다고 간주한다. 여자아이는 거세를 기정사실로 받아들이는 반면 남자아이는 거세가 발생할 가능성을 두려워하는 본질적 차이가 생겨난다. 이렇게 거세공포가 여자아이로부터 배제됨으로써 초자아의 설정과 유아의 생식기 조직화의 분리를 위한 강력한 동기가 사라져버린다. 이러한 변화는 남자아이들보다 훨씬 더 크게 여자아이들에게서 훈육과 애정상실을 초래하는 외부 위협의 결과로 나타난다.(「오이디푸스 콤플렉스의 해소」, *Gesammelte Werke*, 13권 402-403쪽)

프로이트는 남녀의 차이를 남근의 소유 여부로 나누는 논리가 해부학적 진실임을 강조하면서, 왜 여자아이에게 분리의 지체현상이 생기며 여자아이가 아버지를 통해 남근선망을 갖는지는 슬쩍 넘어갑니다. 오이디푸스 콤플렉스 이론에서 전제했듯이 남근의 결핍이 여성의 존재론적 근거라는 주장입니다. 생물학적 남근의 소유 여부에 근거한 해부학적 차이로의 회귀죠. 남자아이는 주체적으로 대상을 선택하는 반면 여자아이는 수동적으로 선택의 대상이 되는 길을 택한다는 논리 아닌 논리입니다. 그리고 이 때문에 어머니를 경쟁 상대로 여긴다는 얘기입니다.

문제는 이러한 경쟁심 혹은 어머니에 대한 질투에도 불구하고 여자아이가 결핍된 존재로 어머니와 이차적 동일시를 이룬다고 보는 관점인데, 결국 대칭론의 부활이에요. 남근선망 개념은 엘렉트라 콤플렉스의 변형처럼 느껴지고, 썩 납득이 가질 않죠. 아버지 대신 아이—남자아이가 아니라—를 선택한다는 설명도 생물학적 관점에서 자유롭지 못합니다. 남자아이에게도 아버지와의 경쟁심은 있습니다. 거세불안이죠. 어머니를 차지하기 위한 싸움에서 아버지에게 밀릴 수 있다는 불안입니다. 거세불안 역시 해부학적 혐의가 짙지만 상징적 의미로는 유용합니다. 남성의 동성친교적(homosocial) 관계에서 누가 더 남자다운가를 놓고 경쟁하는 관계가 주는 심리적 불안을 설명하는 개념으로 쓸 수 있습니다. 남자아이가 동성관계에서 자신의 남성성을 인정받으려는 사회적 욕망을 거세불안으로 부를 수 있을 텐데, 프로이트는 이 심리의 근원이 아버지와의 관계에서 비롯된다고 보는 것입니다. 충분히 그렇게 볼 수 있습니다만, 프로이트의 논의를 밀고 나가면 남성의 후천적 거세불안은 모두 여성을 차지하기 위해 벌이는 수컷들의 싸움으로 환원되고 말죠. 이 과정에서 독특한 남성의 환상이 생겨납니다. 남성 사이에서 우위에 서는 일이 곧 욕망의 대상인 여성을 차지할 수 있는 우월한 위치를 보장한다고 믿는 잘못된 착각입니다. 여성의 대상화는 이런 착각과 관련이 깊고, 이에 부합하지 않는 여성은 혐오의 대상이 되는 것이죠. 여성들도 이렇게 생각할지 의문입니다.

프로이트에게 여성은 해부학적으로 남근이 없는, 결핍된 존재입니다. 존재론적 결핍입니다. 따라서 여성의 남근선망은 존재 차원의 결핍을 봉합하려는 시도가 됩니다. 프로이트에게 여성은 스스로 채울 수 없는 것을 대상을 통해 충족시키는 존재입니다. 심지어 프로이트는 더 나아가서 결핍감과 남근선망을 부정적 감정 상태와 연결합니다. 존재론적 열등감, 남성에 대한 질투, 그리고 어머니에 대한 경쟁심 등으로요. 남성의 거세불안에 대해서는 이러한 설명이 없어요. 바꿔 말해 존재론적 우월감, 여성에 대한 비하, 그리고 아버지에 대한 증오가 되겠지만 문제삼지 않습니다. 일견 과학적 설명처럼 보이지만, 페미니스트들의 비판처럼 이런 관념이야말로 가부장제라는 역사적 체제가 만들어낸 플롯일 수 있습니다. 남녀의 성차를 해부학적 특성과 연결짓거나 문화가 만들어낸 차별을 존재론적 차이로 환원하는 입장입니다. 프로이트는 끝내 이 틀을 벗어나지 못했어요. 여자아이에게 "오이디푸스 콤플렉스의 파괴 동기가 결핍되어 있다"라고 주장하거나 "여성의 규범적 윤리 기준은 남성의 기준과 다르다는 생각을 저버리기 힘들다"라고 통념적 생각을 나열하는 데 그치고 말아요. 심지어 여성은 "남성에 비해 정의감이 약하고, 인생의 위기에 처해 대응력이 떨어지며, 사랑이나 증오 같은 감정적 판단의 영향을 더 받는다"라고까지 서슴없이 주장합니다. 시대의 한계이자 개인의 편견입니다.

동성애

프로이트는 이성애를 규범화했습니다. 그렇다면 동성애(Homosexualität)는 어떻게 설명될까요. 성애를 중심에 놓고 성차에 따라 다른 선택을 하는 것이 비대칭이론이라면, 동성애는 성차의 원리를 거슬러서 이성애적 선택을 하는 것입니다. 이를테면 동성애는 위장된 이성애입니다. 자신의 성과 반대되는 심리적 상태에서 이성애적 선택을 하는 논리입니다. 성차는 바뀔 수 있지만 성애는 바뀌지 않는다는 생각입니다. 즉 겉으로 보면 같은 성을 지닌 대상을 선택하는 예외적인 사례로 보이지만, 실은 다른 성의 입장에서 같은 성을 택하는 것이기에 이성애적 선택의 일반적 과정과 어긋나는 사례가 아니죠. 선택의 주체가 스스로를 심리적 반대의 성이라고 간주하고 행하는 변칙적 선택일 뿐입니다. 프로이트가 동성애를 도착의 하나로 분류한 이유입니다. 해부학적 성정체성과 심리적 성정체성이 불일치할 수는 있지만 성애는 결국 동일하다는 얘기입니다. 그 이유는 인간이 본래 양성적 존재로 태어나기 때문이라는 것입니다. 간단하게 도식화해보죠.

여성 동성애	양성성 → 해부학적 여성 → 심리적 남성성 → 이성애적 선택
남성 동성애	양성성 → 해부학적 남성 → 심리적 여성성 → 이성애적 선택

이렇게 보면 동성애는 전오이디푸스적 단계에의 고착이라는 동일한 구조를 데칼코마니처럼 겹친 것이라고 생각되겠지만, 실은 조금 달라요. 1920년에 쓴 여성 동성애의 성적 기원을 다룬 글에서 프로이트는 여성 동성애자가 오이디푸스 콤플렉스를 겪는 단계에서 남자아이처럼 어머니와의 동일시가 깨진다고 봅니다. 여자아이는 자신도 어머니처럼 남근을 결핍한 존재라는 사실을 부인하고 스스로를 남자라고, 즉 남자아이와 자신을 동일시하는 환상을 유지함으로써 남자아이의 콤플렉스 해소 과정을 거치는 것입니다. 자신의 남근결핍을 부인하는 것이죠. 심리적으로는 남성이라고 생각하는 여성이 다른 성인 여성을 선택하는 것이기에 해부학적으로 보면 여성이 여성을 선택하는 과정이지만 심리적으로는 이성애입니다.

반면 남성 동성애의 경우에는 여자아이처럼 어머니와의 전오이디푸스적 애착을 그대로 유지합니다. 그런데 여자아이의 콤플렉스 통과와 달리 어머니의 남근결핍을 부인합니다. 부인(否

認)이란 현실의 결핍을 받아들이면서도 마치 결핍되지 않은 것처럼 행동하는 태도입니다. 그래서 어머니와 자신의 동일시에 고착되어 어머니의 남근결핍을 부인하고 아이인 자신과 어머니 간의 원초적 나르시시즘 관계를 유지하려고 합니다. 다시 말해, 어머니의 입장에서 어린아이인 자신을 나르시시즘적으로 선택하는, 일종의 거꾸로 된 근친상간입니다. 도착증입니다. 어머니와의 동일시를 유지하기에 심리적으로는 여성인 어머니의 입장에서 남성인 자신을 선택하는 이성애로 보이지만, 해부학적으로는 남자아이가 스스로를 나르시시즘적으로 선택하는 셈이죠. 남성 동성애가 도착에 가까운 것은 뒤집힌 근친상간의 욕망을 피하고 자신의 나르시시즘적 만족을 유지하기 위해 주로 특정한 신체 부위나 사물로 이성애적 욕망을 대체하기 때문입니다. 남성 동성애가 페티시즘, 즉 사물성애와 연결되는 것이 이 지점입니다.

어머니와의 원초적 동일시는 양성애를 지닌 아이가 성차 관념 없이 만들어내는 것이지만, 이차적 동일시는 대체로 같은 성을 지닌 존재와의 사이에 이루어집니다. 그렇지만 동성애는 다른 성을 가진 존재와의 사이에 동일시가 성립하는 것으로 현상합니다. 동일시가 해부학적으로 다른 성을 가진 존재와의 사이에 이루어진다면, 이성애적 대상선택은 자신과 동일한 성의 존재를 향하겠죠? 요컨대 프로이트에게 동성애는 해부학적 성과 심리적 성의 불일치에서 생겨납니다. 남녀 동성애의 차이는 어머니와의 동일시가 유지되는가의 여부, 동일시하는 대상의 차이, 그리고 부인 대상의 차이에 있습니다.

여성 동성애	어머니와의 동일시 폐기—자신의 남근결핍 부인—남자아이와의 동일시
남성 동성애	어머니와의 동일시 유지—어머니의 남근결핍 부인—어머니와의 동일시

여성 동성애는 여자아이가 남자아이의 입장에서 오이디푸스 콤플렉스를 거치는 것이고, 남성 동성애는 남자아이가 어머니의 입장에서 오이디푸스 콤플렉스를 거부하는 과정입니다. 따라서 성 역할이 바뀌었지만 여성 동성애에서는 거세불안이 생기지 않습니다. 스스로가 남근을 결핍한 사실을 부인하는 것이니까요. 그보다는 남성성 일반에 대한 혐오, 혹은 그런 혐오를 불러일으킨 트라우마가 여성 동성애의 근원이 된다고 봅니다. 남성 동성애에서도 남근선망은 페티시즘으로 대체됩니다. 프로이트가 동성애 문제에 관해 양성성으로의 회귀나 도착이라는 초기의 입장에서 더 나아가지 못한 이유입니다.

동성애 문제가 극명하게 보여주듯이 오이디푸스 콤플렉스 이론은 성애와 성차의 규범적 성립과 관련한 설명력이 뛰어났던 것과는 반대로 인간의 성 현상 전체에 관한 포괄적 이론으로는 허점이 많습니다. 특히 여성의 성욕과 동성애에 대해서는 해부학적 틀과 문화적 관습에서 크게 벗어나지 못합니다. 그러나 남성성과 이성애적 규범의 형성에 관해서는 흥미로운 시사점을 던져줍니다. 오이디푸스 콤플렉스를 남성 콤플렉스라고 불러도 무방한 이유가 여기 있습니다. 또한 유아의 성욕이 성심리적으로 발달하는 과정의 일환이며, 양성애와 다형적 도착성에서 비롯된다는 주장도 의미 있는 통찰입니다. 이러한 유아의 성이 최초의 사회적 관계, 즉 부모와의 가족관계라는 후천적 과정을 통해 규범적 성으로 확립된다는 점은 충분히 받아들일 수 있을 거예요. 그렇지만 여전히 많은 문제를 해결하지 못한 채 남겨두는 이론이기도 합니다.

우선 남근을 중심으로 설명하는 입장이 지닌 정치적 타당성입니다. 오이디푸스 콤플렉스는 심리적 성에 관한 이론이지만 여전히 생물학적 성차 개념에 크게 의존하고, 그 때문에 여성이나 아동의 심리를 연구하는 진영에서 프로이트의 주장과 상반되는 데이터를 근거로 많은 비판이 있었습니다. 또하나는 비대칭이론이 갖는 인식론적 문제입니다. 왜 하필 여성이 오이디푸스 콤플렉스를 부정적 형태로, 뒤늦게 겪는지에 대해서도 생물학적 결핍 이상의 설명이 없어요. 많은 문제가 있음에도 유아의 성욕에 관해서는 프로이트의 가설이 대체로 타당성을 입증했지만 여성의 성에 대해서는 여전히 가설에 머무르고 있습니다. 말년의 프로이트가 여성이 무엇을 원하는지 모르겠다고 토로했다는 점을 다시 한번 상기해봅니다. 마지막으로, 오이디푸스 콤플렉스는 과연 프로이트가 『꿈의 해석』에서 도출한 보편적 플롯의 지위를 갖는가 여부입니다. 가령 부모가 중심이 된 근대 서구 문명의 가족관계를 정상적이고 규범적으로 간주했을 가능성이 있습니다. 서구적 형태가 아닌 가족 구조를 지닌 집단이나 사회에도 동일한 플롯을 적용할 수 있을지 의문이 생깁니다. 물론 근친상간과 친부살해라는 금기시된 성의 문제는 서구에 국한된 인류학적 현상은 아니지만, 그 사실이 곧바로 오이디푸스 콤플렉스의 보편적 플롯의 지위를 증명하지는 못합니다. 프로이트에 대한 재해석이 필요합니다.

7강

이별에 대처하는 우리의 자세

freud seminar

비애와 우울

앞에서 오이디푸스 콤플렉스 개념을 살펴보면서 동일시가 중요한 심리 메커니즘의 하나라고 지적했습니다. 오늘은 동일시 문제와 관련해서 프로이트의 가장 잘 알려진 개념인 비애와 우울을 다뤄보겠습니다. 날씨는 아주 화창한데 우울을 얘기하려니 좀 우울하네요.(웃음) 「비애와 우울」은 1915년에 쓰였고 1917년에 출판된, 메타심리학 논문 가운데 하나입니다. 우리말로는 '슬픔과 우울증' 혹은 '애도와 우울증'으로 번역합니다. 영어 번역의 영향과 다소간의 오해에서 비롯된 결과인 듯한데, 저는 '비애와 우울'이 낫다고 봅니다. 비애(悲哀)로 옮긴 독일어 Trauer는 슬픔과 비애감뿐만 아니라 상(喪), 애도(哀悼)까지 아우르는 넓은 뜻을 갖고 있죠. 흔히 『젊은 베르테르의 슬픔(Die Leiden des jungen Werthers)』으로 알려진 괴테의 작품 제목에서 슬픔에 해당하는 단어는 Leiden인데, 고뇌와 고통에 더 가까워서 Trauer와도 다릅니다. Trauer는 일반적 슬픔 혹은 고통이나 죽음의 뉘앙스가 강한 애도보다는 비애가 더 적당할 것 같아요. 우울에 해당하는 Melancholie 역시 병리적 증상인 우울증과는 다르기에 그냥 우울이라고 부르겠습니다. 참고로 한글판 전집의 번역은 '슬픔과 우울증'입니다. 슬픔은 그런대로 괜찮지만 우울증은 아닙니다. 프로이트가 신경증과 정신증이 혼합된 특이한 사례, 즉 자아와 초자아의 갈등에서 유발되는 '나르시시즘적 정신신경증(narcistische Psychoneurosen)'으로 명명한 우울증과 여기서 다루는 멜랑콜리는 유사한 개념이지만, 일반적으로 우울증을 뜻하는 Depressionen과는 다릅니다.

프로이트의 멜랑콜리, 즉 우울은 사랑하는 대상의 상실이라는 트라우마적 사건, 그리고 그로 인한 상실감과 깊은 연관이 있습니다. 현대인이 겪는 우울증은 상실과 직접 연관이 없습니다. 불안장애(anxiety disorder)라는 설명 말고는 우울증의 원인 역시 밝혀지지 않았습니다. 우울증 얘기가 나왔으니 왜 현대를 사는 우리에게 이런 원인 모를 우울증에 빠지는 현상이 문제인지 잠시 생각해봅시다. 철학자 한병철 교수가 쓴 『피로사회(Müdigkeitsgesellschaft)』라는 책에 따르면 우울증은 과도한 사회적 억압이 아니라 오히려 긍정성이 지배하는 성과사회가 만들어낸 증상입니다. 현대 사회는 개인의 활동을 제한하는 부정적 압박을 가하는 것이 아니라 무한히 긍정적일 것을 강요하고 제한 없는 성과를 내라고 부추기기 때문에 우울증을 생산하는 체제라는 얘기입니다. 일리 있는 분석입니다. 그렇지만 한병철은 프로이트가 우울증을 사회적 억압의 결과로 설명했다고 비판하는데, 읽어보면 알겠지만 맞는 지적은 아닌 것 같습니다. 우울증은 현대 사회의 대표적 신경증입니다. 정신분열증 같은 정신증이 아닙니다. 얼마든지 치료가 가능합니다. 또한 신경증이기에 단일한 증상이 아니라 다른 증상과 함께 나타납니다. 강박증이나 불면증 같은 증상이 결합되는 경우가 많아요. 다시 말하면, 병리적 신경증으로서의 우울증에는 불안이 동반되고 그 불안이 쉽게 사라지지 않는 것입니다. 그래서 약물의 도움이 필요합니다.

반면 프로이트가 「비애와 우울」에서 말하는 우울은 불안과 큰 상관이 없습니다. 그래서 드러난 증상으로만 보면, 오히려 정신증에 더 가깝습니다. 리비도 이론으로 풀어보면, 대상을 향한 리비도의 투자가 대상의 상실로 자신에게 모두 돌아온 비상사태를 대하는 태도입니다. 상실된 대상으로부터 일시적으로 리비도 투자가 철회되었으니 쾌원리를 따라서 원칙적으로는 불안이 발생할 여지가 별로 없습니다. 프로이트가 '나르시시즘적 정신신경증'이라고 표현한 이유가 여기에 있습니다. 리비도의 투자가 철회된 상태에 머물러 우울은 일시적 리비도 철회가 자아의 내부에서 나르시시즘적으로 재투자되는 반면, 우울증은 철회된 리비도의 과잉축적이 해소되지 못한 채 남아 있는 상태입니다. 따라서 우울증에서는 재투자되지 못한 리비도가 초래하는 불안이 크게 증가할 뿐, 프로이트가 우울의 특징적 형태로 본 자기비하와 죄책감 등이 크게 두드러지지 않습니다. 억압기제가 망가져서 불안이 통제가 안 되기 때문에 고통이 지속되는데도 잘 느끼지 못하고 무기력해지는 것이죠.

프로이트가 다루는 우울은 비애에 동반되는 현상입니다. 자기가 아끼고 애정을 쏟았던, 즉 리비도를 투자했던 대상이 상실되었다는 사태로부터 생겨납니다. 가족이나 좋아하는 사람이 세상을 떠났거나 사랑했던 사람과의 관계가 끊어지는 상황, 혹은 자신이 믿고 따르던 어떤 이상과 대의 같은 가치가 무의미해진 계기와 관련됩니다. 이런 트라우마적 사건을 대하는 극단적 상실감이 우울로 이어집니다.

	원인	증상	특징
우울증	사회적 요구의 과잉	불안감	리비도 투자 철회
우 울	대상의 상실	비애감	리비도 투자 지속

따라서 프로이트의 비애와 우울은 실제로 새롭게 구성된 트라우마 이론입니다. 저는 이 새로운 트라우마 이론을 '이별에 대처하는 우리의 자세'라는 말로 표현하곤 합니다. 살다보면 아끼

던 사람을 잃는 일과 추구했던 삶의 목표나 믿었던 가치로부터 멀어지는 상황이 벌어지죠. 프로이트가 말하는 비애와 우울은 그러한 상실의 상황에 대처하는 두 가지 태도 혹은 서로 다른 심리적 기제의 구조를 뜻합니다. 따라서 우울증의 치료와 우울의 해소는 접근방법이 다릅니다. 전자에서는 불안을 줄여서 억압기제를 복원하는 데 초점이 맞추어지고, 후자에서는 나르시시즘적 리비도를 다시 대상을 향하게 만드는 일이 중요합니다. 우울증은 약물치료가 필요하지만, 우울은 "사랑이 다른 사랑으로 잊혀지네"라는 노랫말처럼 새로운 애정 대상을 찾는 일이 가장 중요합니다. 상실된 대상을 대체할 새로운 대상이 생기면 해소되는 것이죠. 이렇게 얘기하면 우울의 해소가 더 쉬워 보이지만, 실은 그렇지 않아요. 생각과 달리 우울을 겪는 존재가 저항하기 때문이죠. 프로이트의 관심은 우울에서 왜 쾌원리를 거스르는 이런 저항이 벌어지는가에 있습니다.

경제학적 비유를 따르자면 비애와 우울은 '고통의 경제학'입니다. 그래서 상실감과 고통은 리비도를 투자한 대상이 사라진 일종의 파산 상태에서 발생합니다. 투자를 되돌려줄 대상이 사라져버렸으니 투자한 일이 의미가 없게 되고 투자한 리비도가 자신에게 돌아와 리비도가 과잉축적된 상태입니다. 리비도 법칙을 두 가지로 설명했죠? 총량 보존과 회수 가능성입니다. 한 개인이 지닌 리비도 에너지의 양은 늘 일정한 수준을 유지하고 투자된 리비도는 언제든지 회수 가능합니다. 우울은 대상의 소멸로 자기에게 리비도가 과도하게 축적된 상태가 해소되지 않고 지속되는 현상입니다. 아니, 적극적으로 지속하려는 움직임입니다. 비애가 대상의 대체를 통해 리비도의 과잉축적을 해소하는 과정이라면 우울은 이런 상황을 해소하지 않고 지속하려는 심리 상태입니다. 비애 혹은 애도는 일정 기간 상실감에 시달리다가 상실 자체를 현실로 받아들여 다른 대상을 찾거나 자기 자신에게 나르시시즘적으로 투자하여 자존을 회복하는 과정입니다. 이때 상실을 현실로 받아들이는 일은 상실 자체가 트라우마로 남지 않게 만드는 과정입니다. 즉 상실이 자신의 탓이 아니라 불가항력적이라는 생각에 기반을 둔 것이죠. 자기 바깥에서 상실의 원인을 찾는 일입니다. 상실감과 고통을 불러온 상황의 책임에서 자기 자신을 면제하는 행위입니다. 운이 나빴다, 어쩔 수 없었다, 차라리 잘되었다, 라는 반응이 대표적입니다. 비애가 성립하기 위해서는 자기 스스로의 확신만이 아니라 사회적 인정이 반드시 필요합니다. 누군가 상(喪)을 당했을 때 조문을 통해 상주를 위로하고 애도하는 과정이 바로 이러한 사회적 인정 절차입니다. 애도는 상실을 겪은 사람의 비애에 공감하고 슬픔을 달래는 일이기도 하지만 상실의 책임이 그 사람에게 있지 않다는 사실을 공인하는 과정이기도 합니다. 인류 문명에서 장례가 반드시 필요한 문화형식이 되었고, 장례 기간이 정해져 있으며,

그 과정이 대체로 축제와 유사한 형태를 띠는 이유가 여기 있습니다. 망자에 대한 추모보다 살아남은 사람이 중심이 되는 의례죠.

상실로부터 상실을 당한 사람의 책임을 면해주는 사회적 공인 절차는 매우 큰 상징적 의미를 갖습니다. 어떤 의미에서는 물리적 상실을 상징적 상실로 되풀이하는 과정이기도 합니다. 즉 물리적으로 죽거나 사라진 대상의 상실을 다시 한번 상징적으로 행하고 확증하는 과정입니다. 좀 잔인한 용어이지만, 일종의 확인사살입니다. 상징적 죽음의 확증으로서 비애의 애도는 상실 자체를 기억에 보존하는 일이기도 합니다. 트라우마가 될 수 있는 사건을 돌이킬 수 없이 지나간 과거로 만드는 일이죠. 기억 속에 묻지 않으면 돌아오기 때문입니다. 일종의 억압입니다. 상실을 기억의 일부로 만듦으로써 상실을 겪은 사람은 불안에 시달리지 않고 현실로 복귀할 수 있습니다. 소포클레스의 『안티고네』에서 안티고네가 국법을 어기면서까지 오빠의 시신을 수습하여 매장하려고 하는 태도가 이와 동일한 비애의 애도화입니다. 망자를 매장하는 행위는 인륜과 자연법이기 때문이 아니라 사회적 공인 절차이기 때문에 의미를 지닙니다. 크레온은 국법의 이름으로 이를 막으려 했기 때문에 안티고네가 상실감을 해소할 길을 차단한 것이죠. 어리석은 짓입니다. 세월호 참사가 벌어졌을 때 국가가 유족의 애도를 방해한 것 역시 크레온의 태도와 유사합니다. 자신들의 책임을 인정하지 않으려 했기 때문에 유족이 죽은 아이들을 애도하고 상실감을 해소할 길을 막은 것이죠. 그러니 아이를 잃은 부모들은 더 저항한 것입니다. 살아남은 사람들이 우울에 빠지지 않게 비애를 애도하고 책임을 면해주며 과거의 일로 만드는 상징적 행위가 얼마나 중요한 일인지 알 수 있습니다.

고통의 경제학이 원활하게 작동하지 못해서 상실을 당한 사람이 상실의 사태에 스스로 책임이 있다고 느끼는 일이 바로 우울의 출발점입니다. 프로이트는 우울과 관련된 상태를 크게 네 가지로 분류하는데, 가장 두드러진 증상이 바로 자책감에서 비롯된 자기비하입니다. 상실의 원인을 상실을 당한 자신에게서 찾는 심리기제입니다. 실제로 상실의 원인이 되지 않았음에도 불구하고 스스로를 피해자가 아니라 가해자라고 느끼는 일종의 환상입니다. 이런 환상이 문제인 이유는 대체로 죄의식과 결부되기 때문입니다. 상실의 사건을 자신으로 인한 트라우마로 간직하려는 일종의 반동형성이기에 쾌원리를 따르지 않는 것이죠. 자신에게 책임이 있기에 그 대가로 스스로의 고통을 유지하고 연장하려는 심리적 반작용입니다. 한마디로 자기처벌 환상입니다. "내가 죽였어요" "나 때문에 떠난 것이에요" "모두 내 책임이에요"라고 자기최면을 거는 상태입니다. 우울의 환상에 빠지면 우울증과 유사한 자존감의 붕괴, 무기력증, 음식을 거부하는 거식증, 잠을 멀리하는 불면증이 나타나는데, 이 모든 행위가 프로이트에 따르면 상실의 책임을 본인이 지려는 자기처벌입니다. 프로이트는 우울의 자기처벌이 '환상'이라고 명시적으로 얘기하지 않지만, 죄의식의 성립과 반동형성을 연결시켜보면 환상 개념은 우울의 경제학에서도 매우 중요한 위치를 차지한다고 생각합니다. 왜 환상인지 나중에 더 부연할 테니 일단 기억해두시기 바랍니다.

또다른 우울의 증상은 나르시시즘입니다. 정확히 말하면 프로이트가 나르시시즘이라고 부른 과정과 형식적으로나 표면적으로 매우 유사한 양상을 보여줍니다만 방향은 정반대입니다. 프로이트의 나르시시즘 개념은 대상리비도가 철회되어 모두 자아리비도로 전환된 것이죠. 대상에 투자된 리비도가 자아에게 전부 돌아온 셈이니 상실을 겪은 존재에게 벌어지는 리비도의 과잉축적과 동일합니다. 쾌원리에 위배되는 상황입니다. 다시 상기하자면, 쾌원리는 대상리비도와 자아리비도가 균형을 맞춘 평정 상태를 뜻합니다. 50 대 50이 가장 이상적이겠죠. 나르시시즘은 이 균형이 깨져서 자아에게 리비도의 총량, 즉 100이 집중되는 상황입니다. 리비도 이론으로만 보면, 나르시시즘은 대상의 상실로 인한 비애의 상태와 동일합니다. 그러나 두 상태는 세 가지 큰 차이를 갖고 있습니다. 첫째, 상실로 인한 비애가 일시적인데 반해 나르시시즘은 지속성을 갖습니다. 둘째, 비애가 외부 사건에 수동적으로 반응하는 일이라면 나르시시즘은 자발적으로 대상에서 물러나는 행위입니다. 셋째, 비애의 상태에서는 리비도 투자 일체가 일시적으로 중단된 것이라면 나르시시즘은 리비도의 철회에도 자아의 내부에서 자아를 대상으로 리비도의 투자가 계속되는 상황입니다. 따라서 나르시시즘적 패턴에도 불구하고 비애는 결코 나르시시즘이 아닙니다. 반면 우울은 리비도의 일시적 · 수동적 철회라는 점에서는 비애와 동일하지만 지속성과 자발성으로의 전환, 그리고 리비도의 재투자가 이뤄진다는 점에서 나르시시즘에 더 가깝습니다. 비애의 우울적 전환과 리비도 재투자의 양상이 가능한 이유 역시 프로이트는 분명하게 설명하고 있지 못하고, 우울에서 나르시시즘의 양상이 나타난다고 주장하는 데 그칩니다. 우울을 자기처벌 환상에서 비롯된 내적 방어의 심리기제로 보아야 할 근거가 여기에도 있다고 생각합니다. 철회된 리비도가 다른 대상으로 향하지 않고 나르시시즘적으로 자아에게 투자되는 이유를 프로이트는 설명하지 않습니다. 자기처벌의 환상이 개입되어 있기에 죽은 대상이 자기 내부에 여전히 살아 있다고 믿고 거기에 철회된 리비도를 투자하는 과정을 보지 못합니다. 자기처벌 환상이 동력으로 작용한다면 우울은 얼핏 나르시시즘으로 보이지만 실제로는 대상의 상징적 죽음을 부인하고 재선택하는 과정입니다.

나르시시즘적 우울

자기처벌 환상과 나르시시즘을 제외하면, 자아이상과 동일시가 우울과 관계된 나머지 두 항목입니다만, 말이 나온 김에 나르시시즘을 다시 한번 짚고 넘어가죠. 흔히 자기애(self-love)라고 부르는 나르시시즘은 다형적 도착자인 어린아이가 성욕의 형성 이전에 자신의 신체를 통해 무의식적으로 성적 만족을 경험하는 과정인 자기성애(Autoerotismus)와 구분되는데, 프로이트는 전오이디푸스 단계의 자기성애를 나르시시즘이 형성되기 이전의 전초단계라고 봅니다.

아시다시피, 나르시시즘의 어원은 그리스 신화에 나오는 에코와 나르키소스의 이야기입니다. 미모가 출중한 나르키소스에게 에코가 첫눈에 반하는 바람에 모든 일이 벌어집니다. 마침내 자기 사랑을 고백하는데 에코는 상대방이 한 말을 반복하는 일밖에 못하기 때문에 나르키소스의 사랑을 얻는 데 실패합니다. 무시를 당했다고 느낀 에코는 복수를 결심하고 다른 여신에게 나르키소스를 벌해달라고 부탁합니다. 에코의 청을 들어준 여신이 나르키소스에게 내린 벌이 바로 자기 이외의 다른 사람을 사랑할 수 없는 운명입니다. 나르키소스는 사냥을 하다 목이 말라 연못에 물을 마시러 갔는데 그만 연못에 비친 자신의 이미지를 보고 사랑에 빠집니다. 처음엔 그 이미지가 자기인 줄 몰랐다가 자기라는 사실을 알고 사랑을 이룰 수 없음에 절망하여 자살하는 이야기입니다. 프로이트는 자기 자신을 사랑하게 되는 나르키소스의 운명에서 나르시시즘의 개념을 찾아냅니다.

나르시시즘 개념의 골자는 자기 자신과의 사랑이지만 핵심은 자기 이미지와의 사랑입니다. 나르시시즘은 거울에 비친 자기 이미지, 즉 표상을 좋아하는 현상이기에 실제 대상이 결핍되어 있습니다. 나르키소스에게 자기애가 형벌인 이유입니다. 이렇듯 나르시시즘은 자아가 대상이 아니라 자아의 이상적 이미지에 리비도를 투자하는 과정이기에 성욕 형성 이전의 자기성애나 상실된 대상을 내투사하는 나르시시즘적 동일시와도 다릅니다. 프로이트의 주된 관심은 어머니와의 동일시 상태에서 어린아이가 자신의 신체를 통해 겪는 원초적 나르시시즘이 아니라 대상 리비도를 철회하여 자아의 이상적 이미지에 리비도를 투자하는 이차적 나르시시즘에 있어요. 그래서 처음에 프로이트는 나르시시즘에 '도착성'의 함의가 있다고 보았고 특히 동성애의 한 형태로 의심했습니다만, 유아의 원초적 나르시시즘 가능성을 설정한 이후에는 인간의 성 발달에서 나타나는 정상적 과정으로 간주했습니다. 나르시시즘 개념에 의거하면, 인간의 정상적 정신생활은 나르시시즘의 단계를 극복하고 리비도를 대상에 투자하는 방향으로 나아가는 규범적 패턴을 갖습니다.

성숙의 두 가지 모델
1. 어머니와의 동일시 → 오이디푸스 콤플렉스 → 아버지와의 동일시
2. 다형적 성도착 → 자기성애 → 원초적 나르시시즘 → 이성애적 대상선택

따라서 나르시시즘은 모든 유아가 겪는 정상적(원초적) 과정인 동시에 이 과정에서 일탈한 도착적(이차적) 퇴행입니다. 이차적 나르시시즘이 벌어지는 이유는 규범적 성을 거부하고 원초적 나르시시즘으로 가고자 하는 퇴행적 욕망 때문이에요. 우울처럼 환상의 기제가 작동한 것으로 설명하지 않는 한 이차적, 즉 본래적 의미의 나르시시즘은 규범을 벗어난 도착성욕의 문제가 되어버립니다. 이런 문제는 프로이트의 나르시시즘 개념에 내재된 두 가지 중요한 요소 때문입니다. 하나는 동성애 코드입니다. 나르시시즘은 자아가 대상이 아니라 자기 자신에게로 리비도의 투자를 전환하는 것이지만, 결국 자기의 이상적 이미지를 대상으로 착각하는 것이기 때문에 애초부터 동성애적 욕망이기도 합니다, 동성애의 코드가 있지만 오이디푸스 콤플렉스 과정에서 발생하는 비규범적 동성애와는 달리, 신체의 일부가 대상이 되는 자기성애처럼 자아의 이상적 이미지가 대상이 된다는 점에서 도착성이 두드러진다고 보기 힘들죠. 나르시시즘의 도착성은 동성애와 유사하다는 사실보다 오히려 대상을 대체한 사물이나 이미지에 대한 일종의 사물성애라는 점에 놓여 있

을 가능성이 큽니다. 프로이트는 성차가 뒤바뀐 형태지만 정상적 성애의 과정을 따르는 여성 동성애보다 그 과정에서 일탈하는 남성 동성애를 더 문제로 보았는데, 나르시시즘의 도착적 측면 역시 프로이트가 레오나르도 다 빈치의 동성애를 다룰 때보다 사물성애를 언급하는 대목과 더 분명한 연관을 지니는 듯합니다. 자기와의 사랑이 아니라 자기 이미지와의 사랑이기에 도착적입니다. 그러니까 나르시시즘은 그냥 자기애라고 부를 수 없는 것입니다.

또하나의 코드는 환상입니다. 처음에 나르키소스는 연못에 비친 이미지가 자신의 것인 줄 모릅니다. 그 이미지가 자기 것이라고 판단할 수 있는 자기 스스로에 대한 원초적 표상이 존재하지 않았던 것이죠. 비교 대상이 없었기 때문에 판단이 불가능했던 것이에요. 그 이미지가 마치 에코처럼 자신의 몸짓과 손짓을 따라할 뿐이라는 사실을 깨닫고 나서야 자기의 것이라는 자각을 하죠. 즉 애초부터 자기 이외의 대상이 없었으며 자신이 사랑한 대상이 연못에 비친 그림자, 즉 환상에 불과했다는 사실을 깨닫습니다. 나르키소스는 마지막에서야 "내가 지금껏 보아오던 모습은 바로 나 자신이었구나. 이제야 알았다, 내 그림자여서 나와 똑같이 움직였던 것이구나"라고 탄식합니다. 그런 나르키소스를 바라보는 에코는 자신의 사랑이 실패한 과정을 나르키소스가 고스란히 반복하는 모습을 안타깝게 지켜볼 뿐입니다. 나르시시즘은 사랑의 대상선택에서 벌어진 리비도 투자의 역전된 형태에 불과한 것이 아니라, 사물성애에서처럼 이미지라는 부분 대상에 대한 도착적 성애의 문제인 동시에 우울에서와 같이 대상의 원초적 상실과 관계된 태도이기도 합니다. 이렇듯 나르시시즘에서도 핵심은 환상기제의 작용인데, 우울과 달리 그 환상의 성격은 상반된 쪽을 향합니다. 두 경우 모두 이미지를 대상과 동일시하는 사물성애적 환상에 기반을 두지만, 전자가 자아의 이미지를 대상으로 오인한다면 후자는 사라진 대상의 이미지를 대상 자체로 오인합니다.

이처럼 우울은 나르시시즘적 퇴행과 환상의 성격을 띠기 때문에 자아이상의 작용과도 연결됩니다. 자아이상이란 자아가 전오이디푸스 시기에 스스로와 동일시하여 만들어내는 환상의 산물, 즉 이상적 이미지가 아니라 부모를 비롯한 사회적 관계로부터 형성된 이상적 대상으로서의 자아 이미지입니다. 자아가 타인의 입장에서 스스로를 이상적 대상의 위치에 놓을 때 형성되는 이미지이기 때문에 리비도 투자의 대상이 됩니다.(참고로, 라캉은 자아이상이 자아가 스스로를 표상할 때 동일시하는 외부의 시선이라고 간주합니다.)

오이디푸스 콤플렉스를 거치면 자아는 자아이상에 비추어 자신을 평가하는 시선을 갖기 때문에 자아의 심리 내부에서는 초자아와 유사한 기능을 합니다. 우울은 스스로가 상실한 대상의 이상적 대상이 되지 못했다는 자책에 빠지기 때문에 생겨나는 자기비하와 자기처벌의 환상입니다. 이때 자책과 양심의 근원이 되는 기제가 바로 자아이상입니다. 초자아는 자아이상이라는 이상적 이미지를 자아에게 비추어 반성적 판단을 하게 만드는 일종의 거울 역할을 합니다. 나르시시즘에서는 자아가 대상 대신 자아이상에 과도한 리비도를 투자하기 때문에 자아에 대한 일종의 과대평가를 수반하지만, 우울에서는 대상의 상실이 초래한 원인을 자아이상에 못 미친 자아에서 찾기 때문에 자기비하로 연결됩니다. 프로이트가 나르시시즘적 신경증, 즉 우울을 자아와 초자아 사이에 생긴 갈등에서 유래한다고 보았던 이유입니다. 따라서 우울은 초자아가 자아를 압도하는 형국이지만 어떤 면에서는 다른 사람에 비해 더 높은 자아이상을 지닌 존재에게 더 흔하게 나타납니다. 더 엄격한 자기비판의 기제가 발동하고 있는 것이죠.

자기처벌 환상

우울은 동일시와도 중요한 연관이 있습니다. 동일시는 오이디푸스 콤플렉스를 설명할 때 중요한 계기로 언급했었죠. 우선 동일시는 자아가 외부의 대상을 욕망의 대상으로 선택하는 일이 아니라 그런 선택이 불가능한 경우 우회하는 심리기제입니다. 리비도의 투자가 관련되지 않은 일종의 투사입니다. 자아가 형성되기 이전의 어린아이가 자기를 보살펴주는 존재, 즉 어머니와 스스로를 한몸이라고 생각하는 환상이 원초적 동일시이고, 이차적 동일시는 오이디푸스 콤플렉스가 해소되는 과정에서 동성의 부모와 심리적 일체감을 형성하여 스스로를 이성애의 주체로 정립하는 과정에서 나타납니다. 이차적 동일시의 다른 형태로 자아가 대상을 상실한 후 자아이상과 나르시시즘적으로 동일시하는 경우도 있다고 했는데, 이것이 바로 우울입니다. 대상을 상실했기에 실제로 리비도의 투자가 이루어지지는 않지만 동일시 과정이 자아가 자아이상에 리비도를 투자하는 나르시시즘의 형태와 유사하게 나타나는 것이죠.

프로이트 우울 개념의 독창성이 여기에 있습니다. 표면적으로 보면 우울은 상실한 대상의 상실 자체를 부인하고 그 대상을 자기 내부로 내투사하여 대상선택의 과정을 지속하는 일입니다. 자아에게 철회된 리비도를 나르시시즘적으로 자아이상에 투자하는 것이 아니라 내투사된 대상의 이미지, 즉 대상표상에 투자하는 것입니다. 이렇게 내투사된 대상의 표상이 초자아가 비춰주는 자아이상의 모습과 구분이 불가능하기 때문에 흡사 나르시시즘적 대상선택처럼 보입니다. 그런데 실제로 우울이 진행되는 과정의 리비도 투자는 자아가 내투사된 대상의 표상을 향해 행하는 것이 아니라 내투사된 대상이 주체가 되어 자아를 대상으로 선택하는 역전된 방식으로 이루어진다는 것이 프로이트의 생각입니다. 우울은 자아가 대상을 상실했다는 사실을 부인하고 대상선택을 유지하려는 퇴행적 태도이기에 나르시시즘과 유사해 보이지만 실은 역전된 형태로 지속되는 대상선택이라는 것이죠.

나르시시즘	리비도의 철회 → 대상리비도 → 자아리비도
우울	리비도의 철회 → 부인 → 자아리비도 → 대상리비도

프로이트는 더 설명을 덧붙이지 않지만, 이 같은 역전이 가능한 이유는 바로 자기처벌 환상 때문입니다. 대상의 상실을 초래한 책임이 자신에게 있다고 생각하기에 자아는 더이상 대상선택의 주체가 될 수 없고 처벌 대상이 될 뿐입니다. 따라서 이러한 자기처벌의 환상에도 불구하고 자아가 대상의 상실을 부인하는 기제가 발동하는 이유는 실제로 상실된 대상이 상실을 통해 자신을 이상적 대상으로 선택하는 일을 포기한 사실을 자아가 문제삼기 때문이라는 논리입니다. 자기처벌의 환상이 본질적으로 상실된 대상을 향한 자아의 질책이 뒤바뀐 형태라는 얘기입니다. 따라서 극심한 자기비하와 자기처벌의 태도는 자기 속으로 내투사되어 표상된 대상을 향한 자기처벌이고 비난입니다. 이때 바로 동일시의 기제가 작동합니다. 우울은 초자아가 내

투사된 대상과 동일시하여 자아를 질책하는 표층구조를 갖지만 실은 자아가 상실된 대상을 내투사하여 책임을 묻는 심층구조에 의해 작동한다는 것입니다.

프로이트에 따르면 내투사한 대상과 초자아를 동일시하는 심리기제가 바로 합체(Eingliederung)입니다. 상실된 대상의 상실 자체를 부인하고 그 대상을 자신의 일부로 흡수하는 퇴행적 동일시가 합체입니다. 마치 다형적 도착성을 지닌 어린아이가 외부 대상을 입에 넣어 성적 만족을 얻는 구순기와 유사한 형태로 대상의 상실을 부인하는 기제입니다. 대상을 자기 몸속으로 집어넣어 신체의 일부로 만드는 일종의 카니발리즘입니다. 한용운의 「님의 沈默」에서처럼 "아아, 님은 갔지마는 나는 님을 보내지 아니하였습니다"라고 말하는 태도와 유사합니다. 대상의 상실이 부인되는 것은 바로 이렇게 물리적 상실이 심리적 합체에 의해 자아 속으로 내투사되기 때문입니다. 불면과 거식 같은 자기처벌이 결국은 자아가 상실된 대상을 질책하는 심층구조의 역전된 형태라는 설명이 가능한 이유입니다.

우울은 이렇게 자기처벌 환상과 합체를 통해 상실이라는 사건을 트라우마로 받아들이지 않으려는 부인의 심리기제입니다. 비애가 상실을 돌이킬 수 없는 과거로 만드는 상징적 공인의 과정을 거쳐 스스로의 책임을 면제받음으로써 트라우마를 극복하고 정지된 시간감각을 회복하는 서사라면, 우울은 상실의 책임을 상실된 대상에게 돌리기 위해 대상의 상실을 부인하고 상실된 대상을 자아 속으로 합체함으로써 상실을 트라우마로 받아들이지 않으려는 자기처벌의 환상입니다. 따라서 우울은 상실로 정지된 시간감각을 그대로 유지하여 상실을 돌이킬 수 없는 과거로 만드는 일에 적극적으로 저항하는 태도입니다. 우울은 상실 자체의 부인이기에 현실의 시간감각이 회복되지 않고 상실이 벌어지기 이전의 순간에 시간이 정지되거나 상실 이전으로 퇴행하는 과정입니다. 비애의 상황에서는 대상의 상실이 물리적 · 상징적으로 두 번 확증되기 때문에 대상이 거주했던 세계가 공허해지는 반면, 우울의 경우에는 상실을 부인하고 자기처벌의 환상이 유지되기 때문에 세계가 아니라 자아의 무가치함, 즉 자아의 초라함이 두드러집니다. 비애가 대상이 떠나 무의미해진 세계를 받아들이는 태도라면 우울은 대상을 떠나게 만든 자신을 쓸모없는 존재라고 여기는 상태입니다. 프로이트의 독창성은 우울의 자기처벌 환상에, 사실은 자신을 무가치한 존재로 만들고 죄책감을 부여한 상실된 대상에 대한 비난이 담겨 있다는 점에 주목한 데 있습니다. 따라서 상실의 부인으로서 우울은 대상을 합체하여 상실을 내면화한 결과입니다. 합체와 카니발리즘의 연관이 문화인류학적 의미를 갖는 이유가 여기 있습니다.

합체

프로이트는 『토템과 터부』에서 문명의 성립 과정을 논하면서 여성들을 독점하던 아버지를 죽인 아들들이 죽은 아버지를 자기 안에 합체하여 살아 있게 만듦으로써 죄의식을 내면화하고 자기처벌의 환상을 유지해왔다고 이야기합니다. 상실되었으나 우울적 합체를 통해 상실을 부인함으로써 자기처벌의 환상을 유지하고 실제로는 상실된 대상에게 책임을 묻는 구조가 바로 문명의 탄생 과정이라는 것이죠. 합체를 통한 자기처벌의 환상은 결국 마조히즘의 형태를 띤 사디즘이라고도 할 수 있을 것입니다.

이처럼 프로이트는 사랑을 저버린 무책임한 대상을 향한 사디즘적 분노의 표출이 자기 자신을 향해 치환된 것을 우울이라고 설명했는데, 매우 의미 있는 분석이지만 정작 이 치환이 왜 벌어지고 자기처벌의 태도가 왜 환상으로 강화되는지는 물음표로 남겨둡니다.

> 의심할 여지없이 환자가 우울에서 즐기는 것이 가능한 자기처벌은 강박신경증에서 나타나는 유사한 현상과 마찬가지로 특정한 대상과 관련된 사디즘과 증오의 경향이 주는 만족을 뜻하는데, 이 사디즘과 증오는 이미 지적했던 바와 같은

방식으로 주체 자신에게 되돌려진 것이다. 이 두 가지 질환에서 환자는 자기처벌(Selbstbestrafung)이라는 순환경로를 통해 원래의 대상에 복수를 하고 자신의 질병을 통해 사랑하는 사람을 고통스럽게 만드는 데 대부분 성공한다. 대상에 대한 자신의 적대감을 공개적으로 드러내는 일을 피하기 위해 자기처벌에 기대는 것이다. 대상에 관련된 우울자의 성애적 리비도 투자는 그런 식으로 이중의 변화를 겪는다. 성애 리비도의 일부는 동일시로 퇴행하지만, 나머지는 '양가감정'으로 인한 갈등의 영향을 받아 그 갈등에 훨씬 인접한 사디즘의 단계로 되돌려지는 것이다.(「비애와 우울」, *Gesammelte Werke*, 10권 442-443쪽)

원래는 대상을 향한 사디즘인데 자신의 증상의 일부로 받아들여 스스로를 고문하는 태도가 바로 자기처벌이라는 얘기입니다. 또한 이 치환이 왜 벌어지는지 언급하지 않고 신경증자의 '퇴행'이라고만 분석합니다. 명시적으로 언급하지 않지만, 아마도 사디즘의 내면화인 자기처벌은 사디즘의 '마조히즘적' 변형을 뜻하는 듯하고, 이는 그가 사디즘이 우위를 차지하는 도착성 이론의 가설을 당연하게 받아들였기 때문인 듯합니다. 이 글을 쓸 무렵의 프로이트에게는 사디즘과 마조히즘이 별개의 태도가 아니라 사도-마조히즘이라는 동일한 도착적 성욕의 앞뒷면과 같은 것이었습니다. 사디즘이 근원적이라면 마조히즘은 사디즘의 파생자였으니까요. 사디즘과 마조히즘을 따로 나누고 마조히즘이 더 근원적 태도라고 본 후기의 입장에서 우울을 재구성한다면 다른 이야기가 가능할 것입니다. 방금 주장했듯이, 마조히즘을 더 근원적 인간 심리의 기제로 본 후기의 프로이트라면 우울을 일종의 도착적 메커니즘, 즉 대상의 책임을 묻고 트라우마를 거부하는 저항적 태도가 직접적 반항이 아닌 자기처벌의 환상으로 드러나는 과정이라고 보았을 가능성이 큽니다. 우울을 도착으로 보아야 한다는 뜻이 아니라 프로이트가 근원적 마조히즘과 우울의 심리적 연관성을 사유했더라면 자기처벌 환상의 저항적 의미를 포착했을 가능성이 크다는 말입니다. 우울에 나타나는 자기처벌의 환상이 지닌 정치적 의미는 마조히즘을 다루면서 더 얘기해보겠습니다.

여기서 프로이트의 분석 과정을 다시 한번 곱씹어볼 필요가 있어요. 프로이트에게는 우울을 설명하는 두 가지 틀이 있어요. 하나는 우울이 비애의 과정, 즉 그가 애도작업(Trauerarbeit)이라고 부른 행위가 실패하기 때문에 생겨난 결과로 보는 것입니다. 애도작업은 상실이 트라우마로 자리잡지 못하게 자아의 책임을 면제하고 공인하는 절차라고 할 수 있는데, 우울은 바로 이 과정이 실패하여 상실이 트라우마가 되며 그 결과 자아를 자책과 자기처벌에 빠지게 만드는 과정이라고 보는 것이죠. 다른 하나는 상실로 생겨난 대상리비도의 철회와 자아로의 리비도 과잉축적에 맞서 대상을 합체하는 방식입니다. 자아가 상실을 부인하고 리비도의 투자를 유지하며 자책과 자기처벌의 환상을 통해 대상을 비난함으로써 상실이 트라우마가 되는 것을 거부하는 과정입니다. 전자는 쾌원리가 우울에 이르러 파괴된 것으로 드러난다면, 후자는 쾌원리의 파괴처럼 보이는 현상이 실은 더 절묘한 쾌원리의 관철 과정, 즉 현실원칙을 따르는 방어로 나타납니다. 전자가 비애의 쾌원리를 거부하고 자아가 스스로를 지속적 고통 상태에 두려는 반복강박의 일종이라면 후자는 죽음충동의 논리와 더 가까워서 쾌원리의 위배로 보이는 고통의 지속이 실은 합체를 통해 대상에게 고통을 전가하고 책임을 지움으로써 자아의 평정을 유지하는 심리기제임을 설명해줍니다. 후자의 논리를 따르면 비애와 우울은 환상의 성립 여부만 다를 뿐 일관된 쾌원리의 두 가지 다른 절차로서 근본적으로 연속성을 갖습니다. 이 점은 우울의 정치성을 따질 때 매우 중요한 시사점을 줍니다.

프로이트 우울 이론의 핵심이 후자에 있다고 본다면, 우울은 불안의 증상이 아니라 자기처벌 환상과 합체의 심리기제가 작동하여 상실에 따르는 불안을 해소하려는 방어행위이자 억압 과정의 결과입니다. 우울증과 우울의 차이는 여기에도 있습니다. 우울증자가 불안을 해소할 수 없는 자아에 대한 자기비하와 무기력 상태에 처하는 증상을 호소한다면, 우울자의 경우에는 상실의 트라우마성을 부인하기 위해 이미 자아가 자기처벌의 환상과 퇴행적 동일시로서의 합체라는 심리기제를 작동하고 있습니다. 이에 따르면 우울과 우울증에 공통적으로 나타나는 자기처벌의 극단적 형태인 자살 역시 전혀 다른 의미를 지닙니다. 우울증자의 자살이 불안의 통제에 실패한 자아에게 내리는 처벌이고 자아의 쓸모없음에 대한 단죄라면, 우울자의 자살은 자신을 없애 자신 내부에 합체된 대상에게 복수하는 방식입니다. 전자가 자아를 가해자의 위치에 놓는 것이라면 후자는 가해자의 외양을 띤 피해자로 간주하는 태도입니다. 전자에서 비난의 주체는 초자아이고 자아가 처벌의 대상이라면, 후자는 비판의 주체가 대상과 동일시된 자아이고 처벌의 대상은 자아와 동일시된 대상입니다. 전자의 자살이 불안의 영향에서 자아를 수동적으로 벗어나게 만드는 길인 데 반해 후자의 자살은 자기를 없애는 방식으로 자기 안의 대상을 살해하는 일이기에 자아가 대상의 논리로부터 스스로를 적극적으로 방어하는 극단적 저항입니다. 이때 대상과 자아의 동일시를 만들어내는 심리기제가 바로 자기처벌의 환상입니다. 대상의 상실이라는 트라우마적 사건이 결부된 우울과 달리 우울증은 충동의 과도한 요구로 인한 불안을 자아가 통제하지 못해 생기는 신경증의 한 형태입니다. 우울증은 억압기제가 무너진 것이고 우울은 억압기제가 과도하게 작동한 결과입니다.

8강

우리는 왜 고통을 원하는가

freud seminar

"지켜주지 못해 미안해"

이제 우울을 통해 고통의 문제를 다뤄볼까 합니다. 7강에서 비애와 우울의 차이, 그리고 우울증과 우울의 차이에 대해 얘기했고, 자기처벌 환상과 합체 논리도 언급했습니다. 사실 우울과 우울증의 구분보다 더 중요한 문제는, 비애와 우울이 상실을 대하는 두 가지 다른 절차로서 근본적으로 연속성이 있다면 왜 비애를 통한 애도작업이 우울의 경우에는 작동하지 못하는가 하는 것이겠죠. 왜 어떤 경우는 비애로 충분한데 다른 경우에는 우울의 심리기제가 발동해야만 할까요? 세 가지 차원이 결부되어 있습니다. 하나는 상실이라는 사건 자체의 상대적 심각성입니다. 이 심각성은 오로지 상실된 대상에 대한 리비도 투자의 강력함 정도에 좌우되고, 리비도 투자의 철회를 강제하는 대상의 상실을 자아가 얼마나 충격으로 받아들이는가에 달려 있습니다.

여기서 상대적이라는 말은 상실 사건 자체의 절대적 크기나 강도가 아니라 심리현실에서 자아가 상실 사건을 수용하는 심리적 충격의 정도를 뜻합니다. 다른 하나는 대상의 상실이 트라우마로 되는 일을 방지하는 사회적 공인 절차의 존재 여부입니다. 말을 바꾸면, 상실의 책임으로부터 자아를 면제하거나 자아 밖으로 돌리는 공인된 대체 과정이 작동하는가에 좌우됩니다. 마지막으로, 비애가 상실을 수동적으로 수용한 태도라면 우울은 적극적으로 상실에 저항하는 태도라는 점입니다. 이 적극적 저항의 태도가 무엇을 말해주는지 따져보아야 합니다.

우리 사회를 한번 돌아보죠. 강남역 여성 살인사건이나 세월호 참사가 아주 오랫동안 사회적 트라우마로 남아 있었던 이유를 생각해봅시다. 이 트라우마는 직접 피해자의 트라우마나 아이를 잃은 부모들이 느꼈을 살아남은 존재의 트라우마를 넘어선, 목격자가 겪은 집단적 트라우마입니다. 배가 가라앉는 광경을 실시간으로 화면에서 목격한 많은 국민 역시 커다란 자괴감과 고통을 느끼고 때로는 우울에 빠지기도 했습니다. 세월호 참사는 충분히 애도되지 못하여 일종의 국가적 트라우마로 남았죠. 사건의 심각성 차원에서 보면 세월호 참사는 상식을 넘어 상상을 초월한 수준이었습니다. 정말로 말도 안 되는 일이 벌어진 것이고 국민들은 아무런 대책 없이 그 광경을 물끄러미 바라볼 수밖에 없었습니다. 실로 어처구니없는 국가의 대처와 책임회피를 보며 다들 분노했습니다. 다소 역설적으로 들리겠지만 일반 국민이 받아들인 사건의 심각성에도 불구하고 애초에 아이를 잃은 부모들에게는 사랑하는 가족이 상실된 가슴 아픈 사건으로 깊게 각인되었을 것입니다. 상실의 깊이가 커도 유가족에게는 애도작업이라는 공인된 절차가 존재합니다. 진상이 밝혀지고 책임 소재가 분명해지는 작업이 중요합니다. 반면 직접 당사자가 아닌 사태의 목격자들에게는 마땅한 애도작업의 공인된 절차가 없습니다. 유가족처럼 가족을 잃은 직접 피해자가 아닌 일반 국민은 마치 자신을 가해자처럼 느꼈습니다.

강남역 10번 출구를 가득 메운 메모장, 팽목항과 안산에 내걸린 노란 리본들, 그리고 너나없이 몸에 지니고 다녔던 추모 행장에 쓰인 압도적 글귀가 "지켜주지 못해 미안해"였다는 사실을 떠올려보기 바랍니다. 다시 말하면 세월호 참사가 트라우마가 되어 우울로 이어진 이유는 참사의 심각성보다 사회적 애도작업이 작동하지 못했다는 사실에 있습니다. 애도작업이 가능하기 위해서는 피해자로부터 책임을 면제하는 절차가 반드시 필요합니다. 하지만 참사의 원인을 밝히고 구조의 실패에 직간접적으로 책임이 있는 사람들을 처벌하여 부모들을 트라우마로부터 벗어나게 만드는 일을 하지 못했죠. 상실의 사건이 트라우마가 되지 않는 길은 그 원인이 불가항력적이거나 피해자 이외의 존재에게 책임이 물어질 때 가능합니다. 책임을 묻는 일이 꼭 법적 처벌을 뜻하지는 않습니다. 사태의 책임이 어디에, 무엇에 있는지에 대한 사회적 공인절차를 의미합니다. 이 절차가 부재했기에 애도가 실패했고, 따라서 유가족과 일반 국민은 스스로에게 도덕적 책임을 묻는 자기처벌 환상 없이는 이 트라우마를 극복하기 힘든 것이죠. 우리가 보았던 저 무수한 노란 리본은 바로 그 자기처벌 환상이 표현된 상징입니다. "지켜주지 못해 미안해"라는 문구가 국가를 믿은 스스로를 자책하는 글처럼 보이지만 사실은 상실의 책임을 우리에게 내면화된 타자, 즉 부실한 국가에 귀착시키는 분노의 표출이자 배신에 대한 복수인 이유입니다. "이게 나라냐"가 국가의 무능력을 질타하는 목소리에 불과하지 않고 국가에 책임을 묻는 의미를 담은 것도 마찬가지입니다.

다시 말해, 비애와 우울은 상실, 즉 이별에 대처하는 우리의 두 가지 자세입니다. 동일한 심리기제의 두 가지 양상입니다. 프로이트가 생각한 우울의 형성 과정을 두 층으로 도식화해보죠.

표층구조	대상 상실 → 자책 → 부인 → 동일시적 합체 → 대상 비난 → 자기처벌
심층구조	대상 상실 → 자책 → 자기처벌 환상 → 부인 → 동일시적 합체 → 대상 비난

프로이트가 제시한 표층구조는 일견 순차적 과정처럼 보이지만, 두 군데에서 논리적 비약이 벌어집니다. 첫번째는 자책에서 부인으로 이행하는 과정입니다. 스스로를 자책하는 자아가 비

애의 과정으로 나아가지 못하고 왜 상실을 부인하는지 설명하지 못합니다. 비애가 실패한다는 지적 이외에 상실을 부인하게 만드는 근거로서의 심리기제 메커니즘에 대한 분석이 없습니다. 두번째는 합체를 통한 대상의 비난이 왜 자기처벌로 나타나는지를 사디즘의 마조히즘으로의 전환이라는 논리 외에 설득력 있게 설명하지 못합니다. 도착성의 논리가 바뀐다면 두 현상의 선후관계 역시 바뀔 여지가 많습니다. 제가 프로이트의 우울 이론을 재구성한 심층구조에 따르면, 자책에서 부인에 이르는 계기는 자기처벌의 환상기제가 성립하기 때문이라고 볼 수 있습니다. 마조히즘을 사디즘과 분리하여 더 근본적 태도로 간주한 후기 프로이트의 도착성 이론과 부합하는 설명이기도 합니다. 자기처벌이 대상에 대한 비난을 감추는 환상이기에 부인의 기제가 작동하는 것이죠. 상실을 부인하여 대상을 합체하지 않고서는 대상에 대한 비난이라는 환상의 궁극적 서사가 가능하지 않기 때문이죠. 이 환상에 의해 동일시적 합체에 이른다고 보아야만 자기처벌이 궁극적으로 대상에 대한 비난을 통해 트라우마에 저항하는 자아의 방어행위임이 드러납니다.

대상의 상실은 리비도를 투자한 존재가 물리적으로 소멸되는 사건에 한정되지 않습니다. 프로이트가 예로 든 우울을 촉발하는 대상에는 크게 세 가지가 있습니다. 사랑하는 대상, 이상적 가치, 그리고 상실감은 있으나 대상은 불분명한 경우입니다. 사랑하는 대상에는 가족, 애인, 반려동물 등등이 있겠죠. 이상적 가치는 민주주의나 국가의 독립 같은 이념입니다. 일본 제국주의 식민지시대에 조국을 잃어버렸다고 생각하는 사람이 느낀 상실감과 비슷합니다. 상실한 대상이 분명치 않은 경우는 조금 문제적입니다. 상실한 대상이 무엇인지 분명해야 비난과 책임을 물을 수 있는데 그렇지 못하기에 우울과 같은 방어 과정이 확연하게 작동하지 못할 가능성이 크죠. 확실한 것은 대상의 상실이 아니라 자아에게 남은 상실감, 자책감, 죄의식이에요. 프로이트는 이것을 무의식적 대상의 상실이라고 부르는데, 실제로 상실이 발생했다기보다 사후적으로 상실이 있었다고 상상하는 심리기제, 즉 환상의 결과일 가능성이 큽니다.

수치심

대상의 상실에 가장 먼저 따라오는 자책감이 자기처벌의 환상기제를 작동시킨다는 점을 잘 나타내주는 현상이 바로 우울자가 보여주는 수치심의 부재입니다. 비애의 경우에 작동하는 애도작업의 자책감은 일반적으로 자신의 죄의식을 드러내지 않고 수치심을 감추는 방식으로 행해집니다. 예컨대 실연을 하면 대개는 상실감의 표출을 공개적으로 드러내기보다 감추는 경향이 더 강합니다. "나 헤어졌어요"라고 떠벌리는 사람을 목격하기는 쉽지 않죠. 자신이 상실에 직접적 책임이 있어서라기보다 상실을 공개하는 행위가 수치심을 유발하기 때문입니다. 반면 우울의 경우 대상의 상실에 따른 자책감이 자기처벌로 나타날 때 우울자는 일말의 수치심도 없이 자신을 책망하는 행위를 전시합니다. 일말의 수치심도 없이 누군가에게 자신이 상실에 대한 책임으로 처벌받아 마땅하다는 사실을 알려야 한다는 도발적 자세를 취하는 것이죠. 수치심의 부재는 공개적 자기처벌 행위가 실제로 상실에 책임을 느끼는 죄의식의 발현이라고 보기 힘든 이유가 됩니다. 다시 말해, 자기처벌 환상에서 수치를 느끼지 못하는 이유는 바로 단죄의 대상이 자기 자신이 아니라 자아 내부에 합체된 대상을 향한 것이기 때문입니다.

이는 프로이트가 여성의 마조히즘 사례를 거론한 「아이가 매를 맞고 있어요(Ein Kind wird geschlagen)」에 등장하는 처벌환상과 구조상 매우 유사합니다. 먼저 아버지를 향한 자신의 사랑을 가로챈 남자아이가 아버지에게 매 맞는 장면을 사디즘적으로 즐기는 여자아이의 처벌 환상이 있습니다. 그리고 그 배후에는 아버지를 욕망하는 자신 역시 아버지로부터 처벌받는 환상을 형성하여 사랑을 느끼려는 여성 마조히즘이 있고요. 이러한 처벌 환상의 밑바탕에는 실제로 자신의 사랑을 거부한 아버지에 대한 비난 행위가 내재해 있습니다. 마조히즘이 자신이 처벌받는 환상으로 욕망을 금지한 타자를 비난하는 행위이듯이 우울 역시 수치심 없이 자기처벌을 공개하여 실제로는 상실을 초래한 대상을 단죄하는 행위입니다. 이렇게 우울자는 자신이 처벌받아 마땅하다는 사실을 수치심 없이 공개함으로써 자신을 그와 같이 자기비하 상태에 빠뜨린 대상을 질책합니다.

수치심의 부재는 자기처벌 행위가 마조히즘처럼 자신을 드러내놓고 비하하고 욕보여 자신을 그와 같은 상태로 이끌어간 대상을 비난하고 폄훼하는 행위입니다. 단적인 예로, 미국 소설가 윌리엄 포크너의 유명한 단편 중 「에밀리에게 장미를(A Rose for Emily)」이라는 작품이 있어요. 미국 남부 귀족집안의 젊은 주인공 에밀리가 자신을 엄격하게 억압한 아버지의 죽음 이후에 마을 사람들의 수군거림과 조롱에도 불구하고 공개적으로 떠돌이 하층계급의 노동자와 연애행각을 벌이는 장면이 나옵니다. 그녀는 아버지의 장례도 치르지 않고 죽음을 부인하면서 아무런 수치심 없이 자신을 마을의 조롱거리로 만드는 데 서슴지 않음으로써 자기처벌을 수행합니다. 그런데 이 모든 자기비하와 자기처벌은 마치 살아 있는 것처럼 아버지의 죽음을 부인하여 자기 속에 합체된 아버지를 대상으로 저항하는 행위이고, 자신을 그렇게 만든 아버지에 책임을 씌우는 과정입니다. 우울 상태에서 나타나는 전형적 자기처벌 환상입니다. 자신의 타락한 상태를 감추고 타인을 탓하는 것이 아니라 자신을 단죄하는 행위인데 그러한 자기처벌 행위가 수치심도 없이 공개적으로 진행된다는 사실로부터 환상기제의 작동을 확인할 수 있어요. 그래서 에밀리가 자살을 하기보다 자신과의 결혼에 뜻이 없는 북부 출신 떠돌이 노동자 호머 배론을 유인하여 살해하는 결말은 프로이트적 우울의 사례로 분류하기 어렵지만, 그녀가 실제로 죽인 대상은 호머 배론이 아니라 그에게 합체된 아버지의 형상이라는 사실을 상기할 필요가 있습니다. 여성의 우울이 상실된 대상의 비난을 넘어 가부장적 남성중심 질서 전체에 대한 거부이자 저항의 의미를 갖는다는 점에 유념할 필요가 있습니다. 수치심 없이 살인을 저지르고 시취(屍臭)를 퍼뜨림으로써 자기 자신 역시 처벌하며 이를 통해 아버지에 대한 복수를 완성하는 것입니다.

프로이트는 자기처벌 환상이 자아가 자기 내부에 합체된 대상을 비난함으로써 실제로는 자신의 책임을 면하고 트라우마를 방어하는 시도라는 암시를 주면서도 이를 환상기제와 연결하는 데 실패합니다. 그 대신 우울에서 초자아가 자아를 처벌하는 마조히즘적 과정이 실상 대상에 대한 사디즘적 공격의 역전된 형태일 것이라는 추론만 남겨둡니다. 그래서 프로이트는 우울이 초자아가 과도하게 발달한 존재에게서 빈번하게 일어난다고 봅니다. 그렇지만 자기처벌의 태도가 환상의 구조를 따른 결과라면 이는 비애의 쾌원리를 위배하여 상실 사건을 트라우마로 유지하려는 태도가 아니라 정확히 그 반대의 흐름, 즉 상실이 트라우마로 고착되는 것에 저항하는 방어행위임이 분명합니다. 요컨대 우울의 자기비난 서사는 사디즘적 도착의 마조히즘적 변형이 아니라 그 자체로 환상의 산물이며, 타인을 단죄함으로써 자아를 면책하는 방어의 서사입니다. 만일 자기비난의 서사가 꿈-내용에 해당한다면, 그리고 꿈이 억압된 욕망의 위장된 성취라면, 자기비난의 서사를 만들어낸 꿈-사고는 대상에 대한 비난이 아니라 자신을 책임에서 벗어나게 하려는 방어의 서사입니다.

우울의 양면성을 여기서 찾을 수 있습니다. 즉 우울은 상실에 책임이 있는 자기를 수치심 없이 공개적으로 처벌하는 환상을 통해 실은 자기 안에 합체된 대상을 비난하는 것이기에, 자아를 수동적 자책의 상태로 몰고 가는 대상, 즉 타자의 질서에 저항하는 측면이 있습니다. 나를 처벌함으로써 대상에 복수하는 행위이기 때문입니다. 그렇지만 자기처벌이 환상인 한, 그리고 이런 환상이 상실의 사건을 트라우마로 만들지 않으려는 적극적 방어의 일환인 한, 우울의 저항성은 철저하게 쾌원리를 따르려는 보수적 태도이기도 합니다. 즉 우울은 자아의 무가치함을 드러내어 세상의 무의미를 공격하는 행위이면서 동시에 스스로가 그 무가치함을 받아들이지 않으려는 적극적 방어의 태도이기도 하다는 말입니다. 비애의 애도작업이 사회적으로 공인된 절차를 따름으로써 자아의 일탈 가능성을 포섭하는 과정이라면, 우울은 공인된 애도작업이 불가능한 상황에서 자아가 세계에 저항하면서 동시에 자신을 지키는 이중적 의미화의 과정입니다. 우울의 정치학은 상실된 대상은 소멸됨으로써 의미가 없어져야 하는 동시에 소멸을 통해 더 의미 있는 영향을 행사한다는 역설을 만들어냅니다. 상실된 대상은 실질적 책임을 질 수 없기에 자기처벌이 아니고서는 복수가 불가능한 무의미한 존재이지만, 동시에 자아의 책임을 면하게 해줄 매개로서는 상실된 상태로 자아에게 더 큰 의미의 대상이 되어야 합니다. 물론 그 의미는 애도되지 못하고 합체된 상태로 살아남아서 비난의 대상이 되는 것입니다.

우울의 정치성

우울은 비애와 달리 환상과 방어의 이중 작용을 통해 작동하는 심리기제이고, 쾌원리를 거스르면서도 우회적 방법을 통해 충실하게 구현한다는 점에서 죽음충동의 논리를 따르며, 사디즘과 다른 마조히즘의 이질성과 독립성을 드러냅니다. 우울에서 환상의 구조와 방어의 논리에 주목함이 없이 동일시를 통한 합체의 과정에만 집중하면 순전한 반항의 정치학만을 읽어낼 수 있습니다. 프로이트 역시 이러한 반항적 심리 상태가 우울에 나타나는 가장 근본적 정서라고 지적할 뿐 방어의 측면은 언급하지 않습니다. 「비애와 우울」에서 그는 "반항적 심리 상태가 우울로 바뀌는 과정을 재구성하는 일은 그리 어렵지 않다"라고 지적하면서 이렇게 말합니다.

어느 시점에 하나의 대상선택, 즉 특정한 사람에게 리비도를 애착하는 일이 생기고 나서 이 사랑하는 대상으로부터 실제로 냉대를 당하거나 실망을 겪으면, 대상관계는 깨져버린다. 그런데 이때 투자된 리비도가 대상으로부터 철회되어 새로운 대상으로 옮겨지는 일반적 결과가 아니라 무언가 다른, 즉 다양한 조건의 개입이 필요한 결과가 초래된다. 대상을 향한 리비도 투자가 그다지 저항력을 발휘하지 못함이 드러나며 소멸되고 마는 것이다. 그러나 자유를 얻은 리비도는 다른 대상으로 옮겨지지 않고 자아로 철회된다. 하지만 거기서 리비도는 어떤 특정한 목적이 없는 형태로 쓰이기보다 포기된 대상과 자아의 동일시를 형성하는 데 기여한다. 그리하여 대상의 그림자[표상]가 자아에 드리우고, 이제부터 자아는 마치 자신이 하나의 대상, 즉 상실된 대상인 것처럼 어떤 특정한 역할에 의해서만 인정될 수 있는 것이다. 이런 식으로 대상상실은 자아상실로 치환되고 자아와 사랑하는 사람 사이의 갈등은 자아의 비판적 활동과 동일시에 의해 변형된 자아 사이의 분열로 전환된다.(「비애와 우울」, *Gesammelte Werke*, 10권 438-439쪽)

요컨대, 대상에 복수하기 위해서 상실된 대상을 자기 속에 합체하여 죽음을 부인하고 마치 살아 있는 상태처럼 만들어버린다는 다소 섬뜩한 결론입니다. 자신이 살아가기 위해 대상의 상징적 죽음을 끝내 부인하는 행위입니다. 우울은 비애가 불가능한 상황에서 자아가 상실에 대처하기 위해 자기처벌 환상을 만들어내 대상을 비난하고 이를 통해 상실된 대상이 더이상 고통을 일으킬 수 없도록 방어하고 봉쇄하는 논리입니다. 우울이 나르시시즘적 퇴행이라는 프로이트의 생각은 이런 맥락에서 이해해야 합니다. 우울은 반복강박적으로 고통, 즉 자기처벌을 지속하여 대상의 힘에 저항하는 일일 뿐만 아니라 상실된 대상의 부활을 막는 극도의 자기보존이기도 하기 때문입니다.

그런데 프로이트는 우울을 왜 이렇게 복잡한 심리 과정을 거치는 증상으로 설명하며 비애와 함께 논의할까요. 우울은 프로이트가 정신분석학의 대전제로 설정한 쾌원리, 즉 고통의 경제학을 거스르며 고통을 지속하려는 증상으로 현상하기 때문에 이를 쾌원리의 예외가 아니라 그 원리의 구현으로 설명할 필요가 있었기 때문입니다. 그렇기 때문에 우울이 표면적으로는 비애와 구분되는 병리적 증상처럼 나타나지만 실제로는 비애와 마찬가지로 좀더 복잡한 과정을 거치는 쾌원리의 관철이라는 사실을 증명해야 했던 것입니다. 표층구조를 통해 읽어낸 우울은 프로이트의 가설처럼 쾌원리를 거스르지 않고 자아를 그 원리에 의거해 지켜내려는 방어기제임이 분명하지만, 우리는 프로이트가 설명한 방식과 달리 자기처벌의 환상을 통해서만 가능한 증상임을 기억해둘 필요가 있습니다.

메타심리학 시기에 쓰인 「비애와 우울」은 프로이트가 환자와의 임상을 통해 얻은 데이터를 근거로 작성한 글이 아닙니다. 즉 우울증 환자를 일정 기간 치료하고 상담한 결과를 토대로 이루어진 보고서가 아니라는 것입니다. 우울은 치료가 필요한 증상이 아니며 우울증과 구분되어야 할 심리현상으로 간주될 필요가 여기 있습니다. 「비애와 우울」은 그때까지 프로이트가 정립한 정신분석 이론을 상실에 처한 존재가 보여주는 비애의 태도와 비애의 애도작업에서 예외에 해당하는 우울 현상에 적용하는 작업입니다. 무엇보다 우울에도 쾌원리가 적용 가능한지 검증함으로써 자신의 이론을 증명하려는 의도가 내재되어 있습니다. 제가 비애와 우울을 이별에 대처하는 우리의 자세라고 설명하고, 두 현상이 상실을 대하는 주체가 동일한 반응으로 보이는 두 가지 다른 태도라고 얘기한 것은 그 때문입니다.

여기서 우리는 프로이트가 정신분석의 과학성을 주장하는 태도를 추측할 수 있습니다. 프로이트는 일정한 가설을 세우고 실험 결과를 통해 가설을 입증하는 과학적 절차를 그대로 따르지 않습니다. 그 대신 어떤 증상에서 출발하되 먼저 현상의 원인을 설명할 큰 이론적 근거를 연역적으로, 즉 사변적으로 세운 뒤, 다른 이론적 근거를 차례차례 반박하는 방식으로 진행합니다. 이 반박 과정에 사례연구가 동원됩니다. 예컨대 우울이 비애와 상반되는 태도가 아니라 쾌원리를 따르는 동일한 태도의 다른 반응이라는 가설을 세우고 여러 증상을 이 틀에 맞추어 논리적으로 입증하는 거죠. 과학적 입증이라기보다 철학적 논증에 더 가깝습니다. 따라서 프로이트가 우울의 증상이라고 본 것과 부합하지 않는 개별 사례가 아무리 많이 제출된다고 해도 이론적 비판이 쉽게 성립하지 않습니다. 가령 우울과 유사한데 수치심을 느끼는 사례가 많다면 프로이트는 이를 우울 개념의 문제라고 여기기보다 다른 증상이라고 설명할 가능성이 높습니다. 또한 만일 상실 경험과 무관한데 우울과 동일한 증상이 나타난다면, 프로이트는 우울자의 저항이 유달리 커서 상실 사건에 대한 무의식적 부인과 억압이 클 가능성을 찾거나 우울과 관계없는 우울증의 사례라고 볼 여지가 큽니다. 반박이 쉽지 않죠.

프로이트의 방법

그렇다면 프로이트 이론은 어떻게 반박할 수 있을까요. 프로이트의 이론이 과학이 아니라 철학적 사유에 가깝기 때문에 비판 역시 철학적 논박의 형식을 따라야 합니다. 가장 효과적인 비판은 프로이트의 이론이 전제로 삼고 있는 명제, 즉 가설의 형식을 띤 정리(axiom)를 이론적으로 반박하는 것입니다. 즉 우울이 비애와 전혀 상관없는 이질적 반응 상태라는 사실을 입증하든지, 우울 개념의 논리적 정합성을 해체하든지, 아니면 우울을 통해 쾌원리 자체를 비판하는 방식이 있을 것입니다.

일단 프로이트의 이론을 전제하면 그 이론을 벗어나는 개별 사례를 제시하는 것으로는 전혀 효과적 비판을 수행할 수 없습니다. 1차 세계대전의 참전용사들이 겪는 반복강박 같은 '예외적' 사례가 어떻게 죽음충동을 통해 쾌원리가 관철되는 사례로 재구조화되었는지 우리는 잘 알고 있습니다. 물론 사도-마조히즘이 나르시시즘과 죽음충동 개념으로 인해 서로 독립적인 도착성으로 재의미화되고 마조히즘의 원천성이 강조되는 이론 내적 변화를 겪는 일도 가능합니다.

프로이트의 비판자들은 특정한 개념을 문제삼는 방식으로 과학적 반박을 했지만 프로이트의 정신분석이론의 근본 전제를 비판하지는 못합니다. 유아성욕의 형태와 성립 시점을 두고 갑론을박했지만 유아성욕 이론 자체를 비판하지는 못했고, 오이디푸스 콤플렉스 개념의 문제를 지적하긴 했지만 폐기하지는 못했죠. 융 같은 사람이 프로이트의 리비도 개념을 성욕에 한정되지 않는 삶의 에너지로 재의미화한 사례 역시 리비도 개념이나 그 성욕 관련성의 폐기로 이어지지는 못했습니다. 반면, 라캉은 프로이트의 정신분석이론 전체를 정신분석하는 방식으로 비판한 매우 독특한 사람입니다. 프로이트라는 사람이 아니라 프로이트의 이론을 프로이트의 정신분석 방법을 근거로 다시 읽은 것이에요. 다시 말해, 왜 이 개념이 불충분하고 문제가 있는가 따지기보다 왜 하필 이 개념으로 설명했을까 먼저 묻고 프로이트의 방법론에 의거해 다른 개념을 창안한 것입니다. 라캉의 '거울단계' 이론과 '상상계-상징계-실재'의 삼각구도 개념은 어떻게 그가 프로이트의 전체 이론을 프로이트의 전제에 의거해 재해석하고 재정립했는지 보여주는 단적인 사례입니다.

프로이트의 개념들이 어떤 사회적 의미를 지니는지 살펴보는 것도 창조적 재해석의 방법이 될 수 있습니다. 가령 이별에 대처하는 우리의 자세라고 막연하게 말했지만, 우울 개념에는 자아가 대상의 상실을 자기책임으로 받아들이는 표면구조의 심층에 상실된 대상을 향한 자아의 비난과 복수의 행위가 내장한다는 점은 다음에 다룰 마조히즘과도 긴밀하게 연관되고, 사회적 갈등관계를 설명하는 데도 많은 시사점을 줍니다. 이렇게 자기를 처벌하는 환상을 통해 실은 상실된 대상에 복수하는 행위가 바로 우울이고, 우울은 고통의 지속을 통해 삶을 지속하려는 자아의 방어입니다. 1993년에 개봉했고 나중에 시리즈로도 만들어진 〈투캅스(Two Cops)〉라는 한국영화가 있었습니다. 잘 모르는군요.(웃음) 그러면 그보다 조금 뒤인 1999년에 나온 〈파이트 클럽(Fight Club)〉이라는 영화를 예로 들죠. 한 인물이 벌이는 정신착란증을 다룹니다. 그 영화에서 주인공이자 화자인 인물이 자기 상사의 집무실에서 억울한 일을 당하자 자해(自害)를 합니다. 아무런 수치심도 없이 자기를 때립니다. 경비들이 들이닥쳤을 때 이 광경은 마치 상사가 그를 때린 것처럼 보입니다. 자신을 처벌함으로써 상사를 폭행자로 만들고 자신을 피해자로 둔갑시킵니다. 두 사람만 있을 때의 실상이 제3자가 목격하면 완전히 의미가 달라지는 것이죠. 자기를 처벌함으로써 실제로 자기가 관계를 맺고 있는 대상에 복수하는 방법입니다. 우울의 태도이자 마조히즘의 논리입니다. 우울에서는 상실된 대상에 복수하는 것이니까 마조히즘과는 달리 자기처벌이 환상의 형태로 가동되어 수치심 없이 다른 이들에게 자신의 훼손을 공개하는 행위에 초점이 맞추어집니다. 자신의 리비도 투자를 배반한 상실된 대상에게 애도 대신 복수를 하는 행위가 바로 우울입니다. 우울이 마조히즘의 형태를 띠는 것이 바로 자기처벌 환상 때문입니다. 고통의 경제학이죠.

우울자는 상실된 존재를 되돌릴 수 있는 방법이 없다는 것을 너무도 잘 알고 있습니다. 떠났기 때문에 리비도의 투자가 불가능해진 상황임도 모르지 않습니다. 다만 상실에 이른 책임을 상실을 부인하여 대상에게 묻고자 하는 행위인데, 실제로는 대상에 대한 공격적 비난이 아니라 자신을 처벌함으로써 그 목적을 이루는 것입니다. 에밀리가 아버지의 죽음을 부인하고 자신을 비하하는 행위를 전시하는 것은 아버지에 대한 극진한 사랑의 발로가 아니라 살아 있을 때 불가능했던 복수를 죽은 아버지를 대상으로 행하는 우울의 결과입니다. 힘의 열세에 처한 존재가 자기처벌로 대상에 저항하는 일인데, 그런 환상기제를 통해 실은 자신을 상실의 책임으로부터 면제하는 태도이기도 합니다. 상실된 대상이 우울자에게 막대한 권력을 행사하던 사람이었다면 저항과 방어의 효과가 더 크겠죠. 마조히즘의 경우엔 이러한 자기처벌을 통한 역전된 저항과 관계 변화의 요구를 상대방이 진지하게 받아들여야 작동하는 데 반해, 우울은 대상이 이미 상실되었기 때문에, 즉 죽은 자는 말이 없기 때문에 저항의 지속성이 있고 대상의 단죄 역시 돌이키기 힘듭니다. 우울은 대상 자체가 상실되었다는 사실을 알면서도 부인하는 행위이고 자기처벌을 수치심 없이 공개함으로써 상실된 대상을 책임에 영원히 결박하는 행동입니다. 그래서 우울자의 자기처벌이 만들어낸 수치심 없는 행위를 보면서 실제로 책임을 느끼는 것은 죽은 대상이 아니라 곁에서 지켜보고 있는 제3의 목격자입니다. "지켜주지 못해 미안해." 당사자가 아니라 목격자를 일시적 비애 상태에 빠지게 만듭니다. 이것이 우울의 사회적 차원입니다. 대상의 상실이 자아의 개인 문제를 넘어 목격자를 포함한 제3자의 문제도 되는 것이죠. 우울은 자기처벌의 환상과 수치심의 부재를 통해 대상의 상실을 자아와 대상의 관계를 넘어선 사회적 문제로 만드는 심리기제입니다. 자기처벌 과정을 목격하는 사람 모두가 그 상실에 연루되는 것이죠. 우울이 극단으로 치달아 자살에 이르는 경우 트라우마에 빠지는 것은 바로 제3자인 목격자입니다.

우울이 죽음충동의 일환이라는 생각은 이 점과 관련이 깊습니다. 죽음충동은 자아가 감당하는 불쾌를 극단적으로 해소하는 방식이기에 쾌원리의 궁극적 구현입니다. 리비도를 제로 상태에 가깝게 만들려는 충동입니다. 대상의 상실로 자아에 과도하게 축적된 리비도를 자기 존재를 없애서 무의 상태로 몰아가는 방법이죠. 우울이 다른 대상에 대한 공격성이 아니라 자기처벌의 환상이고 죽음충동의 발현이라는 점을 기억해두기 바랍니다. 우울자나 우울증자의 죽음충동은 다른 대상을 향하지 않습니다. 우울에서는 대상이 제거됨으로써 자아에 더 큰 위력을 행사하는 상황이 벌어지고 자아가 극도의 빈곤감을 느끼는 이유가 여기에 있습니다. 우울에서 죽은 대상이 자아를 압도하는 이 상황을 조금 다른 각도에서 설명해볼게요. 니체는 인간의 행위를 작용(Aktion)과 반작용(Reaktion) 혹은 행동과 반동이라는 형태로 구분합니다. 행동은 능동적으로 무언가를 만들어내는 창조적 행위에 해당하는 반면 반동은 기존의 어떤 행위에 응답하고 반대하는 것으로서만 의미를 지니는 행위를 뜻합니다. 반동의 근원에는 니체가 원한(Ressentiment)이라고 부른 감정이 있습니다. 비애와 애도작업이 행동이라면 우울은 반동입니다. 우울이 상실된 대상에 대한 복수라면 거기에는 그 대상에 대한 원한의 감정이 놓여 있는 것이기에, 상실된 대상에 자아가 완전히 압도되어

버리는 형국입니다.

이렇듯 우울은 대상의 상실에 대처하여 자기처벌 환상을 통해 자아를 지키려는 방어인데, 역설적으로 대상의 상실이라는 사건에 자아를 완전히 매몰시키는 일이기도 합니다. 자아를 상실로 인한 피해자로, 부정적으로만 규정하는 것입니다. 대상을 사랑했던 존재가 아니라 복수를 추구함으로써 스스로를 상실에 책임이 없는 존재로 치환하는 논리입니다. 역설적이게도 자아를 지키려는 방어행위가 자아의 무의미로 귀착됩니다. 자살이 가능한 이유이죠. 수치심 없는 자기처벌 행위의 공개를 통해 타인의 공인을 받지 못할 때 우울은 자살로 이어집니다. 따라서 우울자의 자살은 방어의 포기가 아니라 최상의 방어행위입니다. 더이상 상처받지 않는 상태로 자아를 몰아넣는 행위이기 때문입니다. 그렇다면 우울을 해소하는 방법은 방어의 행위가 비애로 진행하도록, 즉 애도작업이 가능하도록 만들어주는 것입니다. 수치심 없는 자기처벌의 환상이 전시되고 드러날 수 있게, 그래서 방어기제가 작동할 수 있게 만들어주는 일입니다. 현실을 받아들이라고 다그치는 것은 소용이 없습니다. 우울자야말로 대상이 상실되었다는 사실을 누구보다도 잘 알고 있기 때문입니다. 우울은 상실된 대상에 대한 자아의 사랑이 의미 있음을 주장하는 행위이기에 자기처벌을 통해 사라진 대상에게 그 의미를 인정하라는 불가능한 요구를 하고 있는 것입니다.

조울

마지막으로 우울이 조증(Mania)으로 전환되는 과정을 설명하면서 이번 강의를 마칠까 합니다. 먼저 기억해둘 사항은 프로이트에게 조증은 우울에서 파생된, 혹은 심화된 증상이며 따라서 대상의 상실과 직접 관련이 없다는 사실입니다. 그래서 프로이트는 조증이 독립된 상태가 아니라 조울 혹은 조울증의 형태로만 나타난다고 봅니다. 조증은 상실된 대상을 두고 슬퍼하기보다 극단적으로 흥분한 상태가 되어 실없이 웃고 정신 나간 사람처럼 행동하는 것이 아닙니다. 극단적 슬픔과 극단적 흥분이 교차하는 양면적 현상입니다. 요샛말로 단순히 정신줄을 놓는 것이 아니라 감정의 롤러코스터를 타는 것이 조울이죠. 우울의 자기처벌 행위와 달리 조증은 그 자체로만 보면 마치 아무 일도 벌어지지 않은 것처럼 극도의 흥분 상태를 보여줍니다.

그런데 사실 프로이트는 조증에 대해 제대로 설명을 못했어요. 우울의 상태가 전환된 것이라고 보는 데 그칩니다. 프로이트는 우울이 대상의 상실을 받아들일 수 없어서 상실의 현실 자체를 부인하는 기제이기에 여전히 대상이 주는 콤플렉스와 대상이 가하는 압박에서 벗어나고자 투쟁하는 상태인 반면, 조증은 대상이 드리우는 그림자로부터 이미 벗어난 것으로 자아가 믿는 환각적 태도라고 봅니다. 대상이 상실되었기에 실제로는 해결되지 않았는데 마치 이미 해결이 된 것처럼 믿기 때문에 조증이 된다는 것이죠. 대상의 상실을 받아들이지 않는 부인의 태도와 다릅니다. 리비도 경제의 관점으로 설명하면 조증은 우울을 야기한 리비도의 투자행위가 대상의 상실로 필요 없게 되었을 때, 회수된 리비도가 대상선택이 아닌 다른 경로로 이미 해소되었다고 믿는 것입니다. 조증에서 자아가 일시적 해방감을 느끼는 이유는 바로 자아에 과잉축적된 리비도가 우울과 달리 다른 용도를 찾아 배출되었다고 믿기 때문이라는 얘기입니다. 그런데 자아는 왜 이런 일이 벌어졌는지 알지 못한다고 봅니다. 왜 그럴까요. 프로이트가 거론하는 예는 극도의 가난에 시달려 우울에 빠진 사람이 아무런 출구가 안 보이는 상황에서 갑자기 돈벼락을 맞은 것처럼 행동하는 이야기입니다. 우울을 만들어냈던 상황 자체가 사라졌다고 느낀다는 것이고 그래서 극도의 해방감과 과도한 기쁨을 드러낸다는 말입니다.

그런데 현상 자체를 설명하는 프로이트의 관점과 사례는 납득이 가지만 왜 이러한 극단적 심리 전환이 벌어지는지는 답하지 않아요. 왜 그럴까요. 저는 조증이 우울의 역전된 표현이라면 그 심리적 전환의 근거 역시 자기처벌 환상에서 찾아야 한다고 봅니다. 우울의 경우에 생겨나는 자기처벌 환상이 조증에서도 동일하게 작동하는 것이죠. 자기처벌 행위가 실제로 자신을 처벌하려는 목적이 아니라 환상을 통해 대상을 단죄하려는 논리라면, 조증은 자기처벌 환상이 목적을 달성하여 자아 내부에 합체된 대상을 제거하는 데 성공했다고 믿는 심리기제에 가깝습니다. 비애의 애도작업이 대상의 상실을 의미화하는 공인된 작업이고 우울이 상실된 대상의 합체를 통해 대상을 단죄하는 고통스러운 의미화의 행위라면, 조증은 우울에 의해 합체된 대상의 상실을 무의미의 영역에 고정하는 기제라는 말입니다. 애도에서처럼 의미화를 통해 해방되는 것이 아니라 무의미한 것으로 받아들이는 환상이 작동함으로써 일시적으로 해방감을 느끼는 것입니다. 그러나 상실 자체로 의미화되기 전까지 상실은 무의미의 영역에 무한히 고착될 수 없기에 자기처벌 환상에 의해 다시금 우울의 상태로 전환되기 쉬운 것이죠. 따라서 조증은 상실된 대상에서 벗어난 듯이 느낀다는 점에서는 애도작업이 없는 비애의 상태와 유사하며, 상실된 대상으로부터 자신의 책임을 면하려는 방어의 일환이라는 점에서는 복수의 과정이 없는 우울과 비슷합니다. 조증이 보여주는 해방감과 극도의 웃음이 실은 자기비하 내지는 자기조롱과 유사하게 보이는 이유입니다. 조증이 아니라 조울이고, 환상이 중요한 역할을 합니다.

비애와 우울 그리고 조증은 모두 고통의 경제학을 따릅니다. 죽음충동과 쾌원리의 관계를 극명하게 보여주는 사례라고 할 수 있습니다. 강의 처음에 제기한 이야기로 돌아가면, 정신분석은 인간이 왜 고통을 필요로 하는가에 대한 해명입니다. 비애와 우울 그리고 조증은 모두 고통을 줄이려는 심리적 기제가 왜 일정한 정도의 고통을 반드시 필요로 하는가를 설명해줍니다. 쾌원리와 죽음충동은 프로이트의 고통의 경제학을 밑받침하는 근본 개념입니다. 인간의 삶을 고통이나 원죄의 상태로 본다는 점에서는 불교나 기독교와 유사하지만 고통의 소멸이나 죄의식으로부터의 완전한 해방이 아니라 고통 없이 인간의 삶은 무의미하다고 보기 때문에 정신분석은 문제적입니다. 정신분석의 고통의 경제학은 어째서 고통을 합리적으로 해소하는 비애의 과정에도 불구하고 대상에 대한 자아의 마지막 승리를 위해 자아는 스스로 대상을 죽지 못하게 만드는 고통을 유지하는가 묻습니다. 이렇게 본다면 고통의 경제학은 사실 지극히 비경제적입니다. 고통을 감소시키기 위해 고통을 유지하는 일은 리비도 투자의 원리를 거스르는 일이고 쾌원리의 직접적 구현을 막는 행위에 가깝게 느껴지기 때문입니다. 고통을 유지하기 위한 비용에 비해 만족할 만큼 고통의 감소가 이뤄지지 않기에 수지타산이 안 맞는 행위입니다. 프로이트는 이런 비경제적 측면에도 불구하고 왜 인간의 심리기제는 여기에 저항하는 방식으로 고통의 경제학을 따르는가 해명하려는 것입니다.

슬픔이 치유되고 고통이 사라지기 위해서는 일정한 시간, 즉 시간의 경과가 필요합니다. 시간이 약이라는 말이 있죠. 시간의 경제학이라고 부를 수 있습니다. 트라우마가 되었던 사건도 시간이 지나면 현실성을 상실하고 시간의 힘에 굴복합니다. 이 시간은 또한 일정한 절차와 형식과 의례에 따라 통과됩니다. 통과의례 혹은 라캉이 행위로의 이행(passage à l'acte)이라고 부른 명목적 행위입니다. 세월호 참사를 홀대했던 박근혜 정부의 가장 큰 잘못은 책임의 회피보다도 상실을 겪은 사람들에게 이러한 애도의 시간을 마련해주지 못한 것입니다. 부모들이 아이들을 떠나보낼 수 있게 해줘야 하는데 그것을 막았기 때문에 애도작업을 방해한 것입니다. 부모들을 안티고네로 만든 것은 바로 정부입니다. 우울은 이러한 시간의 경제학을 거부하는 심리기제의 작용입니다. 명목상의 행위로 이행을 거부하고 상실을 부인하며 고통의 시간을 지연하고 연장시킴으로써 역설적으로 상실을 의미화하고 삶의 의미를 찾으려는 태도입니다.

왜 이러한 고통의 비경제학이 벌어질까요? 몇 가지 설명이 가능합니다. 쾌원리의 현실원칙에 따라서 고통의 감내가 어떤 더 큰 만족으로 보상받을 수 있다고 믿기 때문일 수도 있고, 주이상스처럼 고통 속에 극도의 쾌락이 잠재되어 있다고 믿는 까닭일 수도 있으며, 고통의 소멸이 주는 무의미를 부인하기 위해 고통 속에서만 의미를 찾으려 하기 때문일 수도 있습니다. 우울의 경우로만 보면, 부인과 자기처벌의 환상기제는 상실을 트라우마적 사건으로 의미화하지 않으려는 퇴행이고 저항인 동시에 무의미의 영역에 머물지도 못하게 막는 방어의 태도입니다. 우울은 트라우마와 의미화 자체를 재정립하고 재개념화하려는 충동의 불가능한 요구입니다.

프로이트의 비애와 우울 이론이 전해주는 진실은 고통의 의미화, 고통의 경제학이 특정한 인간에게 한정된 병리적이거나 예외적인 현상이 아니라 인간이 성적 존재로서 겪어야 하는 보편적 심리기제의 구조라는 것입니다. 왜 인간의 무의식적 충동은 고통의 완전한 소멸을 거부하고 부인하는가. 이것을 정치학의 프레임으로 바꾸면, 왜 인간은 자발적으로 예속 상태를 원하는가라는 문제입니다. 왜 사람들은 인종학살이 비인간적이라는 사실을 잘 알면서도 나치를 지지했는가, 왜 사람들은 트럼프라는 존재가 이상한 인간이라는 사실을 잘 알면서도 표를 던지는가와 유사한 질문이겠죠. 고통의 경제학이 비경제적임에도 경제학인 이유는 고통의 자발적 연장이 어떤 다른 궁극의 만족과 결부되어 있을 가능성을 찾아가기 때문입니다. 프로이트가 이 난감한 질문에 답을 찾아가는 작업이 바로 『쾌원리의 너머』입니다.

김승옥의 소설 「무진기행」의 주인공 윤희중은 우울자일까요? 우울자라면 그는 과연 무엇을 상실한 것일까요? 하인숙으로 대표되는 충동의 대상인가요? 그는 지독한 상실감에 시달리지만 실제로 자신이 무엇을 잃어버렸는지 모른다는 점에서 우울자와 흡사합니다. 그래서 윤희중은 마치 불감증자처럼 사랑을 할 수 없는 것입니다. 상실된 대상이 불분명하지만 상실감에 시달리는 중년의 사내. 그는 무진이라는 안개 낀 장소가 상실된 대상일 수 있다고 믿는 자기최면에 빠져 있습니다. 윤희중은 자신이 알 수 없는 상실의 대상을 찾으려고 우울자를 연기(演技)하는 인물입니다. 우울을 연기하는 동안 그는 자기처벌의 환상을 가동할 수 있습니다. 자기처벌의 환상 속에서 그는 지독한 나르시시스트로 등장합니다. 그러나 그의 자기처벌 환상이 책임을 묻는 대상은 무진이라는, 그의 심리현실에만 존재하는 장소입니다. 실재하는 지명이 아니라 존재하지 않는 유령 같은 장소입니다. 그는 자신이 떠나온 무진을 우울을 연기하여 단죄하고자 합니다. 그가 무진에서 하인숙을 통해 사랑을 갈망하는 이유는 환상을 통해서라도 상실을 겪고 싶기 때문입니다. 실연을 당하고 싶기 때문에 사랑하려는 것이에요. 그러나 실연은 주어지지 않고 애도는 불가능합니다. 그는 우울자가 아니라 우울자이고 싶어하는 나르시시스트에 불과하기 때문입니다. 대상이 상실되었기를 바라는 그는 자신이 무진을 스스로 버렸다는 사실을 받아들일 수 없습니다. 윤희중은 무진을 트라우마의 장소로 만들고자 합니다. 현재까지 이어지는 남자답지 못한 삶, 거세된 삶을 가로막은 모든 원인이 깃든 곳입니다. 그러나 무진을 트라우마의 장소로 의미화하는 일이 불가능하기에, 즉 자신의 삶을 무의미로 의미화하지 않으려 하기에 우울을 연기합니다.

9강

나의 아픔은 당신의 불안

freud seminar

도착

이번에는 8강 마지막에 잠깐 거론한 「무진기행」 얘기를 조금 더 하고 마조히즘을 다루겠습니다. 나중에 더 논의하겠지만, 우울뿐만 아니라 마조히즘도 이 작품의 해석과 통하는 바가 없지 않아요. 여러분의 논의에서 윤희중에 대한 도덕적 비판은 많았지만, 그가 사랑을 할 수 없는 상태, 즉 불감증(Frigidität)에 가깝다는 지적은 별로 없었어요.

불감증은 프로이트가 설명한 성욕의 여러 일탈 형태 중 하나입니다. 불감증은 프로이트의 틀에 따르면 일종의 도착이에요. 도착은 규범적인 심리성적 발달단계를 거치는 과정에서 문제가 생겨 어느 한 시기에 고착되거나 그 시기로 퇴행하는 상태를 말합니다. 오이디푸스 콤플렉스를 겪으면 여성이나 남성 둘 중 하나의 성으로서 이성애적 사랑을 하는 사회적으로 허용된 규범적 성을 갖추게 됩니다. 그런데 이성애적 대상선택이 여의치 않거나 불가능한 상황에서 대체물을 통해 대리만족을 취하면 이런 행위를 도착이라고 부릅니다. 불감증은 도착의 일종으로서 어떤 대상을 선택함에도 그 대상에 리비도를 투자할 수 없는 상태입니다. 왜 그럴까요. 리비도 투자의 대상으로 선택된 존재가 자신의 원초적 대상을 강렬하게 상기시키고 따라서 근친상간의 환상을 부추기기 때문에 성적 불능 상태에 빠지는 것입니다. 윤희중의 경우 프로이트의 정의에 해당하는 불감증이라기보다 자신이 불감증이라고 믿고 싶어하는 심리 상태에 가깝습니다. 자신이 무언가를 상실했다는 우울자의 태도를 취하기 때문에 성적 만족을 이룰 수 있음에도 리비도 투자를 감행하지 않으려는 것입니다. 대상을 욕망함에도 자신은 대상을 상실한 존재라고 믿기 때문에 만족을 찾을 수 없다고 생각하고 행동하는 것이죠. 윤희중의 불감증은 사실 그가 스스로를 상징적 남성성이 거세된 존재라고 느끼기 때문에 생겨납니다. 어쨌든 성욕은 있는데 실제 대상과의 만남은 실패를 거듭하고 관계를 지속하지 못하는 것이죠. 그가 우울을 연기하기 때문입니다.

도착에는 불감증 말고도 여러 종류가 있어요. 대표적인 것이 바로 사도마조히즘과 페티시즘입니다. 페티시즘을 우리말 프로이트 전집에서는 절편음란증(切片淫亂症)이라고 번역했네요. 어원을 따져보면 fetish는 라틴어의 facticius, 즉 '사람이 만들다'

혹은 '인공 사물'이라는 뜻인데, 사람이 만든 사물이 어떤 주술적 힘을 지니고 있다고 믿는 태도를 페티시즘이라고 불렀죠. 정신분석 이외의 학문에서는 물신(物神) 혹은 물신화라고 합니다. 저는 사물성애(事物性愛)가 페티시즘의 의미에 가장 가깝다고 생각합니다. 이는 생식기를 대체하는 사물이나 신체 부위에서만 성욕을 느끼는 태도입니다. 생식기 중심의 이성애적 규범을 따르지 않는 모든 성적 만족 행위를 일컫고 대체의 논리가 작동합니다.

이성애적 결합 대신 물리적 고통을 주거나 받는 행위를 통해서 성적 만족을 얻는 경우 사도마조히즘이라고 하죠. 잘 아시겠지만, 대상선택에 나타나는 공격적이거나 수동적인 태도를 사디즘과 마조히즘이라고 부른 이유는 100년의 시차를 두고 각각 공격적 성도착과 수동적 자기처벌의 환상에 대해 글을 쓴 사드(Marquis de Sade)라는 18세기 작가와 자허마조흐(Leopold von Sacher-Masoch)라는 19세기 작가를 프로이트가 자신의 방식으로 연결했기 때문이에요.

사드는 남성이 여성을 성적으로 학대하는 행위에 지극한 성적 쾌감이 있다고 보았고 이를 규범적 성에 대한 저항으로 의미화했어요. 남성이 사디스트가 되고 여성이 그 대상이 될 때 둘 모두의 지극한 쾌락이 가능하고, 이를 통해 규범적 성 관념이 무너질 수 있다고 봅니다. 이와 달리 자허마조흐는 남성이 자발적으로 여성의 학대를 받아들임으로써 성적 만족을 얻는 이야기를 썼습니다. 전자는 가학적이고 공격적인 태도를 통해 성적 만족을 얻고 후자는 피학적 고통을 통해 성적 만족을 추구하는데, 프로이트는 두 사람의 행보가 서로 상반된 대상선택의 결과지만 도착적 만족을 꾀하는 동일한 태도라는 점을 강조하기 위해 같이 묶습니다. 관음증과 노출증은 리비도의 만족을 시각적 만족으로 대체하는 겁니다. 촉각적 사도마조히즘의 시각적 변형입니다. 성적 만족을 주는 대상을 바라봄으로써 느끼는 쾌감과 신체를 타인에게 드러냄으로써 얻는 쾌감입니다.

주의할 점은 프로이트에게 도착은 일탈적이기는 하지만 병적이지는 않다는 거예요. 왜냐하면 모든 인간의 성이 한때 이런 성도착 상태에 있었고 이 과정을 거쳐 규범적으로 정립되었기 때문입니다. 어린아이를 다형적 도착자라고 부른 이유가 이 때문입니다. 문제는 이런 도착이 소멸되지 않고 남거나 이성애를 대체하여 퇴행적으로 행해지는 경우입니다. 윤희중의 도착적 불감증이 징후를 보이는 이유도 우울을 연기하는 과정에서 형성된 퇴행에 가깝기 때문입니다.

아이가 매를 맞고 있어요

사디즘과 마찬가지로 마조히즘도 도착입니다. 이번 강의에서 주로 다룰 글은 1924년에 발표된 「마조히즘의 경제적 문제」라는 에세이입니다. 마조히즘만 따로 떼어서 다룬 글입니다. 반면 사디즘만 다룬 글은 따로 없어요. 왜 이 글에서 프로이트가 마조히즘을 사디즘과 분리했고, 또 사디즘보다 마조히즘을 중시하는 변화를 겪었는지 짚어볼 생각입니다. 이전 글에서도 프로이트가 마조히즘을 언급한 적은 꽤 있었습니다. 1905년의 「성욕이론에 관한 세 개의 에세이」에서 성적 일탈의 사례로 도착을 다루면서 사디즘하고 묶어서 얘기합니다. 이때는 마조히즘을 사디즘의 역전된 형태라고 보았습니다. 1919년의 「아이가 매를 맞고 있어요」는 사도마조히즘을 통해 주로 여성의 마조히즘을 설명하는 글입니다. 여성이 왜 매 맞는 아이를 통해 (자기)처벌의 환상을 갖는지에 대한 글입니다. 앞선 강의에서 우울을 설명하며 자기처벌 환상을 거론했는데 마조히즘을 다룬 이 글에서 환상의 역할이 더 명확하게 등장합니다. 여성의 마조히즘에 특히 관심이 있어서라기보다 여성의 임상사례에서 마조히즘이 나타나는 현상을 분석하기 위한 목적에서 쓰였습니다. 그래서 여자아이의 사례를 더 중심에 놓지만 실제로 프로이트의 관심은 남자아이가 보여주는 수동적 태도이고 이를 마조히즘과 연결시킵니다. 여자아이를 상담해봤더니 처음부터 마조히즘을 느끼는 게 아니라 남자아이가 맞고 있는 장면에서 쾌락을 느끼는 사디즘적 환상을 갖는다는 사실이 두드러집니다. 세 단계로 이루어진 여자아이의 처벌 환상이 지닌 성격은 다음과 같이 도식화해볼 수 있습니다.

〈여자아이〉

	환상	의미화
1단계	아버지가 남자아이를 때려요 (사디즘)	그 아이를 때리니까 아버지는 나를 사랑해요 (죄의식)
2단계	아버지가 나를 때려요 (자기처벌)	아버지를 사랑해서 나는 벌을 받아요 (억압)
3단계	선생님이 남자아이를 때리고 있어요 (동일시)	아버지가 남자인 나를 때려요 (마조히즘)

아버지가 주로 자신의 남자형제나 또래의 남자아이를 때리는 모습을 환상으로 만드는 첫번째와 세번째 단계에서 여자아이는 체벌 광경을 목격하는 인물로 그려집니다. 프로이트에 따르면 사디즘적 특성을 지닌 이 두 단계는 두번째 단계의 무의식적 환상과 달리 의식적 환상입니다. 다시 말해 두번째 단계는 처벌 환상의 주체인 여자아이의 의식에 표상되지 않아요. 첫번째 단계에서는 아버지에게 처벌받는 남자아이의 모습을 상상하고 이를 통해 아버지의 사랑이 자신을 향하고 있다고 믿는 근친상간의 환상으로 형성됩니다. 그런데 이 환상은 이미 오이디푸스 콤플렉스를 거친 후에 벌어지기에 근친상간에 따른 죄의식을 불러

일으킵니다. 죄의식으로 인해 두번째 단계의 환상은 자기처벌의 형식을 띠며 무의식 속에 억압됩니다. 자기처벌의 무의식적 환상은 죄의식으로 인해 성립되지만 동시에 아버지에 대한 사랑을 확인하는 과정이기도 합니다. 이렇게 하여 매를 맞는 자신을 상상하는 일은 처벌과 흥분이 동시에 발생하는 양면적 억압의 상태를 초래합니다. 세번째 단계에서는 처벌과 흥분이 함께하는 마조히즘적 태도가 사디즘의 모습으로 재상연됩니다. 억압을 통해 여자아이는 아버지를 선생님과 같은 아버지 부류의 존재로 대체하고 매를 맞는 남자아이를 자신과 동일시함으로써 두번째 단계의 무의식적 환상을 마조히즘으로 만듭니다. 이 복잡한 과정을 밑받침하는 프로이트의 개념은 물론 오이디푸스 콤플렉스와 이에 동반하는 죄의식입니다. 근본적으로 성도착 현상인 사디즘적 처벌과 마조히즘적 자기처벌의 환상이 생기는 이유는 오이디푸스 콤플렉스 과정을 거치면서 얻은 일종의 상처, 즉 억압의 잔여물이 잠복기에 남아 있기 때문입니다. 무의식에 형성된 마조히즘적 자기처벌 환상은 사디즘의 전복된 형태로서, 유아가 오이디푸스 콤플렉스를 거친 후 사춘기에 성을 재정립할 때 죄의식을 아직 충분히 억압할 수 없기에 생겨납니다.

프로이트는 의식적 환상인 사디즘을 무의식의 마조히즘 환상으로 바꾸는 심리기제가 죄의식이라고 설명했고, 성기 중심의 성욕이 불러일으킨 근친상간의 죄의식을 억압하기 위해 자기처벌의 환상을 동원하는 과정에서 아이가 성적 흥분을 느끼기에 도착적이라고 본 것입니다. 문제는 여자아이가 왜 세번째 단계의 사디즘적 환상에서 자신을 남자아이와 동일시하느냐는 것입니다. 프로이트는 이런 동일시를 근친상간의 죄의식을 피하기 위한 억압의 결과라고 보는 듯한데, 사실 여자아이가 마조히즘의 도착적 만족을 얻으면서 죄의식을 피하는 방법이 바로 반대성으로의 동일시일 것이라고 추측한 결과입니다. 오이디푸스 콤플렉스의 동일시 이론을 그대로 적용한 것이죠. 따라서 여자아이의 매 맞는 처벌 환상을 다루었고 이를 통해 마조히즘의 도착 구조를 규명했지만, '여성의 마조히즘'을 따로 밝혀냈다고 보기는 힘듭니다. 여자아이의 사례는 남자아이의 마조히즘, 즉 마조히즘 일반의 구조를 밝히려는 선행사례로서만 의미를 갖습니다. 남자아이의 마조히즘 형성은 여자아이와 양상을 달리합니다.

〈남자아이〉

	환상	의미화
1단계	아버지가 나를 때려요 (자기처벌)	아버지를 사랑해서 나는 벌을 받아요 (동성애)
2단계	어머니가 나를 때려요 (동일시)	아버지가 여자인 나를 때려요 (마조히즘)

남자아이의 처벌 환상은 여자아이와 달리 첫번째 단계의 처벌 환상이 없고 처음부터 무의식적 형태를 띤 자기처벌의 모습을 갖습니다. 여자아이의 두번째 단계와 남자아이의 첫번째 단계가 동일한 모습으로 나타나는 것입니다. 남자아이는 여자아이와 달리 처음부터 자신을 여성으로 간주하여 수동적 상태에 두는 것입니다. 그래서 자신에 대한 아버지의 처벌은 아버지에 대한 자신의 동성애적 사랑에 대한 죄의식을 불러일으키는 계기로 작용합니다. 남자아이의 마조히즘적 도착성은 근친상간의 형식을 띠고 있으나 실은 동성애적 욕망에 대한 처벌의 환상입니다. 무의식적 동성애의 자기처벌 환상을 억압하는 남자아이의 방식은 자신을 계속 수동적 존재인 여성과 동일시하면서 처벌의 주체를 어머니로 바꾸는 것입니다. 남자아이는 어머니가 자신을 때리는 의식적 환상, 즉 사디즘을 통해 근친상간의 죄의식을 피하면서 실제로는 자신을 때리는 어머니에게 남성적 속성을 부여하고 자신은 여성적 태도를 유지함으로써 표면적이거나 심층적인 차원 모두에서 동성애의 환상에서 벗어납니다. 남자아이의 마조히즘이 처음부터 남성성을 포기하고 스스로를 여성과 동일시하는 일관된 수동적 태도에서 기원한다면, 여자아이의 마조히즘은 여성성을 포기하고 스스로를 남성과 동일시한 변화된 능동적 태도의 결과입니다. 남자아이의 마조히즘이 처음부터 끝까지 의식과 무의식의 수준 모두에서 수동적 자기처벌의 환상이라면, 여자아이의 경우는 의식적 처벌과 무의식적 자기처벌이 교차하는 과정을 밟습니다.

이러한 분석 결과가 말해주는 것은, 프로이트에게 마조히즘이 성차에도 불구하고 근본적으로 성적 흥분이 동반된 자기처벌의 구조로서만 의미를 지닌다는 점과 오이디푸스 콤플렉스로 형성된 죄의식의 억압과 깊은 연관이 있다는 사실입니다. 그러나 여자아이의 남성동일시 문제를 시원하게 해명하지 못했듯이, 프로이트는 남자아이의 일관된 수동적 여성동일시 역시 충분히 해명하고 있지 못합니다. 여자아이의 마조히즘이 피학적 성격을 띠면서도 남성동일시를 통해 스스로를 구경꾼의 위치에 두는 사디즘적 경향을 동반하는 데 비해 남자아이의 마조히즘은 시종일관 여성적 수동성과의 동일시로 인해 남성성의 도착적 포기를 뜻하게 됩니다. 여자아이의 처벌 환상에 대한 분석이지만 실제로는 남성의 도착적 마조히즘이 프로이트에게 문제가 되는 이유가 여기에 있습니다. 왜 여성의 경우에는 근친상간이, 남성의 경우에는 동성애가 처벌 환상을 추동하는 죄의식의 근원이 되는 것일까요? 명시적으로 언급하지 않지만, 프로이트가 마조히즘의 수동성을 여성적인 것과 동일시하기 때문입니다.

여기서 남성의 마조히즘, 즉 남자아이가 자신의 남성성을 포기하는 수동적 태도로 인해 마조히즘 자체가 사디즘과 분리되어 다루어져야 할 필요가 생깁니다. 즉 마조히즘이 원초적 사디즘의 역전된 형태에 불과하지 않고 그 자체로 독립적 분석 대상이 되는 것은 남성의 마조히즘이 갖는 문제 때문입니다. 마조히즘에 특징적인 남자아이의 수동적 태도는 오이디푸스 콤플렉스 과정에서 나타나는 여성적 태도에 해당하기 때문입니다. 따라서 왜 남자아이의 마조히즘은 사디즘의 역전된 형태인가가 아니라 오이디푸스 콤플렉스로부터의 일탈인가 하는 질문이 제기되는 것이죠. 사실 이런 문제제기가 가능한 이유는 프로이트가 마조히즘을 근본적으로 수동적인 성적 환상에 근거한 도착으로 개념화하고, 수동적인 한에서 마조히즘이 여성에게는 보편적인 반면 남성에게는 예외적 현상이라고 간주하기 때문입니다. 여성은 애초부터 마조히즘적 존재인 데 반해 남성의 마조히즘은 스스로를 수동적 여성과 동일시하여 규범적 이성애로부터 일탈하는 동성애의 심리기제와 흡사합니다. 말을 바꾸면, 여성의 마조히즘적 수동성은 오이디푸스 단계에서 무의식적 근친상간의 환상으로 인한 죄의식을 억압하는 과정에서 생긴다면, 남성의 마조히즘은 오이디푸스 단계로부터의 일탈이며 무의식적 동성애의 환상에서 생겨난 죄의식을 억압하는 과정에서 비롯된 것처럼 보이기 때문입니다.

이러한 문제의식은 「마조히즘의 경제적 문제」에 이르면 리비도 경제학의 측면에서 남성의 마조히즘을 사디즘과 분리해서 다루어야 할 필요로 재정립됩니다. 동성애를 억압하는 기제로서의 남성적 마조히즘이 프로이트가 당면했던 과제라면, 제가 마조히즘에 주목하는 이유는 이와 조금 다릅니다. 우울과 함께 남성의 마조히즘을 정신병리학의 측면에서 바라본 프로이트의 관점과 달리 마조히즘 자체를 자기처벌 환상을 매개로 자아가 저항적 태도를 형성하는 과정으로 새롭게 개념화할 수 있는지 따져보기 위해서입니다. 공격성을 띤 사디즘이 동성애에 대한 자기처벌의 일환으로 내투사된 형태로 보기보다 마조히즘의 수동적 환상 자체를 새롭게 의미화할 수 있을지 생각해보려는 것입니다. 이런 탐구는 사실 죽음충동과 쾌원리 간의 착종된 관계를 재정립하는 데도 도움이 되리라 봅니다.

남성의 여성화

우선 대상의 상실이라는 트라우마적 사건이 결부된 우울의 고통의 경제학이 마조히즘에도 적용 가능한지 살펴보겠습니다. 우울과 달리 마조히즘은 대상상실이라고 하는 사건적 계기가 전제되지 않습니다. 그러나 자기처벌의 환상이 존재하고 고통의 완전한 해소가 아니라 일정한 유지를 지향하는 태도라는 측면에서는 매우 유사합니다. 두 경우 모두 환상은 현실을 부인하고 억압을 통해 자아를 지키려는 방어기제를 작동시키는 근원이 됩니다. 우울은 대상의 상실을 부인함으로써 사건이 트라우마로 고착되는 일을 막으면서도 자기처벌의 환상을 유지하여 고통의 완전한 해소를 원치 않는 양면적 태도이기에 자아를 지속적 저항의 상태에 둔다면, 마조히즘은 상실의 상황이 주어지지 않고 내부적 자극, 즉 오이디푸스 콤플렉스의 극복 과정이 남긴 상처를 억압하려는 도착적 태도이기에 한시적 퇴행에 가깝습니다. 전자가 외적 상실의 고통과 자아의 빈곤화를 동시에 저항의 대상으로 삼는다면 후자는 동성애라는 내적 도착성의 억압이 주요 과제가 됩니다. 남성적 마조히즘이 동성애적 도착성의 억압을 자기처벌의 형태로 나타내는 것이라면 이는 방어에 가까울 것입니다. 따라서 우울이 보여주는 비경제적 고통의 경제학을 따른다고 보기 힘듭니다. 그렇지만 만일 남성적 마조히즘의 주체가 심리적 여성인 동성애자 남성이 아니라 진짜 여성이라고 가정한다면, 즉 여자아이가 처음부터 자기처벌의 환상을 통해 남자아이의 마조히즘 형성 과정을 따르는 상황을 상상할 수 있다면 이때 마조히즘은 우울의 저항적 태도에 가까울 가능성이 큽니다. 다시 말해, 여성의 마조히즘이 자기처벌 환상을 통한 규범적 수동성의 표현이 아니라 이성애적 논리에 맞서는 수행적 힘으로 개념화될 수 있습니다. 나중에 프로이트의 마조히즘 이론을 수정한 다른 학자들의 논의를 통해 이러한 독해의 가능성을 살펴보겠습니다.

어쨌든 프로이트는 마조히즘을 「성욕이론에 관한 세 개의 에세이」에서 도착의 한 형태로 보았습니다. 사도마조히즘이라는 복합적 태도의 한 양상이자 사디즘의 역전된 형태라고 간주합니다. 대상을 향한 리비도 투자 자체가 공격적이고 가학적이기에 사디즘이 더 근원적이고, 도착적 성욕의 대상이 자아로 향하게 될 경우 마조히즘이 된다는 얘기입니다. 이런 인식의 바탕에는 자아도 리비도 투자의 대상이 될 수 있다는 나르시시즘 개념이 전제되어 있죠. 대상으로만 향하는 선택이 아니라 자아에게로 되돌아온 리비도의 투자이기에 일종의 퇴행이라고 본 것이죠. 그런데 마조히즘은 사디즘의 공격성이 자신을 향한 것이기에 자기처벌적 수동성의 표현이기도 합니다. 남성의 마조히즘이 특히 문제가 되는 이유는 프로이트의 틀 내에서 수동성은 곧 여성적인 것과 동일시되기 때문이고요. 여자아이의 마조히즘과 처벌 환상은 여성의 성이 남성과 달리 애초부터 대상선택이 아니라 선택의 대상이 되는 방식으로 이루어지기에 큰 문제가 안 된다고 보는 것이죠. 근친상간의 죄의식도 남자아이는 어머니를 대상으로 선택하는 일이 처벌받을 가능성으로 인한 거세불안을 억압하는 데서 오는 반면, 여자아이의 경우는 아버지의 선택 대상이 되려는 수동적 욕망으로 인한 남근선망의 발현이기에 문제될 것이 없습니다. 따라서 오직 남성 마조히즘의 수동성이 문제인데 바로 그 여성적 태도 때문입니다. 남성으로서 성기 중심의 이성애적 욕망을 충족할 수 없기에 여성적 태도를 취해서 자기처벌하는 것이니까 동성애와 유사한 도착이죠. 사디즘적 리비도 투자가 자아를 대상으로 삼아 퇴행한 것인데, 이것이 동성애적 형태가 되지 못하도록 억압하기 때문에 자기 자신을 처벌하는 수동적 여성동일시의 환상이 벌어진다는 얘기예요.

따라서 마조히즘은 성도착이면서 근본적으로 남성의 여성화 증상입니다. 남성의 마조히즘은 곧 여성화의 마조히즘입니다. '여성의(female)' 마조히즘이 아니라 '여성적(feminine)' 마조히즘입니다. 여성의 마조히즘이라는 말은 일종의 동어반복인 셈이죠. 마조히즘과 여성성이 동일한 것으로 전제되기 때문입니다. 사디즘적으로 리비도를 투자하여 이성애적으로 대상선택을 해야 할 규범적 남성의 성이 여성적 형태를 띠니까 논란거리가 되는 거죠. 남성들이 왜 하필 대상선택이 아니라 선택의 대상이 되려는 여성들과 유사한 태도를 취하며 이를 억압하기 위해 자기처벌의 환상을 갖는지 궁금한 거예요. 그러기 위해서는 먼저 본질적으로 여성의 마조히즘적 성 형성 과정을 살펴봐야 했고, 이를 통해 남성의 마조히즘을 일탈이나 예외로 규명하려고 합니다. 프로이트에게 마조히즘이 도착이고 병리적인 이유입니다. 이에 대해 프로이트가 「아이가 매를 맞고 있어요」에서 내놓은 답은 오이디푸스 콤플렉스의 사후효과라는 것입니다. 아버지에 대한 남자아이의 여성적 태도, 즉 남성의 위장된 남근선망이자 동성애 콤플렉스입니다. 다시 말해 여자아이의 오이디푸스 콤플렉스 해소 방식을 따르는 남자아이의 성 형성 과정이 지닌 도착성이 문제입니다. 남성적 마조히즘은 애초부터 아버지에 대해 여성적 태도를 보이기에 실제로는 사디즘이 선행한다고 보기 힘든데, 이를 사디즘의 역전된 현상이라는 가설로 설명하기 위해 여성의 처벌 환상을 도입하는 것이죠. 아버지가 남자아이를 처벌하는 환상과 이를 마조히즘적 자기처벌로 전환하는 여자아이의 마조히즘 논리를 설명한 다음, 남자아이의 마조히즘은 처벌 환상 같은 사디즘이 선행되지 않음에도 사디즘의 역전된 형태라고 간주하는 논리입니다.

「마조히즘의 경제적 문제」가 새로운 이유는 이와 같은 프로이트의 초기 입장이 달라지기 때문이에요. 먼저 마조히즘을 사디즘과 분리된 독자 현상으로 봅니다. 마조히즘을 사디즘과의 연관이 아니라 리비도 투자의 문제로 보아 경제적 관점에서 규명하려는 태도로 전환합니다. 흥미롭게도 이 글과 「아이가 매를 맞고 있어요」 사이에는 나르시시즘 개념이 개입합니다. 프로이트가 남자아이의 마조히즘을 설명하면서 여자아이의 자기처벌 환상을 경유하는 이유가 여기에 있는 것 같아요. 남자아이의 성이 오이디푸스 콤플렉스 이후 잠복기에 규범적 이성애로 재정립되어야 마땅한데 남자아이가 전오이디푸스 단계로 퇴행하여 여자아이의 길을 따라 오이디푸스 콤플렉스에 재진입하는 듯이 보이는 증상을 나르시시즘으로 설명하여 규범화하고자 하는 것입니다. 요컨대 남자아이가 어머니의 거세를 부인하고 원초적 나르시시즘 상태로 퇴행하여 동성애와 사물성애의 태도를 보여주는 것이 바로 마조히즘일 가능성을 찾습니다. 마조히즘이 도착적 일탈이 아니라 나르시시즘 단계로의 퇴행에 불과한 것으로 설명하고자 합니다. 그리하여 오이디푸스 단계를 이미 겪은 남자아이가 사춘기에 이성애적 성을 형성하는 과정에서 퇴행하여 이전 어머니와의 나르시시즘적 동일시의 여자아이처럼 오이디푸스 이전 어머니와의 나르시시즘적 동일시의 단계로 퇴행하여 고착되는 것이 마조히즘이 됩니다. 따라서 마조히즘을 사디즘의 도착과 달리 전오이디푸스 단계에서 다형적 도착자인 남자아이가 일시적으로 겪는 일반적 현상으로 볼 뿐만 아니라 이를 통해 사디즘에 선행하는 원초적 마조히즘의 가능성도 타진합니다. 원초적 마조히즘은 나르시시즘적 선택과 병존하며, 도착적이긴 하지만 성 발달 이전의 보편적 단계에 해당합니다. 남녀 모두 다형적 도착성을 넘어 나르시시즘적 성향을 띤 원초적 마조히즘에서 출발하되, 남자아이들은 오이디푸스 콤플렉스를 거쳐 이성애의 규범화를 이루어 사디즘으로 나아가는 반면 여자아이들은 오이디푸스 단계 이후에 이성애적으로 여성성을 받아들이는 이차적 마조히즘으로 진행합니다. 이때 남성의 이차적 마조히즘은 이러한 규범적 이성애를 받아들이지 않기 위해 원초적 마조히즘으로 퇴행하는 현상이 됩니다. 따라서 여성의 마조히즘이 원초적이든 이차적이든 내내 규범적인 반면 남성의 이차적 마조히즘이 유독 규범으로부터의 일탈인 까닭이 여기에 있습니다.

남성의 이차적 마조히즘이 여성의 마조히즘처럼 수동적 태도, 즉 우울처럼 자기처벌의 환상을 통해 자아가 고통을 유지하려는 태도라고 본다면 이 역시 쾌원리와 모순될 가능성이 있습니다. 죄의식 때문이든 사디즘의 좌절이든 자아가 자기처벌하는 환상은 고통과 결부되기에 쾌원리에 위배될 수 있겠죠. 그렇지 않으려면 남성의 이차적 마조히즘 역시 방어의 일환이어야 할 필요가 있습니다. 프로이트가 마조히즘을 죽음충동과 연결짓는 것이 이 지점입니다. 남자아이가 이차적 마조히즘으로 퇴행하고 자기처벌하는 환상을 통해 고통을 유지하려는 태도가 실은 원초적 마조히즘 상태로 돌아가 동성애의 가능성을 원천봉쇄하고 이성애적 대상선택의 공격성도 미루려는 심리기제일 확률이 있다고 본 것이죠. 리비도의 경제로 풀어보면 이 과정은 대상에 투자된 리비도가 자아에게로 회귀하여 자아를 대상으로 삼는 선택이기에 나르시시즘과 유사하고, 자아가 자기 자신을 사디즘적으로 선택하는 오이디푸스 이후 대상선택 과정의 대체가 되는 것입니다. 죽음충동이 이차적 마조히즘을 발생시키는 힘이 되는 이유는 대상선택에서 생겨나는 사디즘의 공격성을 자기에게 전환하여 쾌원리를 따르려는 방어의 논리로 활용하기 때문입니다.

이때 작동하는 고통의 경제학이 우울과 아주 흡사하다는 사실이 중요합니다. 사디즘적 대상선택이 주는 불쾌와 긴장을 죽음충동을 통해 방어하려는 것이 마조히즘의 경향인데, 이는 동시에 자기처벌의 형태로 고통이 유지되는 것도 지향하기에 쾌원리와 배치되는 측면 또한 있습니다. 비경제적 고통의 경제학입니다. 남성의 이차적 마조히즘이 이성애를 어긴 죄의식으로 촉발된 자기처벌의 고통과 그 억압적 대체물로서의 동성애적 만족이 수렴된 양면적 상태라고 보는 프로이트의 관점은 이와 상통합니다. 자기처벌의 환상은 자위의 경우처럼 처벌인 동시에 만족입니다. 일종의 '길티 플레저(guilty pleasure)'입니다.

사실 「마조히즘의 경제적 문제」가 제기하는 핵심 논지는 마조히즘의 독립성이나 원초적 마조히즘 개념보다 이차적 퇴행 내지는 고착(die Fixierung)으로서의 마조히즘입니다. 프로이트는 오이디푸스 단계 이후에 발생한 사후적 성도착인 이차적 마조히즘의 기원을 여전히 오이디푸스 콤플렉스에서 찾고 있는 셈인데, 이러한 사후적 문제가 생긴 특정한 남성이 왜 하필 '여성적' 태도를 취해 도착적 성으로 퇴행하는지는 좀더 분명하게 이론화하지 못합니다. 수동성이 곧 여성성이라고 믿기 때문 아닐까요? 다시 말해, 콤플렉스 극복 과정에서 생긴 문제에서 발생한다는 점은 설명하지만 왜 특정한 남성에게 그런 문제가 그 과정에서 생기는지는 여전히 답하지 못합니다. 또한 이런 문제가 여성에게도 발생할 수 있는지는 묻지 않습니다. 왜 여성은 오이디푸스 콤플렉스의 극복 여부와 상관없이 원초적 마조히즘에서 이차적 마조히즘으로 이어지는 과정을 겪으며 왜 이 과정은 전혀 문제가 되지 않는지 답하지 않습니다. 여성에게서도 이차적 마조히즘은 남성의 여성화 증상과 다른 의미에서 징후로 나타날 가능성이 큽니다.

이 점은 프로이트가 마조히즘에 나타난 여성적 수동성으로의 회귀를 유아적 태도와 동일시하기 때문인 듯합니다. 여성의 남근선망 이론이 어린아이, 특히 남자아이의 아버지에 대한 거세불안과 인정투쟁의 이면인 까닭이 여기에 있습니다. 마조히즘은 남성이 오이디푸스 단계의 남자아이에게 벌어지는 아버지를 향한 양가적 감정, 즉 거세불안과 인정욕망의 상반된 요구를 극복하지 못하고 오이디푸스 이전 단계로 퇴행하는 것인데, 이것이 남근선망의 상태로 오이디푸스 콤플렉스를 겪는 여성의 수동적 태도, 즉 선택의 대상이 되고자 하는 태도와 흡사하다고 본 것이죠. 반면 여성의 마조히즘은 오이디푸스 단계 이전과 이후 모두 수동적 선택의 대상이 되려는 태도의 연속이기에 문제가 되지 않는 것입니다. 여성의 성도착이 문제가 되는 경우는 오히려 사디즘적으로 스스로를 남성과 동일시하는 여성동성애의 경향입니다. 프로이트가 유독 여성동성애의 분석에 남다른 관심을 기울인 이유는 그것이 남성의 마조히즘과 비견되는 규범적 성으로부터의 일탈이기 때문입니다. 프로이트에게 남성의 경우 동성애보다 마조히즘이 더 문제인 이유도 마찬가지입니다. 앞서 살펴보았듯, 어머니의 거세를 부인하고 나르시시즘적 동일시에 머무르려는 일시적 동성애의 고착보다 이성애의 규범에서 벗어나 여성화되는 현상이 바로 남성의 마조히즘이기 때문이에요. 프로이트에게 남성의 마조히즘은 동성애가 아니라 여성화가 핵심입니다.

도덕적 마조히즘

「마조히즘의 경제적 문제」에서 프로이트는 마조히즘을 세 가지로 분류합니다. 리비도의 경제를 따라 고통 속에서 쾌락을 느끼는 형태로서의 성감발생적(erogenen) 마조히즘이 하나 있고, 여성적(femininen) 마조히즘이 다른 하나이며, 죄의식과 자기처벌 환상에 의해 작동되는 행동규범으로서의 도덕적(moralischen) 마조히즘이 있습니다. 성감발생적 마조히즘은 생물학적 현상이기에 완전한 이해가 불가능하지만 다른 두 마조히즘에도 수반되는 기본적 경향입니다. 여성적 마조히즘은 별다른 설명이 필요하지 않을 만큼 보편적이기에 문제삼지 않아요. 프로이트가 주로 관심을 기울인 것은 남성에게 나타나는 여성적 마조히즘, 즉 '남성의 수동적 여성화'와 결부된 마조히즘인데,

여기서 그는 「아이가 매를 맞고 있어요」에서와 달리 오이디푸스 콤플렉스 이론보다 죽음충동과 성충동의 융합과 분열을 통해 쾌원리의 차원에서 설명하려고 시도합니다. 프로이트는 이렇게 말합니다.

> 마조히즘은 삶에 매우 중요한 융합, 즉 죽음충동과 에로스 사이에 생겨나는 융합의 발달단계이자 그 단계의 잔재가 존재함을 증명한다. 어떤 특정한 상황에서는 외부로 투사되었던 사디즘 혹은 파괴충동이 다시 한번 내부를 향해 되돌려져 내투사될 수 있으며, 이런 식으로 가장 최초의 상태로 퇴행할 수 있음을 안다고 해서 그리 놀랄 일은 아니다. 이런 일이 벌어지면, 이차적 마조히즘이 발생하여 원초적 마조히즘에 덧붙여진다.(「마조히즘의 경제적 문제」, *Gesammelte Werke*, 13권 379쪽)

프로이트가 더 큰 관심을 기울이는 것은 이 세번째 부류의 마조히즘, 즉 대상선택과 상관없이 "고통 그 자체가 문제가 되는" 행동규범으로서의 마조히즘을 충동이론과 초자아의 관계를 통해 쾌원리의 틀 안에서 설명하는 일입니다.

죄의식과 초자아의 성립이 초래하는 충동의 분열이 자아로 하여금 자신에 엄격하고 혹독한 행동규범을 정립하며 자기처벌의 환상을 강화하는데, 이는 마치 칸트의 정언명령(der kategorische Impreativ)과 유사한 성격을 갖습니다. 즉 고통 자체를 처리하는 자기처벌적 행동규범이 바로 도덕적 마조히즘이고 이는 역설적으로 오이디푸스 콤플렉스 이론의 정합성을 강화합니다. 말을 바꾸면, 도덕적 마조히즘은 무의식적이며 이는 초자아에 각인된 죄의식에 의해 자기처벌 환상을 떠올리는 방식으로 작동합니다. 프로이트의 말을 다시 인용해보죠.

> 우리는 '무의식적 죄의식'이라는 표현을 부모의 힘에 의한 처벌의 요구로 바꿔 부를 수 있다. 환상에서 매우 자주 등장하는 소망, 즉 아버지에게 매 맞고 싶다는 이 소망은 아버지와 수동적(여성적) 성관계를 맺고 싶다는 다른 소망과 아주 밀접하며, 그 소망의 퇴행적 왜곡에 불과함을 이제 확인할 수 있다. 이러한 설명을 도덕적 마조히즘의 내용에 삽입해보면 숨겨진 의미가 선명하게 드러날 것이다. 양심과 도덕은 탈성화(脫性化)를 통한 오이디푸스 콤플렉스의 극복으로 생겨난다. 그러나 도덕적 마조히즘을 통해 도덕은 다시 한번 성적 의미를 부여받고 오이디푸스 콤플렉스는 부활하며 도덕으로부터 오이디푸스 콤플렉스로 퇴행할 길이 열린다. 다시금 마조히즘은 '죄가 되는' 행위를 수행하고픈 유혹이 생겨나게 하는데, 그렇게 되면 이 행위는 (수많은 러시아의 인물 유형이

예시하듯) 사디즘적 양심이나 운명이라는 거대한 부모의 힘을 통한 처벌에 의해 속죄되어야만 한다.(같은 책, 386쪽)

여기서 거론한 동성애적 욕망은 오이디푸스 콤플렉스를 통해 성적 특성을 제거당했으나 성감 발생을 동반하는 마조히즘으로 인해 다시 한번 오이디푸스 콤플렉스를 겪는데, 이때 나타나는 죄의식과 처벌의 환상은 죽음충동과 성애적 요소의 결합으로 고착됩니다.

결국 이 글은 사디즘과 마조히즘을 분리하고 원초적 마조히즘을 설정해서 죽음충동과 삶충동의 융합과 분열을 통해 남성의 이차적 마조히즘을 쾌원리의 이론으로 재통합하려는 시도입니다. 통합에는 성공하지만 오이디푸스 콤플렉스 이론의 틀은 버리지 못합니다. 인용한 대목에서도 알 수 있듯이 여기서도 설명되지 않은 채 남은 문제는 도덕적 마조히즘이 왜 오이디푸스 콤플렉스의 반복인가라기보다 왜 도덕적 마조히즘 자체가 생겨나는가라는 점입니다. 프로이트는 자기관리가 엄격한 사람에게서 도덕적 마조히즘이 특징적으로 많이 목격된다는 사실을 거론하는 데 그칩니다. 왜 탈성화된 충동이 다시 성적 함의를 갖는 것일까 여전히 의문입니다. 프로이트는 죽음충동이 삶충동과 융합하고 분열되는 과정이 유기체인 인간에게서 끊임없이 반복되기 때문이라고 보는 데 만족하는 듯합니다. 우리의 삶에서 쾌원리를 따르는 죽음충동의 논리가 더 근본적이고 삶충동은 죽음충동을 거스르려는 파생적이고 사디즘적인 충동이라고 보는 시각에 가깝습니다.

프로이트는 별로 주목하고 있지 않지만, 도덕적 마조히즘이 죽음충동을 통한 쾌원리의 관철이라면 반복강박과 매우 깊은 관련이 있습니다. 「무진기행」의 예를 들면, 윤희중이 상실감에 시달릴 때마다 무진으로 돌아가려고 하는 태도가 바로 반복강박의 일종인데, 무진을 트라우마적 대상으로 보려는 환상이 작동하여 도피처가 아니라 자신의 남성성의 실패와 불감증의 근원으로 만들고자 하기 때문입니다. 자기처벌 환상을 통해 고통을 지속하려는 경향입니다. 고통과 결부된 장소는 피하는 것이 일반적이고 쾌원리에 따르는 길인데 윤희중의 반복강박은 바로 그 원리에 위배되는 것처럼 보인다는 것이죠. 그러나 반복강박은 고통의 지속인 듯 보이지만 실은 고통 그 자체를 통해 제대로 된 남자 구실을 못한 데 대한 죄의식을 강화하여 고통을 자기처벌로 만들려는 무의식적 환상입니다. 처벌로서의 고통을 감수함으로써 남성성의 실패를 대체하는 쾌감을 얻기 때문입니다. 윤희중의 반복강박은 이러한 마조히즘의 경제를 따릅니다. 그렇기 때문에 이처럼 죄의식과 결부된 쾌감은 사디즘적 삶충동에서 얻을 수 있는 만족과 다르고 오히려 실패를 받아들임으로써 얻는 대체 만족입니다. 그런 면에서 근본적으로 도착입니다. 그래서 마조히즘은 대단히 금욕적이고 명철하고 엄격한 행동규범을 내면화한 사람에게 더 잘 나타납니다. 이런 엄격함이 불감증의 다른 모습인 까닭입니다. 일제강점기에 활동한 소설가 현진건의 「B사감과 러브레터」라는 소설이 있어요. 주인공 B사감이 바로 그 사례에 해당합니다. 죄의식과 자기처벌 환상, 그리고 그에 따르는 대체물로서의 도착적 쾌감이 도덕적 마조히즘입니다. 윤희중이 마지막에 느끼는 수치심에 대해서도 비슷한 설명이 가능합니다. 불륜을 저지르려고 했으나 아내의 전보가 날아와서 현실을 깨닫고 하인숙을 버리는 행위를 문제삼는 경우가 많습니다. 그렇지만 윤희중의 부끄러움은 하인숙에 대한 것이라기보다 더 깊은 곳에서 무의식적으로 스스로가 처벌의 형태로 원하는 감정입니다. 무진으로의 반복된 귀향과 예정된 실패에도 불구하고 계속 동일한 상황을 반복하는 자신에 대한 죄의식과 그 죄의식을 통한 처벌의 형태로만 스스로의 욕망을 느낄 수 있는 도착적 마조히즘의 감정입니다. 반복되는 행위에 내재된 구조적 부끄러움이기에 수치심이 없는 부끄러움일 가능성이 커요.

마조히즘의 정치성

이제 라캉과 들뢰즈가 프로이트의 마조히즘 개념을 어떻게 재해석하는지 살펴보면서 마조히즘의 저항성 내지는 정치성에 대해 알아봅시다.

라캉에게 마조히즘은 도착의 형태이지만 프로이트와 달리 성적 의미보다 사회적 함의가 두드러집니다. 한마디로 말하면 주체와 타자 간의 쌍방관계에서 약자인 주체가 강자인 타자를 상대로 벌이는 인정투쟁의 한 방식입니다. 라캉에게 마조히즘은 자아 내부에서 벌어지는 일이 아니라 항상 대상을 상대로 한 관계 속에서 가능한 태도예요. 프로이트와 달리 자기처벌은 환상이 아니라 한 주체가 대상과의 관계에서 스스로에게 고통을 가하거나 스스로를 학대함으로써 그 대상과의 관계를 재정립하려는 태도입니다. 앞서 예로 든 〈파이트 클럽〉에서 주인공 화자가 자기 상사를 상대로 두 사람 간의 권력관계를 재편하고자 자해를 감행하는 장면이 여기에 해당합니다. 주체와 대상 간의 쌍방관계에서 벌어지는 인정투쟁에서 마조히즘은 약자가 취할 수 있는 저항의 논리가 됩니다. 특히 권력이 개입된 관계에서 상대적으로 불리한 위치에 있는 존재가 권력의 차이를 극복하는 방식입니다. 힘있는 상대를 대할 때 열세에도 불구하고 직접 맞서 싸우는 저항이 있을 텐데, 마조히즘은 직접 맞서지 않고 자신에게 고통을 가함으로써 상대에게 자신의 존재를 인정받고자 하는 도착적 태도입니다. 가령 상대와 힘으로 맞서 둘 중 하나가 굴복하거나 패배해야만 끝이 나는 싸움, 즉 주체나 타자 중 어느 한쪽이 다른 쪽을 완전히 복속시켜 애초의 관계가 뒤집어지거나 반대로 더 공고해지는 결과를 가져오는 싸움이 있죠. 일종의 제로섬 게임인데 불리한 주체에게는 위험이 큰 싸움입니다. 반면 열세에 처한 사람이 권력관계를 바꾸기 위해 타자를 사디즘적으로 공격하기보다 자기를 위해(危害)하는 방식을 채택하는 길이 있죠. 자기를 고통에 빠지게 만들어서 우세한 힘을 가진 상대방이 주체를 인정하고 관계를 변화시키게 만드는 방식이에요. 대표적으로 단식이나 농성이 있습니다. 아이들이 원하는 것을 부모가 들어주지 않을 때 밥을 안 먹죠.(웃음) 이러면 누가 괴롭습니까? 배가 고프니 본인이 제일 괴롭겠죠. 그러나 이 같은 물리적 고통보다 더 큰 정신적 부담을 느끼는 쪽은 부모입니다. 대체로 부모가 생각을 바꾸고 아이는 원하는 바를 이루게 됩니다. 마조히즘입니다. 자기 스스로를 괴롭힘으로써 상대방을 불안에 빠지게 만드는 수법입니다.

이렇듯 라캉의 마조히즘은 주체가 자신의 고통을 통해 관계를 맺고 있는 대상, 즉 타자에게 불안을 선사하는 행위입니다. 내 물리적 고통을 타자의 불안으로 전이시키는 행위입니다. 단, 마조히즘의 논리가 효과를 거두기 위해서는 타자가 마조히즘적 주체와 일종의 계약관계에 있고 동일한 이해관계를 가져야만 합니다. 그리고 마조히즘적 저항을 목격하는 제3자가 존재해야 합니다. 나는 단식을 하는데 상대방이 외면하거나 아무도 관심을 기울이지 않으면 아무 소용이 없습니다. 그래서 마조히즘은 사실 주체가 타자에 대해 행할 수 있는 최후의 저항수단이기도 합니다. 세월호 참사 때 부모들이 단식했죠. 단식은 자기의 목숨을 담보로 한 행위이기에 일이 악화되면 그 책임을 타자가 집니다. 불안을 선물하여 자신의 고통에 대한 책임을 타자에게 묻는 행위입니다. 세월호 유가족의 단식이 사람들의 관심에도 불구하고 실패로 끝난 이유는 그 싸움의 대상이 아무런 관심이 없었고 책임을 떠맡으려 하지 않았기 때문이에요. 마조히즘의 저항성은 이러한 조건이 충족되어야만 효과를 볼 수 있는 매우 제한된 형태의 인정투쟁입니다. 또한 마조히즘은 일시적일 수밖에 없어요. 반복할 경우 효과가 없다는 말입니다. 타자와 제3자가 주체의 마조히즘에 대한 책임 부담을 계속 가지기 힘들다는 얘기죠. 마조히즘적 주체의 입장에서도 마찬가지입니다. 자기에게 고통을 부여하는 행위는 프로이트의 도덕적 마조히즘과 달리 고통 그 자체가 쾌락을 선사하지 않습니다. 라캉적 마조히즘의 자기처벌은 죄의식이 동반되지 않으며 타자에게 불안을 선물하려는 목적을 달성하기 위한 수단이기에 그 자체로 쾌감을 주지도 않습니다.

여기서 잠깐 자허마조흐의 소설 『모피를 입은 비너스(Venus im Pelz)』를 예로 들어 마조히즘 얘기를 계속해봅시다. 아까 마조히즘이 일종의 계약관계에서 가능하다고 했는데, 이 소설에는 자발적으로 여성과 문서로 된 노예계약을 맺는 남자 주인공의 이야기가 나옵니다. 라캉이 전제하는 마조히즘의 계약관계는 우리가 맺고 있는 대부분의 관계를 뜻하지 문서로 성립된 계약이 아닙니다. 소설의 남자 주인공이 여성과 사랑관계를 맺는 형식이 바로 자발적으로 여성의 노예가 되는 마조히즘입니다. 남자가 여성과 계약을 맺어 그로부터 합법적으로 자신을 학대하고 모멸하는 행위를 원하는 것입니다. 자기를 학대해달라는 계약을 맺는 것이죠. 이 자발적 마조히즘 계약관계의 특징은 고통을 가하는 여성이 아니라 고통을 받는 남자에게 선택권이 있다는 점입니다. 마조히즘의 입장에서 고통을 받는 존재가 관계의 주도권을 쥐고 그가 원하는 만큼의 고통을 받는 것입니다. 고통의 대상이 됨으로써 주도권을 쥐는 역설적 계약관계가 바로 이 소설의 마조히즘입니다. 이 마조히즘의 또다른 특징은 성적 만족과 아무런 관련이 없다는 것입니다. 둘은 합의된 연극, 일종의 학대놀이를 하는 거예요.

들뢰즈는 계약관계에 기반을 둔 자허마조흐의 이 독특한 마조히즘을 통해 프로이트와는 다른 저항성을 정립합니다. 합의된 계약관계에서 남성이 고통을 통해 이루고자 하는 목적이 무엇인지 묻습니다. 프로이트는 마조히즘이 자기처벌 환상을 통해 죽음충동을 쾌원리에 따르게 만드는 유기체의 방어에 목적이 있다고 보았고, 라캉은 타자에게 불안을 선사하여 관계를 재정립하려는 인정투쟁의 양태라고 간주했다면, 합의된 계약관계에서 마조히즘적 주체인 남성이 공격적 여성의 학대를 수동적으로 견딤으로써 목적하는 바는 무엇일까요. 당연히 계약의 상대로서 고통을 가하는 여성의 사디즘적 행위에 대한 저항은 아니겠죠. 본인이 때려달라고 한 것이니까요. 여성은 사디스트가 아니라 사디즘을 연기하는 사람이고 남성은 고통을 감내함으로써 자발적 마조히스트가 됩니다. 이런 태도 역시 자기처벌의 환상을 실행함으로써 죄의식을 억압하고 자기를 방어하는 목적을 띠는 것일까요? 학대를 가하는 여성은 계약한 역할을 수행할 뿐 주도권을 갖지 못해요. 여성은 냉정하고 잔인할수록 좋지만 사디즘적 만족을 얻거나 다른 목적을 달성하지도 않아요. 보조자일 뿐입니다. 마조히스트 남성은 이 여성으로부터 성적 끌림을 원하지 않고 다만 범접할 수 없는 잔인함을 수행하고 성적이지 않은 숭배의 대상으로 이상적 여성의 모습을 연기해주길 바랍니다.

이 계약관계에서 마조히즘을 수행하는 남성은 아버지의 법, 즉 규범적 이성애에 기반을 둔 기존의 사회적 계약관계를 조롱하고 패러디하는 데 관심이 있습니다. 자신의 마조히즘적 계약관계를 통해 남성이 지배하고 여성이 지배받는 규범적 관계의 역전된 형태를 전시하는 것입니다. 그것도 남성인 자신이 가장 여성적이고 굴욕적인 태도로 고통과 모욕을 자발적으로 견디는 모습을 통해 규범적으로 정립된 기존 계약관계의 외설성을 드러내고 조롱하는 것입니다. 금지와 금기와 억압에 바탕을 둔 이성애적 관계를 뒤집고 기존 규범적 관계에서 남성의 역할을 해야 마땅한 존재가 가장 여성적이고 수동적인 처지에 빠지게 하여 마조히즘적 남성을 통한 기존 규범적 관계의 지속이 더이상 불가능함을 공표하는 것입니다. 자신을 학대하고 처벌함으로써 기존의 관계가 만들어낸 결과로서의 자신을 파괴하는 일이죠. 자신을 처벌함으로써 자신을 잉태한 법을 중단시키는 행위입니다.

여기서 그러한 저항 행위를 돕는 존재가 이성애적 규범의 틀에서 벗어나 남성의 역할을 연기하는 여성이라는 점이 중요해집니다. 들뢰즈는 이 마조히즘의 계약관계가 목적하는 바를 이렇게 정리합니다. "마조히스트 남성은 이런 자기 학대를 통해 아버지와 아버지가 만든 법을 조롱하며, 아버지가 금하는 쾌락을 얻기 위해 아버지의 법에 복종한다."("From Sacher-Masoch to Masochism, 129쪽) 마조히즘의 계약관계는 정확히 기존의 이성애적 규범을 뒤집어놓은 형태로 그 규범의 논리를 그대로 수행하는 것이니, 남성에게 체현되었다고 간주되는 규범이 여성의 손에 의해 훼손되고 굴욕을 겪게 만드는 것입니다. 이 논리는 자기 안에 상실된 대상을 합체하여 복수를 꾀하는 우울자의 태도와 매우 유사합니다.

프로이트의 우울이 자기처벌의 환상을 통해 대상에게 책임을 전가하는 데 그치는 방어라면, 들뢰즈의 마조히즘은 자기에게 합체된 아버지의 규범 자체를 스스로의 처벌을 통해 수행한다는 점에서 사회적 저항의 의미를 획득합니다. 이 과정을 프로이트 및 라캉의 마조히즘과 비교해봅시다.

프로이트의 남성 마조히즘		
아버지가 나를 때려요.	어머니가 나를 때려요.	아버지가 여자인 나를 때려요.
자기처벌 환상	죄의식	도착(일탈)
라캉의 마조히즘		
내가 나를 때려요.	내가 타자를 때려요.	타자가 스스로를 때려요.
자기처벌	도착(사디즘)	불안
들뢰즈의 남성 마조히즘		
여성이 남성을 때려요.	어머니가 아들을 때려요.	내가 내 안의 아버지를 때려요.
자기처벌	도착(패러디)	내파

들뢰즈의 마조히즘은 합의된 계약관계이기 때문에 규범적인 성적 만족이 동반되지 않고 따라서 프로이트의 경우와 달리 죄의식도 생기지 않습니다. 무엇보다도 자기처벌은 환상이 아니라 우울의 합체처럼 남성이 자기 내부의 규범적 남성성을 여성의 손을 빌려 공격하고 조롱하는 행위입니다. 규범적 아버지 혹은 법의 입장에서 보면 규범적인 성적 만족도 없이 여성에게 맞는 남성의 모습은 규범적 남성성의 굴욕입니다.

남성 마조히스트는 계약관계를 통해 여성이 지배하는 일종의 가모장제(gynocracy)를 신봉하는 듯한 태도를 보여줍니다. 그리고 이 과정에서 규범적이지 않은 쾌감을 얻습니다. 그래서 들뢰즈는 "맞고 있는 사람은 남자아이가 아니라 바로 아버지다"라고 말합니다. 요컨대 마조히스트 남성은 계약을 통해 여성의 힘을 빌려 자기 내부의 가부장적 규범을 자기처벌의 형태로 공격하는 것이기에 여성의 적극적 협조와 연대에 전적으로 의존합니다. 들뢰즈는 이 남성이 여성으로 바뀌는 것도 가능하다고 말하지만, 규범적 아버지의 법을 거부하는 남성의 마조히즘적 수행에서 여성은 사디즘을 연기하는 조력자 역할을 할 뿐입니다. 프로이트의 틀에서는 마조히즘이 여성의 수동적 태도와 동일시되어 여성의 마조히즘이 큰 의미를 부여받지 못했다면, 들뢰즈의 경우에는 여성이 남성의 계약관계를 가능하게 만드는 중요한 역할을 수행함에도 관계의 주도권을 행사하지는 못합니다. 가부장적이고 규범적이며 이성애적인 아버지의 법과 싸우는 것은 마조히스트 남성입니다. 프로이트가 마조히즘에서 나타나는 남성의 여성화와 여성 자신의 마조히즘을 구분하지 못했다면, 들뢰즈는 마조히즘 자체가 여성과의 계약에 의존하는 남성의 규범에 대한 저항이며 여성 스스로가 남성과 같은 마조히즘을 실행할 가능성을 탐구하지 못합니다. 중요한 점은 오이디푸스 콤플렉스나 규범적 이성애의 정립 과정에서 여성의 수동적 예속과 여성의 마조히즘을 구분할 필요가 있다는 것입니다.

여성의 마조히즘

여성이 들뢰즈의 마조히스트 남성과 마찬가지로 자기처벌을 연기(演技)함으로써 규범적 이성애에 저항하는 방식의 의미도 따져볼 필요가 있습니다. 들뢰즈적 계약관계에서도 여성의 마조히즘이 가능하다면 이를 마조히즘이라고 불러야 할지 모르겠지만, 여성이 억압적 아버지의 역할을 맡는 남성과 계약을 맺고 성적 만족과 죄의식 없이 규범이 원하는 수동적 태도를 마조히즘적으로 연기함으로써 저항을 이뤄낼 가능성도 충분히 존재합니다. 또하나 지적할 점은 들뢰즈의 마조히즘에서 나타나는 저항성 역시 계약하에서 여성의 협조가 지속되는 경우에만 가능한 한시적 연합이라는 점입니다. 계약이 파기되면 아무런 효과를 거둘 수 없고 여성의 선의에 의존합니다. 라캉의 마조히즘이 벌이는 인정투쟁과 크게 다르지 않습니다. 게다가 계약관계의 주도권 문제도 간단하지 않습니다. 들뢰즈는 계약적 마조히즘에서 사디즘적 여성이 아니라 고통받는 남성이 관계의 주도권을 쥐고 있다고 말하는데, 과연 그런지 좀 생각해볼 필요가 있어요.

자허마조흐의 『모피를 입은 비너스』를 보면 자신이 감당하는 고통이 너무 큰 나머지 남성은 자신을 학대하는 여성이 여전히 계약관계에 의거해 행동하는지 의심합니다. 심지어 어느 순간에는 자살충동까지 생깁니다. 게다가 여성은 마지막에 그의 고통을 덜어주기 위해 아버지의 대리자를 계약관계에 개입시켜서 남성에게 죄의식을 심어주고 계약을 파기합니다. 애초의 계약과 달리 주도권은 여성에게 완전히 넘어가 있습니다. 즉 남성의 마조히즘적 계약이 실효를 거두고 남성이 주도권을 행사한다고 말하려면 계약 자체의 소멸과 종료를 남성이 주도해야 하지만 그러기 위해서는 마조히스트 남성이 자기 안에 구현된 아버지의 역할을 완전히 포기해야만 합니다. 그러나 이 계약은 고통과 굴욕 자체의 크기와 강도가 남성이 감당할 수 있는 수준이어야만 유지되는데 여성의 사디즘적 매질에는 절대적 기준이 없고 오직 남성의 주관적 수용 정도에 좌우되기에 항시 계약을 파기하려는 충동, 즉 쾌원리의 즉각적 회복이라는 유혹에 시달리게 됩니다.

만일 마조히즘적 계약의 당사자가 여성이라면 사정이 달라지겠죠. 프로이트의 여자아이와 달리 계약관계의 여성 마조히스트라면 스스로를 굴욕적 상태로 몰아가도 죄의식이 없을 뿐만 아니라 규범적 이성애의 선택대상이 되는 일도 불가능해집니다. 남성적 질서에 마조히즘적으로 복종하지만 바로 그 수동적 태도를 통해 자신이 규범적 이성애의 대상으로 선택되는 일도 중지시킵니다. 요컨대 여성의 마조히즘이 가능하다면 계약 여부와 상관없이 여성이 지배적 남성에 대해 극단적으로 수동적 태도를 취함으로써, 즉 마조히스트를 철저하게 연기함으로써, 자신의 여성성 자체를 제거하여 규범적 이성애의 논리를 무력화시킬 수 있다는 것입니다. 자발적으로 복종하되 복종을 통해 남성의 규범적 대상선택 자체를 파괴하는 것입니다. 아버지보다 더 아버지의 법을 충실히 따르는 어머니가 됨으로써 여성이길 멈추거나 이성애적 규범을 남성보다 더 철저하게 따르는 여성이 됨으로써 그 이상의 여성, 즉 어머니이길 포기하는 방식이 있을 것입니다. 여성의 마조히즘은 라캉적 마조히즘의 인정투쟁 형식을 띠면서도 계약관계의 중지가 아니라 극단적 이행을 통해 저항하기에 매우 새로운 형태의 저항이 될 가능성이 있습니다. 사실 프로이트의 여성적 마조히즘도 이런 측면에서 재고의 여지가 있습니다. 프로이트의 여성적 마조히즘 개념을 마조히즘이 여성에 본질적이라는 발언으로만 받아들이기보다 여성의 존재가 쾌원리를 규범적으로 따르지 않는 죽음충동 상태에 더 가까이 있다는 말로 받아들일 수도 있습니다. 라캉의 여성 주이상스 개념은 이러한 가능성을 사유한 결과이기도 합니다. 또하나의 가능성은 프로이트의 원초적 마조히즘 개념 자체를 인간 성의 본래적 상태로 보는 것입니다. 남성이 원초적 마조히즘 상태를 규범적 성과 가부장제로 의미화하는 질서를 만들고 유지하고자 한다면, 여성은 이 원초적 상태에 머물러서 쉽사리 남성 위주의 질서에 통합되지 않으려는 경향을 보여준다고 생각할 수 있습니다.

들뢰즈의 마조히즘 개념에도 이러한 가능성이 없지 않습니다. 앞의 도식에서 보았듯, 마조히스트 남성이 계약을 통해 여성의 힘을 빌려 연합관계를 형성한 후 아버지의 법과 싸우는 관계가 마치 엄한 어머니가 어린 아들을 훈육하는 모습으로 현상한다면, 규범적 법의 입장에서 이 광경은 규범의 부정이 아니라 아버지의 역할을 대신한 어머니가 아버지의 법을 아들에게 관철하는 모습으로 나타나겠죠. 엄한 어머니가 아버지의 대리자로서 아들의 금지된 욕망에 처벌을 내리는 형태이기 때문입니다. 가부장제 질서는 이 광경을 규범에 충실한 과정으로 간주할 것입니다. 그런데 어머니 역할을 맡은 여성이 이 관계를 지배하는 것이 아니라 마조히스트 남성이 주도하여 합의된 연기를 수행하는 것이기에, 실제로는 아들 역할의 남성이 지닌 남성성에 대한 의도적 조롱과 모욕이 되는 것이고 아들에 내면화된 아버지의 법이 공격을 당하는 형국이 됩니다. 즉 아버지의 법을 따르지 않으려는 아들이 금지를 어김으로써 저항하는 것이 아니라, 어머니로 표상되는 여성의 힘을 빌려 아버지의 법을 충실히 따르는 연기를 수행함으로써 자기 내부에 내면화된 법을 무력화시키는 저항입니다.

제국의 지배를 받는 식민지인이 직접적 저항이 아니라 오히려 제국이 원하는 충실한 하인의 역할을 연기함으로써 자기에 내면화된 제국의 논리를 해체하는 탈식민주의 전략도 이와 비슷한 성격을 갖습니다. 마조히스트 남성의 남성성이 파괴되는 것은 그의 저항으로 그치는 것이 아니라 아버지의 법을 계승할 존재의 상실이기도 하기에 사회적 저항의 의미도 있습니다. 아들이 환상 속에서 망가지는 것이 아니라 실제로 망가짐으로써 아버지의 법은 계승되지 못하는 것이죠. 사디즘적 저항이 톱니바퀴처럼 돌아가는 규범적 시스템이 작동하지 못하도록 기계 자체를 파괴하려는 저항이라면, 라캉의 마조히즘적 저항은 기계 사이에 자신을 밀어넣어 시스템의 작동을 중지시키거나 톱니가 원활하게 돌아가지 못하도록 윤활유를 뿌리지 않는 행위를 하는 것입니다. 반면 들뢰즈적 마조히즘과 여성의 마조히즘은 시스템 자체에 과부하가 걸리도록 극단적으로 시스템을 돌려서 기계가 스스로 소진되고 작동을 멈추도록 만드는 방식입니다.

라캉과 들뢰즈의 마조히즘이 지닌 차이는 계약관계가 결부되는 서로 다른 방식으로도 설명할 수 있습니다. 들뢰즈의 마조히즘은 기존의 규범적 계약관계가 있을 때 여성과 남성이 이 관계를 패러디하거나 모방한 계약관계를 저항하는 존재들 사이에 성립시키는 것입니다. 반면 라캉의 경우에는 기존의 지배와 종속에 기반을 둔 계약관계를 종속자의 입장에서 이행하지 않음으로써 새로운 계약관계를 만들어내려는 저항입니다. 프로이트의 마조히즘이 자기처벌의 환상과 도착적 성애를 통해 기존의 규범에 혼란을 초래하면서도 규범적 쾌원리를 우회적 방식으로 따르는 일탈적 방어(防禦)의 논리라면, 라캉의 마조히즘은 규범의 작동을 멈추어 체제에 불안을 야기함으로써 새로운 규범을 요구하는 무위(無爲)의 태도이며, 들뢰즈의 마조히즘은 기존의 규범을 패러디하는 도착적 계약관계를 만들어 규범적 시스템 자체의 자기붕괴를 꾀하는 내파(內破)의 방식입니다.

10강

그대는 내가 아는 그 사람이 아니다

freud
seminar

사랑의 심리학

이번 강의에서는 프로이트의 사랑론을 다룹니다. 프로이트에게 사랑은 병리적 현상이 아니기에 큰 주목을 받지는 못했고, 다른 개념과의 연관성도 크게 두드러지지 않습니다. 그래서 사랑의 '정신분석'이 아니라 사랑의 '심리학'이라는 주제로 1910년대, 즉 1차 세계대전을 전후한 시기에 세 편의 글을 남겼고, 1931년에 나온 「여성의 성욕에 대하여」에서 잠시 언급할 뿐입니다. 1910년에 쓴 「남성 대상선택의 한 특수한 유형에 대하여」가 사랑의 심리학 1부이고, 2부는 2년 후인 1912년의 「사랑의 삶에서 나타나는 보편적 가치절하의 경향에 대하여」이며, 마지막 3부는 1918년에 나온 「처녀성의 금기」라는 글입니다. 제목과는 달리 프로이트가 사랑의 심리학에 접근하는 방식은 전형적인 정신분석입니다. 즉 남성 신경증자의 특수한 사랑 형태를 먼저 분석한 뒤 보편적 사랑의 양상을 유추하고 여성의 사랑을 다루는 방식으로 진행됩니다.

나중에 더 언급하겠지만, 프로이트의 사랑의 정신분석을 읽는 방식 중 하나는 사랑의 심리학에 관한 에세이들의 출판 사이에 끼어 있는 1914년의 나르시시즘론을 참조하는 것입니다. 일단 정신분석적 사랑론을 살펴보고 나르시시즘 개념을 검토하면서 재음미하는 방식으로 진행해볼까 합니다. 충분히 예상 가능하지만, 프로이트가 이해하는 사랑은 이성애이고 규범적입니다. 남성의 입장에서 사랑을 바라봅니다. 자기는 여자에 대해 잘 모르겠다고 토로하는데 변명은 아닙니다만, 그렇다고 남성의 입장에서 이성애를 기준 내지는 패러다임으로 놓는 관점 자체가 정당화되지는 않겠죠. 따라서 동성애나 도착이 규범적 이성애로부터의 일탈로 간주되는 점도 크게 놀랍지는 않습니다. 마조히즘을 다룰 때도 지적했지만 사랑론에서도 여성의 관점을 추론하는 방식은 여전히 문제입니다.

프로이트에게 사랑은 무엇보다도 대상선택(Objektwahl)입니다. 그래서 그냥 사랑이 아니라 주로 (남성의) 사랑선택입니다. 나르시시즘은 선택 과정이 외부의 대상이 아니라 자아를 선택하여 이루어지는 것이니, 사랑선택의 한 유형이면서 동시에 모든 대상선택의 출발점으로 정립됩니다. 대상선택으로서의 사랑 개념을 먼저 다루고 나중에 나르시시즘으로 넘어가겠습니다. 어쨌든 대상선택의 문제이기 때문에 사랑을 정신분석의 관점에서 다룹니다. 첫 글인 「남성 대상선택의 한 특수한 유형에 대하여」는 가령 플라톤의 『향연(Symposium)』에 나타난 것과 같은 일반적 사랑이론이 아닙니다. 남성이 여성을 이성애의 대상으로 선택하는 보편적 과정이 아니라 임상에서 경험한 남성 강박증자들의 특수한 대상선택 유형을 정신분석합니다. 예외적 사례 혹은 일탈적 사례를 통해 일반적이고 보편적인 심리기제의 메커니즘을 재구성하는 전략이죠. 남성 강박증자들이 이성애적 리비도 투자의 대상을 선택할 때 보여주는 특이성으로부터 규범적 선택의 양상을 추론하는 것이죠. 남성 강박증자가 보여주는 대상선택의 특이성은 우선 선택대상에 대한 과대평가인데, 이는 2부에서 다루는 보편적 경향, 즉 가치절하의 태도와 상반된 것으로 보입니다. 프로이트는 강박증자의 과대평가를 보편적 가치절하의 예외로 보려는 것이 아니라, 무엇이 억압되어 가치절하의 보편적 태도가 과대평가로 귀결되었는지 설명하려는 입장입니다. 이때 이러한 전환을 초래하는 억압의 원인이 사랑선택에 나타나는 애정(Liebe)과 성욕(Sexualität)의 분리입니다. 주지하다시피, 애정은 성적 만족이 개입되지 않은 친밀감에 가깝고 성욕은 대상을 향한 성적 욕망입니다. 성욕에는 리비도의 투자가 존재합니다. 따라서 일반적 선택은 선택대상의 성욕적 측면을 평가절하하여 애정의 대상으로 만드는 문명 속의 규범적 사랑을 뜻하고, 강박증자의 선택은 애정과 성욕이 아니라 대상을 둘로 분리하여 정숙한 대상의 속성은 과대평가하여 이상화하고 평가절하된 문란한 대상은 욕망하는 신경증적 혼란 증상입니다. 두 경우에서 공통적으로 확인할 수 있는 근대적 현상은 문명사회 남성의 사랑선택에 나타나는 전반적 불감증입니다.

성도착의 하나인 불감증이 근친상간을 상기시키는 선택대상의 특징 때문에 대상의 성욕적 측면에 대한 평가절하와 연결된다면, 강박증자의 선택은 불감증과 달리 대상에 대한 과대평가와 관련됩니다. 과대평가가 생기는 원인은 두 가지입니다. 하나는 남성 강박증자의 억압기제 문제이고 다른 하나는 대상 자체의 특수함 때문입니다. 남성 강박증자는 반드시 제3자의 존재를 매개하여 대상을 선택합니다. 자신이 선택하는 대상의 가치가 높을 것을 요구하는 태도인데, 이를 증명하는 방법으로 자신이 아닌 제3자와 이미 관계를 맺고 있는 여성을 선택하고 그에 따르는 역경과 금지가 대상을 향한 성적 만족을 높일 것이라고 믿습니다. 말을 바꾸면, 강박증자는 이미 누군가의 선택대상이 되어 가치가 입증된 대상을 (재)선택하고, 이러한 선택을 완성하는 데 따르는 어려움이 대상의 가치를 보장한다고 생각하는 환상을 형성하는 것이죠. 이것이 환상인 이유는 실제로 대상이 어느 정도의 가치를 갖는지 확증하는 일이 중요하지 않거나 불가능하기에, 이미 누군가의 선택을 받은 존재가 가치를 지닌다고 상상하기 때문입니다. 따라서 자신이 선택한 대상을 현재 '소유'하고 있다고 믿는 제3자에 대해 특별한 적대심을 보이지 않고 그를 자신의 선택으로 인해 '상처 입은' 사람이라고 믿는 경향을 보입니다. 제3자가 상처를 입을수록 자신의 선택의 정당성과 가치가 높아지는 것이죠.

강박증자 대상선택의 두번째 특이점은 정숙하고 순결한 여성이 아니라 정절과 신뢰에 의심이 가는 대상, 즉 성적 문란함이 두드러진 여성을 선택한다는 점입니다. 프로이트는 이런 경향을 '매춘부에 대한 사랑'이라고 불렀습니다. 아마도 정숙한 여성은 자신의 어머니와 같은 존재로서 불감증을 불러일으킬 수 있기 때문일 듯합니다. 강박증자 남성은 성적 특성이 두드러진 여성을 선택한 자신에게 타인들이 보일 질투심 어린 시선으로 자신의 선택을 정당화하기 때문에, 정작 그 대상이 된 여성에게 소유권이 있다고 믿는 제3자에 대해서는 특별한 적개심이 없을 뿐만 아니라 삼각관계를 즐기는 경향도 있다고 봅니다. (여성) 히스테리증자가 타인의 선택대상이 되려는 경향이 있는 반면, (남성) 강박증자는 자신의 대상선택이 완벽해야 한다고 믿는 성향을 띱니다. 강박증 남성의 이면에 히스테리 여성의 존재가 어른거립니다.

프로이트는 강박증자가 성적으로 문란한 여성을 최고의 가치를 지닌 사랑 대상으로 삼고 뭇 남성들에게 질투심을 느낄 정도까지 그녀에게 몰두하는 이유를 일종의 '구원환상(Rettungsphantasie)' 때문이라고 봅니다. 선택의 대상이 되는 여성이 자신만을 필요로 하며, 그녀가 성적으로 더 문란한 처지에 빠지지 않도록 자신이 구원해야 한다는 환상을 갖는다는 것이죠. 마치 어머니가 다른 남자의 선택대상이 되어 성적으로 타락하기를 원하지 않는 남자아이의 심리 상태와 유사합니다.

프로이트는 강박증자의 선택이 지닌 두 가지 특이성이 규범적 사랑선택과 배치되는 듯 보이지만 실은 동일한 심리적 기원을 갖는다고 설명합니다. 강박증자의 선택 역시 오이디푸스 콤플렉스를 겪는 과정에서 기원을 찾을 수 있는데, 다만 정상적 선택과 달리 어머니에 대한 애정에 고착된 결과라는 것입니다. 일반 남성은 자신의 선택대상을 대체로 과대평가하고 그 여성을 대체할 수 없는 존재로 간주하는 특성이 있는데, 이는 어머니에 대한 애정에 고착된 강박증자에게도 동일하게 나타납니다. 이때 상처받은 제3자는 바로 아버지의 대리인이며, 매춘부에 대한 구원환상은 다름 아닌 어머니의 부정(不貞)에 대한 환상입니다. 프로이트의 관심은 강박증자의 반규범적 선택이 규범적 선택과 다른 심리적 기원을 갖지 않는다는 점을 강조하고, 이러한 특이성의 원인이 오이디푸스 콤플렉스 이후 두번째로 성이 완성되는 사춘기에 생긴 어머니에 대한 고착과 환상에 있음을 밝히는 것입니다. 강박증자는 자신을 아버지와 동일시하고 어머니를 구원하겠다는 생각에 고착되어 성적인 곤란에 빠진 여성을 선택해 구하려고 한다는 것입니다. 구원환상은 자신이 아버지를 대체하여 어머니의 남자가 되겠다는 환상인 동시에 어머니가 이미 아버지의 여자라는 사실에 대한 복수의 태도로서, 사춘기에 오이디푸스 콤플렉스로 재진입한 남자아이가 보여주는 고착의 한 형태입니다.

강박증자 남성의 사랑선택이 프로이트에게 의미를 갖는 이유는 규범적 선택의 '정상성'을 반증하는 역할을 하는 까닭도 있지만, 남녀를 불문하고 문명인의 사랑선택이 지닌 특유의 불감증을 설명하는 데 적절한 준거점을 제공하기 때문이기도 합니다. 즉 강박증자의 대상선택은 문명사회에 진입한 인간이 오이디푸스 콤플렉스를 극복하고 애정과 성욕을 분리해야만 하는 정상적 과정이 실패한 사례인데, 이로 인해 프로이트가 '심인성 발기부전'이라고 부른 불감증이 남성의 규범적 대상선택의 필연적 과정임을 반증합니다. 불감증의 보편적 경향에 빠지지 않는 경우 남성은 강박증자와 같은 예외적 선택을 한다는 얘기입니다. 남성이든 여성이든 문명 속의 인간은 필연적으로 애정과 성욕의 분리를 규범적인 것으로 받아들이고 이로 인해 특히 남성은 전반적 불감증의 경향을 띠는데, 강박증자는 이러한 불감증화에 거스르는 사례로서 사랑의 대상선택이 여전히 유아기의 부모와의 관계에 의존하고 있음을 증명하는 것이죠. 특히 강박증자 남성의 사례가 보여주듯 어머니에 대한 유아기의 근친상간 욕망은 사랑선택의 방향을 좌우할 만큼 결정적 중요성을 갖습니다.

규범적 선택에서 불감증의 극복은 애정과 성욕을 분리하되 어머니를 상기시키지 않는 여성을 성욕의 대상으로 삼는 과정에서 이루어집니다. 강박증자가 애정과 성욕의 분리가 주는 불감증을 극복하는 방식은 어머니를 평가절하해서 성욕적 욕망의 대상으로 삼는 환상을 형성한 뒤 실제로는 문란한 여성을 선택하여 근친상간의 죄의식에서 벗어나는 것입니다. 이때 문란한 여성은 어머니에 대한 욕망과 복수심이 결합된 환상 속 대상이라는 것이죠. 어머니에 대한 집착이 강한 남자아이에게 이러한 강박증적 선택이 많은 이유도 거기에 있습니다. 반면 여성에게는 성적 대상에 대한 평가절하가 동반되지 않습니다. 남자아이와 달리 성적 성숙과 성적 만족 사이의 오랜 지체 기간으로 인해 여성은 존재적으로 불감증에 머물기 더 쉬우며, 대상을 선택한 경우에도 계속 오랜 억제의 조건을 유지하려는 성향을 보입니다. 강박증자 남성처럼 애정과 성욕의 분리를 거부할 수 있는 조건이 형성되면 대상에 대한 평가절하를 통해 사랑선택으로 나아가는 것과 달리, 여성은 이러한 조건이 마련된다 하더라도 처녀성에 대한 금기에 결박되어 금욕적 태도를 유지하며 불감증 상태를 지속하는 성향이 더 크다는 것입니다. 이런 설명을 읽으면 고개를 갸웃거리게 되죠.

사랑의 환상

프로이트의 이야기를 조금 더 세밀하게 정리해보도록 하죠. 우선, 강박증적 남성의 선택은 사춘기에 생긴 어머니에 대한 고착에서 비롯된다고 했습니다. 이상적 대상의 이미지가 어머니에 과도하게 밀착되는 바람에 대상선택의 상황에 부정적 영향을 미치는 것입니다. 오이디푸스 콤플렉스를 거쳤음에도 사춘기에 어머니의 이미지가 워낙 강한 영향력을 행사하기 때문에 어머니의 사랑을 방해하는 아버지의 존재 역시 큰 힘을 발휘합니다. 따라서 사랑의 대상을 선택하는 과정에서도 아버지와 어머니와 맺은 삼각관계가 계속 모델로 작용하는 것입니다. 삼각관계, 즉 어머니에 대한 사랑을 방해하는 제3자, 즉 아버지와 같은 역경과 금지의 기제가 없다면 사랑하는 대상과의 양자관계를 맺지 못하는 것입니다. 문제는 어머니에 대한 근친상간적 사랑이 금지된 상태에서 이러한 선택이 이루어지기 때문에, 강박증자의 사랑 대상은 어머니의 모습을 하고 있되 성욕을 불러일으키는 문란한 대상을 욕망하여 근친상간의 위험을 피한다는 것입니다. 자신이 어머니의 모습을 한 문란한 여성의 구원자가 된다는 환상을 형성하여 근친상간의 욕망과 불감증의 위험을 피하면서 사랑선택을 정당화합니다.

이것이 환상인 이유는 강박증자가 구원하려는 성적으로 문란한 여성이 실은 어머니의 다른 모습이기 때문입니다. 그리고 강박증자의 심리현실에서는 자신이 아버지로부터 이미 어머니를 쟁취한 것이기에 아버지에 대해서는 질투를 느끼지 않는 반면, 다른 남성은 어머니를 욕망의 대상으로 만들 수 있는 잠재적 구원자이기 때문에 질투한다는 것입니다. 이를 강박증자의 실제 사랑선택으로 풀어보면, 그는 어머니에 대한 욕망을 대체할 수 있는 문란한 여성을 아버지와 같은 제3자로부터 탈취함으로써만 자신의 선택이 가치가 있다는 점을 입증할 수 있습니다. 정숙하고 순결한 여성은 어머니에 대한 근친상간 욕망을 불러일으키면서도 성욕은 충족하기 불가능하기에 강박증자를 불감증으로 몰아갈 확률이 크고 따라서 매력적 대상이 될 수 없습니다. 강박증자 남성도 규범적 선택에서처럼 선택대상의 가치를 성적 순결로 평가하는 심리기제는 동일하지만, 순결할수록 성적 욕망의 대상으로 취하기가 힘들어지는 역설이 생깁니다. 따라서 문란한 여성을 선택하되 그 선택이 가치를 지닌다고 믿기 위해서 자신이 여성을 구원한다는 환상을 작동시킨다는 얘기입니다. 주로 자신보다 사회적 처지가 아래인 여성을 선택하는 것이 그 이유입니다. 강박증자는 자기보다 열등한 처지의, 그러나 가치 있는 여성을 대상으로 선택하며 그 여성이 제3의 존재 혹은 역경에 속박되어 있다는 환상을 구성한 다음, 그녀를 구원하는 것으로 자기 사랑의 의미를 확인한다는 것입니다. 오직 자신만이 이 여성에게 사랑을 줄 수 있다고 믿거나 그녀는 자기 없이 살 수 없는 존재라고 믿는 태도입니다. 이런 강박증적 선택은 일반적으로 나타나는 규범적 사랑의 선택과 크게 상관이 없을 뿐만 아니라 오히려 반대 사례처럼 나타납니다. 규범으로부터의 일탈입니다.

그런데 이러한 구원환상이 실은 남성의 사랑선택에서 보이는 일반적 과정과 심리적으로는 동일하다는 것이 프로이트의 독창적 관점입니다. 그 이유는 첫째, 두 경우 모두 남자아이의 어머니에 대한 애착에 기반을 둔다는 것이죠. 강박증적 대상선택은 오이디푸스 콤플렉스를 거친 남자아이가 애정과 성욕의 분리를 통해 어머니 이외의 다른 여성으로 순조롭게 이행하지 못하고 어머니에게 강하게 고착되어 이 간극을 어머니를 닮되 문란한 대상을 통해 메꾸는 것이고, 규범적 선택은 성욕과 애정의 간극을 받아들여 어머니에 대한 욕망을 포기하되 그로 인한 불감증을 다른 여성을 통해 충족시키는 과정을 따르는 것입니다. 프로이트는 규범적 선택의 경우에 남성이 자신보다 연상, 즉 어머니의 이미지를 강하게 풍기는 사람을 선택하는 경향이 있다고 봐요. 어머니에 대한 애착이 남성의 사랑선택의 원형을 제공한다고 보는 근거입니다. 둘째, 잠복기에 겪는 경험을 기준점으로 놓는다는 점입니다. 프로이트가 보기에 잠복기 남자아이의 성 경험에서 가장 특징적 현상은 자위인데, 이는 어머니를 전혀 상반된 이미지의 복합체로 만듭니다. 프로이트에게 잠복기 남자아이의 자위는 어머니에 대한 근친상간의 욕망이 자기처벌의 형태로 반복되는 현상인데, 어머니를 애정 대상으로 분리했으면서도 아버지의 욕망 대상이라는 점에서 어머니를 문란한 존재로 간주하는 무의식이 생겨납니다.

어머니에 대한 남자아이의 이런 양면적 태도는 어머니 역시 성적 존재라는 새삼스러운 깨달음 때문인데, 이를 거부하여 성생활 전반에 대한 혐오를 나타내거나 이를 받아들여 성욕과 애정을 분리하는 기제를 형성합니다. 어떤 경로를 걷든 잠복기에서 사춘기의 남자아이에게는 자기에 대해 순결한 어머니와 아버지에 대해 매춘을 행하는 어머니의 두 이미지가 무의식 속에서 혼합되어 존재합니다. 어머니와 매춘부라는 두 이미지의 혼재는 강박증자에게서 두드러지지만 규범적 선택의 경우에도 의식 속에서는 분리될지 몰라도 무의식 속에서는 결합되어 있습니다. 『햄릿』에서 주인공 햄릿은 죽은 아버지같이 고귀한 사람과 관계를 맺고 있었던 순결한 어머니가 삼촌같은 비열한 존재와 부부관계를 유지하는 모습을 보고 창녀라고 비난하는데, 이런 반응은 햄릿이 특별히 강박증자여서 그런 것이 아니라는 얘깁니다. 강박증자가 문란한 여성을 선택하고 그녀를 어머니와 동일시한 후 구원하겠다고 환상을 품는 것은 어머니를 욕망하는 동시에 어머니에게 복수하려는 태도이기도 합니다. 반면 규범적 선택의 경우는 애정과 성욕의 분리를 받아들여 어머니에 대한 양면적 태도를 어머니와 성욕의 대상이 되는 여성으로 구분함으로써 극복합니다. 이때 벌어지는 대상에 대한 가치절하는 사랑의 선택대상이 되는 여성이 어머니의 대체물에 불과하다는 인식 때문에 생겨납니다.

그래서 사랑의 삶에 벌어지는 대상에 대한 전반적 가치절하의 경향은 어머니와 '어머니 역할을 대신한' 자매에 대한 남성의 성적 고착으로 나타나건 규범적 선택이건 간에 근친상간의 금지라고 하는 문화적 금기의 결과인 점에서 동일하다는 것입니다. 다시 말해 남성을 기준으로 볼 때 문명인의 사랑선택은 강박증적이든 규범적이든 자기가 사랑의 대상으로 선택하는 여성이 자기 사랑의 원형을 이루는 존재, 즉 어머니를 대체한 존재에 불과하다고 보기 때문에 전반적 가치절하의 경향을 갖습니다. 불감증은 바로 이러한 가치절하에 따르는 대가인 셈이죠. 근친상간의 욕망을 금기시하는 문화에서 남성의 선택은 애정과 성욕을 분리하거나 간극을 극복하려는 태도로 나타난다는 것입니다. 어머니에 대해서는 애정만이 허용되고 다른 여성에 대해서는 성욕이 허용되는 이중구조가 바로 프로이트가 보는 가부장제의 '가족 로맨스'입니다. 그러나 이러한 분리는 분리에 그치지 않고 어머니의 대체물에 불과한 성욕의 대상이 되는 여성, 즉 어머니를 제외한 여성 일반을 성욕의 대상으로 평가절하하는 경향으로 이어집니다. 프로이트가 명시적으로 지적하지 않지만, 남성의 사랑선택은 이러한 가부장적 질서 속에서 근친상간에 대한 금지로 인해 어머니를 제외한 여성 일반을 성욕의 대상으로 만드는 구조적 기제로 자리잡습니다. 프로이트는 이를, "사랑이 있는 곳에서 남성은 욕망하지 않고, 욕망하는 곳에서는 사랑하지 않는다"라는 말로 표현하고 있습니다.

프로이트는 이런 경향이 문명사회의 인간이 겪는 보편적 경향이라고 간주하지만 실제로는 남성 위주의 문화가 만들어낸 특수한 현상에 더 가깝습니다. 여성의 불감증이 남성보다 더 구조적이라는 진단 역시 가부장적 '가족 로맨스'와 '처녀성의 금기'가 만들어낸 산물이라는 인식에는 이르지 못합니다. 여성의 경우 남자아이와 달리 처음부터 엄마를 애정의 대상으로 선택하는 것이 금지되지 않기에, 즉 엄마를 성적 대상으로 선택하지 않기에 성적 대상에 대한 가치절하가 존재하지 않는다고 봅니다. 말을 바꾸면 여성에게는 대상선택이 주는 불안이 아니라 선택의 대상이 되는 과정에서 생기는 불안이 더 문제라는 것이죠. 그 때문에 여성은 남성과 달리 선택대상의 가치절하가 문제가 아니라 스스로 가치절하의 대상이 되지 않는 일이 핵심입니다. 프로이트가 남성의 불감증을 대상의 가치절하와 관계있는 것으로 본 반면 여성의 불감증을 성욕 자체를 과도하게 억압하는 문화적 금지의 결과라고 간주하는 이유가 여기 있습니다. 여성은 금지의 기제에 길들여져서 선택의 상황이 주어지더라도 수동적으로 남성의 대상선택을 받기를 원하는 규범적 길을 따르거나 금지가 있을 경우에만 성욕을 느끼는 강박증자가 된다고 봅니다. 문제가 있습니다.

나르시시즘적 사랑

프로이트의 사랑론은 남성을 기준으로 사유된 것이지만, 남녀 모두를 망라하는 인간 성욕의 본질은 완전한 만족의 실현과 불화한다는 결론에 이르기 위한 이론입니다. 완전한 만족의 추구가 불가능하다는 사실은 무엇보다도 어머니라는 원형적 대상선택이 남성에게 불가피하면서도 불가능하기에 생기는 가치절하의 문제로 인한 것인데, 이것은 문명을 유지하기 위한 인간 일반의 조건이 됩니다. 남성의 사랑선택의 최초이자 이상적인 대상이 어머니이기에 문명에서 허용되는 다른 여성에 대한 사랑은 어머니의 대체물에 불과한 대상선택일 따름입니다. 더 중요한 문제는 프로이트가 사랑의 충동은 교육이 불가능하기 때문에 억제하는 수밖에 없다고 보는 관점입니다. 애정과 성욕을 동시에 충족하는 일이 불가능한 이유는 남성의 사랑선택의 원초적 대상이 어머니이기 때문인데, 이는 교육을 통해 통제하기 어렵다는 것입니다. 문명의 길은 남성의 욕망을 교육시키는 일이 아니라 어머니의 대체존재인 여성에 대한 성욕 자체를 포기하거나 단념하는 길, 즉 승화 이외에 불가능합니다. 프로이트는 이 점을 "성적 충동의 본질에는 완전한 만족의 실현에 우호적이지 않은 무엇이 존재한다"라고 표현하는데, 이는 인간의 욕망이 근본적 결핍에서 비롯된다는 인식을 표현하는 것이지만 그 이면에는 남성의 성욕을 기준으로 본 문명의 가부장적 질서를 자연스러운 무엇으로 간주하는 태도 역시 내재되어 있다고 볼 수 있습니다.

프로이트의 사랑론은 그 자체로 문제적입니다. 남성을 기준으로 삼았다는 점이야 그럴 수 있다고 해도 남성의 대상선택이 지닌 난점을 여성의 경우에도 그대로 적용하여 문명과 사랑의 길항관계로 설명하고 이를 인간 욕망의 근본적 구조로 설명하기 때문입니다. 그러나 프로이트의 입장은 이렇게 지속되지 않습니다. 나르시시즘 개념이 도입되면서 프로이트의 사랑론은 다른 함의를 갖게 됩니다. 나르시시즘 개념이 대상선택의 문제틀에 도입되면서 프로이트의 사랑론은 전혀 다른 양상으로 재정립됩니다. 우선, 대상의 선택 자체가 자아, 즉 선택자를 기준으로 이루어지지 않고 선택대상을 중심으로 재편됩니다. 대상선택의 큰 구분이 외부 대상을 향한 경우와 자아를 대상으로 한 경우로 나뉜다는 것입니다. 남자아이의 선택이 보편적 사랑선택의 패러다임으로 특별한 중요성을 부여받아야 할 이유가 사라집니다.

둘째, 이와 관련해서 대상의 선택은 실제 대상을 선택하는 것이 아니라 우리의 심리적 현실 내부에 존재하는 대상의 표상을 선택하는 행위로 재구조화됩니다. 즉 자아가 선택하는 대상은 우리의 심리현실 내부에 마련된 대상의 표상을 향하고 리비도의 투자 역시 이 표상에 행해지는 것이기에, 사랑의 대상선택 자체가 대상의 표상을 실제 대상으로 오인하는 일종의 환상이 됩니다. 그렇기 때문에 자기 자신에 대해서도 리비도의 투자가 가능하고 사랑의 대상선택이 이루어질 수 있습니다. 환상의 의미가 사랑론과 달라집니다. 셋째, 남성과 여성의 규범적 대상선택이 대상의 차이와 연결되어 구분됩니다. 남성의 선택은 대체로 부모의 이미지에 의존하는 반면 여성은 부모와 상관없이 좀더 나르시시즘적 성향을 띠는 차이를 보이는 것으로 설명됩니다. 이를 리비도 투자의 원리로 도식화하면 아래와 같아요.

리비도 투자의 도식	
자아리비도 + 대상리비도 = 일정	
남성	부모 의존적 선택: 자아리비도 〈 대상리비도 = 일정
여성	나르시시즘적 선택: 자아리비도 〉 대상리비도 = 일정

나르시시즘론에 따르면, 자아가 선택하는 최초의 대상은 자기 자신, 즉 자기의 이상적 자아입니다. 이때 이상적 자아는 이상적 선택의 대상으로서 자아의 이미지입니다. 프로이트가 원초

적 나르시시즘이라고 부른 단계입니다. 자아는 오이디푸스 콤플렉스를 거쳐 대상을 선택하는 단계로 나아가는데 이때 환상이 작동되고 리비도가 투자되는 대상은 자아의 심리현실 내부에 마련된 대상의 표상이 됩니다. 대상을 상실하거나 리비도의 투자가 대상으로부터의 맞투자로 균형을 이루지 못할 경우 투자된 리비도는 회수되어 자아에게 돌아와 자아의 표상에 투자됩니다. 이를 프로이트는 이차적 나르시시즘이라고 부르는데, 이때 선택되는 자아는 사회적으로 인정된 이상적 자아의 이미지, 즉 자아이상입니다. 자아이상의 표상은 두 가지로 나뉘는데, 자신을 돌봐준 부모의 이미지를 닮은 대상의 이미지이거나 자기 자신을 닮은 이미지입니다. 프로이트는 전자가 남성에게, 후자는 여성에게 많이 나타난다고 봅니다. 오이디푸스 콤플렉스 과정을 통해 남성은 선택자의 위치를 지향하는 반면 여성은 선택대상의 자리에 자신을 위치시키기 때문입니다. 이러한 리비도 투자 관계의 성립은 자아의 내부에 자아리비도와 대상리비도의 총량이 항상 일정하다는 법칙과 리비도는 언제든지 회수 가능하다는 논리에 근거를 둡니다.

이렇게 설명하면, 앞서 거론한 사랑론의 결론이 더이상 지탱되기 힘듭니다. 먼저 대상에 대한 가치절하의 태도와 불감증의 상관관계가 여성의 경우는 말할 것도 없고 남성의 경우도 분명치 않습니다. 불감증이 근친상간의 금기를 통해 성욕과 애정을 분리하고 원초적 대상과 사랑선택 대상 간의 격차로 생긴다는 가설은 설 자리를 잃습니다. 무엇보다도, 프로이트가 불감증으로 부른 증상이 실은 나르시시즘적 대상선택일 가능성이 높아지기 때문이죠. 또한 인간의 성발달을 원초적 나르시시즘에서 출발하는 과정으로 그려내기 때문에 오이디푸스 콤플렉스의 중요성이 감소합니다. 만일 인간의 성이 나르시시즘에서 출발한다면 이는 유아의 최초 성경험이 다성애(多性愛)적이거나 동성애적이라는 뜻이 되기 때문이죠. 오이디푸스 콤플렉스 이론은 이러한 비이성애적 성이 규범적 이성애로 고착되는 문화적 기제를 뜻하게 됩니다. 다시 말해, 이성애 자체가 자연스러운 인간성의 발달단계가 아니라 동성애의 억압에 기초한다는 얘기가 성립합니다.

남녀의 사랑선택의 차이도 다르게 설명됩니다. 남성의 부모의존적 선택은 어머니의 이미지에 강력하게 좌우되고 선택대상이 성욕의 만족을 위해 취해지기 때문에 이성애적이고 그 자체로 강박적입니다. 반면 여성의 경우는 자신의 이미지를 따라 대상이 선택되기 때문에 비이성애적이고 일차적 나르시시즘의 연장일 가능성이 더 큽니다. 따라서 오이디푸스 콤플렉스 이론에서 문화적 금기는 남자아이를 기준으로 근친상간을 금하는 기제가 아니라 동성애를 이성애적으로 규범화하는 역할이 중심이 됩니다. 또하나 중요한 사실은 나르시시즘의 과정에서 형성되는 이상적 대상으로서의 자아나 자아이상의 표상이 환상이라는 점인데, 이는 라캉이 오이디푸스 콤플렉스가 아니라 그보다 훨씬 이전의 거울단계를 통해 최초의 성을 형성한다고 본 모방이론의 밑거름이 됩니다. 결국 나르시시즘론은 오이디푸스 콤플렉스가 인간의 성발달 단계에서 차지하는 역할을 축소시키는 셈이 됩니다. 이렇듯 나르시시즘론의 중요성은 자아도 리비도 투자의 대상이 될 수 있다는 사실에 있다기보다 인간의 성이 환상에 의해 형성되며 비이성애적이거나 동성애적인 성경험에서 비롯되지만 이성애적 규범화를 통해 문화적으로 고착된다는 점을 알려준 사실에 있습니다. 대상의 상실이나 리비도 투자의 실패는 곧 이성애적 성애의 실패를 뜻하고, 그로 인한 이차적 나르시시즘은 퇴행이라기보다 자아가 자아이상에 리비도를 투자하는 지극히 정상적 선택 과정의 일환이라는 점이 밝혀집니다.

다형적 도착성 → 전오이디푸스 단계 → 오이디푸스 콤플렉스 → 규범적 성

⬇

다형적 도착성 → 원초적 나르시시즘 → 환상의 형성 → 이성애 혹은 나르시시즘

남성에게는 규범적 이성애의 대상선택이 어머니의 이미지에 의해 촉진되면서도 가로막히는 문제가 가장 큰 반면, 여성에게는 오이디푸스 콤플렉스 시기에 형성된 남근선망이 문제가 아니라 최초의 나르시시즘적 선택을 유지하려는 사랑선택의 경향

을 이성애적으로 규범화하는 제도와 질서가 더 큰 문제입니다. 이처럼 나르시시즘론은 오이디푸스 콤플렉스 개념을 중심으로 한 프로이트의 성발달단계론의 근본적 수정을 요구합니다. 만일 나르시시즘론이 완성되었다면 프로이트에게는 여성의 욕망에 훨씬 더 천착할 수 있는 기회가 있었을 것입니다. 나르시시즘론과 자아이상의 개념은 프로이트의 오이디푸스 콤플렉스 이론이 강박증 남성의 삼자관계를 통한 선택 과정을 패러다임으로 삼았던 근거를 해체하는 위력이 있습니다. 심리현실에 나타난 자아와 표상 간의 양자관계 및 환상의 역할을 통해 성의 형성 과정을 설명하는 훨씬 일목요연한 이론의 가능성을 열어줍니다. 이렇게 보면 이상적 사랑선택은 나르시시즘과 동일한 리비도 구조를 갖습니다. 프로이트가 나르시시즘론의 결론에서 "진정으로 행복한 사랑은 대상리비도와 자아리비도가 구분되지 않는 원초적 상태"를 뜻한다고 고백하는 것은 결코 우연이 아닙니다.

인식론적 전환

여러 이견이 있겠지만, 저는 나르시시즘 이론이 프로이트의 사상 전개에서 일종의 '인식론적 전환'이라고 간주합니다. 나르시시즘 이론을 두고 자아도 대상이 될 수 있다는 새로운 인식에 도달함으로써 패러다임의 전환을 이루었다고 보는 입장도 있는

데, 앞서 지적했듯이 그보다 훨씬 더 큰 의미를 담고 있습니다.

나르시시즘 이론의 핵심은 자아의 대상 가능성이 아니라 인간의 성발달에서 자아이상과 환상의 역할에 대한 새로운 인식에 도달한 점입니다. 자아가 스스로에게 대상이 될 수 있다는 관념은 이미 오래전부터 존재했어요. 프로이트 이론의 자아이상이나 환상 같은 개념도 충분한 함의를 지니고 있었습니다. 여러 번 지적했듯이 초자아의 개념이 바로 자아이상과 가장 유사하며, 비록 병리적 증상과 관련되지만 환상 개념도 낯설지는 않습니다. 나르시시즘 이론을 통해 프로이트는 자아의 리비도 투자가 근본적으로 자아(이상)를 향한 심리 내적 선택을 모델로 삼으며, 실제 대상과의 상호주체적 관계가 실은 주체 내부의 심리 내적 관계로 치환되는 환상의 논리를 따른다는 인식의 전환을 이룬 것입니다. 따라서 환상은 병리적 증상이 아니라 인간의 성이 형성되는 과정의 근본요소로 자리잡습니다. 남자아이를 기준으로 삼아 인간의 성이 어머니와의 원초적 동일시에서 오이디푸스 콤플렉스를 거쳐 아버지와의 이차적 동일시로 진행한다는 도식은 원초적 나르시시즘에서 출발하여 환상을 형성하되 남성의 이성애적 규범화와 여성의 나르시시즘적 선택으로 갈라지는 새로운 플롯을 획득하는 것입니다.

이 과정에서 리비도 이론이 중요한 역할을 합니다. 간략하게 부연설명하면, 리비도 이론이 전제하는 두 법칙이 있습니다. 하나는 리비도 회수의 가능성입니다. 대상을 향해 투자된 리비도는 언제든지 자아로 회수할 수 있다는 원칙입니다. 또하나는 자아가 투자하는 리비도의 총량이 변하지 않는다는 가설입니다. 다시 말해, 대상을 향한 리비도 에너지는 항상 회수할 수 있기에 대상리비도와 자아리비도의 합은 일정한 상수를 유지한다는 논리입니다. 이 가설은 물론 쾌원리에 근거를 두고 있습니다. 리비도의 총량이 100이라면 다음과 같은 등식이 성립하겠죠.

자아리비도	+	대상리비도	= 100	
50	+	50	= 100	이상적 상태
70	+	30	= 100	나르시시즘
30	+	70	= 100	사랑선택

만일 자아리비도와 대상리비도가 50 대 50으로 균형을 맞춘다면 아마도 가장 이상적일 텐데 실제로는 항상 어느 한쪽의 리비도가 우위를 차지하고 있는 나르시시즘적 상태이거나 사랑선택의 상태일 것입니다. 사실 두 가설보다 더 중요한 전제는 리비도가 투자되는 두 가지 대상선택에서 투자 대상은 실제 대상이 아니라 자아의 심리 내부에 내투사된 대상의 표상이라는 점입니다. 리비도의 회수가 가능한 이유는 외부의 대상에게 실제로 투자되는 것이 아니라 내투사된 대상의 표상을 향한 투자이기 때문입니다. 사랑선택은 자아가 외부의 대상에 리비도를 투자한

것이라고 믿지만 실은 자기 내부에 내투사된 대상의 표상을 향한 내부 거래의 형태를 띠는 것이죠.

<table>
<tr><th>실제 현실</th><td rowspan="2">← 환상 →</td><th>심리 현실</th></tr>
<tr><td>자아 → 대상</td><td>자아 → 대상의 표상 혹은 자아이상</td></tr>
</table>

사랑선택이든 나르시시즘적 선택이든 대상의 선택은 자아 내부의 리비도 경제논리, 즉 환상의 경제를 따르고 있습니다. 자아의 밖으로 나아가는 것이 아니기에 회수도 가능하고 총량도 일정한 것이죠. 대상선택의 두 유형인 사랑과 나르시시즘은 대상리비도와 자아리비도 간의 상대적으로 불균형한 양적 차이로 설명될 뿐입니다. 투자된 리비도의 벡터와 양적 차이로만 구분되기에 나르시시즘은 이성애적 사랑선택을 벗어난 도착이 아니라 '정상적' 대상선택의 양상이 됩니다. 나아가 두 자아의 대상비리도가 균형을 맞추는 경우처럼 이상적 사랑선택은 곧 나르시시즘과 동일하기도 합니다. 그뿐만 아니라 프로이트는 대상리비도 투자가 압도적일 경우 자아리비도가 고갈되어 자아의 빈곤 상태가 발생하는데, 이때 대상리비도의 일부를 자아로 돌려 평형 상태를 회복하려는 경향을 일컬어 '나르시시즘 치료'라고 부르기까지 합니다. 이렇게 보면 나르시시즘은 쾌원리의 기반이 되는 기제라고 볼 여지도 있고, 나르시시즘 자체가 리비도의

회수이기에 죽음충동의 논리를 일부 따른다고 간주할 가능성이 없지도 않아요. 리비도 이론에만 근거한다면 남성이 여성보다 더 대상리비도의 투자가 우세하다는 논리는 성립하기 어렵습니다. 프로이트의 사랑론이 문제인 이유는 리비도의 투자가 남성 선택자의 입장에서 여성을 선택대상으로 간주하는 규범적 대상 선택의 논리에 바탕을 둔 이론이기 때문입니다. 나르시시즘론과 리비도 경제에 따르면 사랑은 두 자아의 상호선택, 정확히 말하면 두 자아의 대상리비도가 각각 자아 내부의 대상표상에 편중되어 있는 상태를 뜻합니다.

자아: 자아리비도 〈 대상리비도 ← 사랑 → 대상: 대상리비도 〉 자아리비도

서양에서 사랑하는 연인을 흔히 lover와 beloved로 구분하는 어법이 이와 관련이 있어요. 우리말에는 사랑을 하고 있는 사람, 사랑에 빠져 있는 사람을 부를 때 쓰는 용어가 연인밖에 없죠. 우리말 연인은 연애를 하는 사람과 연애의 대상을 동시에 가리키거나 사랑에 빠진 두 사람을 동시에 일컫는 말입니다. 서양의 어법에는 연애를 하는 사람과 사랑을 받는 사람이 개념적으로 구분되어 있고, 사랑에 빠진 사람은 주체인 동시에 대상이기도 하니까 어느 입장에서 보느냐에 따라 둘 모두가 될 수 있죠. 그런데 관습적으로 연애의 주체(lover)는 주로 남성을, 대상인

연인(beloved)은 주로 여성을 지칭합니다. 굳이 우리말로 이 구분을 따른다면 연애자와 연인이라고 번역할 수 있겠죠. 낯선 것 같지만 실제로 쓰고 있기도 합니다. 뉘앙스는 다르지만, 동성연애자 혹은 이성연애자라고 부를 때 쓰죠. 서양의 어법은 사랑의 경우도 이성애를 규범으로 삼는 관습이 더 두드러집니다. 플라톤의 『향연』에 소크라테스에게 사랑의 가르침을 주는 디오티마(Diotima)라는 여성이 나옵니다. 디오티마는 소크라테스의 사랑관이 지닌 문제를 지적하면서 남성, 즉 연애자의 입장에서만 생각했기 때문에 에로스의 진실을 볼 수 없다고 꾸짖습니다. 여성의 입장, 즉 연애의 대상이라고 간주된 사람의 입장에서 바라보면 사랑은 전혀 다른 의미를 갖는다고 일침을 가한 거죠. 어쨌든 나르시시즘 이론은 이처럼 남성의 대상선택을 규범으로 놓았던 프로이트의 사랑론을 재구성할 수 있게 해줍니다.

나르시시즘 이론 이전에 프로이트는 사랑을 남성의 규범적 이성애 선택을 기준으로 보았습니다. 원초적 대상인 어머니가 개입하여 애초부터 이성애적 방향을 띠는데 원초적 대상이 근친상간을 상기시키기 때문에 사랑의 근원은 상실된 원초적 대상에 대한 욕망, 원초적 대상의 결핍을 채우려는 불가능한 시도의 표현이 됩니다. 이렇게 결핍된 대상에 대한 욕망이 이성애로 규범화되는 과정은 결핍을 채워줄 대상을 어머니가 아닌 다른 여성에게서 찾는 형태로 대체됩니다. 역설적이지만, 대체물로서의 여성은 어머니의 이미지와 너무 닮아도 안 되고 너무 달라도 안 되는 존재입니다. 원초적 대상에 대한 결핍을 채우는 일은 근본적으로 불가능한 상태로 남아 있어야만 하기에 채울 수 없는 환상이 되며, 대체로 선택된 대상의 가치는 어머니의 대리자에 불과하기에 평가절하될 수밖에 없습니다. 애정과 성욕을 분리하는 문명의 요구는 사실 어머니를 대체 불가능한 이상적 애정의 대상으로 놓고 어머니의 대리자로 선택된 여성은 성욕 추구의 대상으로 만드는 가부장제의 원리와 다르지 않은 이유가 여기 있습니다. 이 문명의 애정/성욕 분리 경향의 한 양상을 프로이트는 승화라고 불렀습니다. 명백하게 남성이 기준이 된 이성애적 사랑론이고, 오이디푸스 콤플렉스를 인간의 성이 따르는 보편적 플롯으로 보는 입장의 산물입니다. 여성의 동성애는 이성애의 플롯을 따르지 않기에 내내 프로이트를 괴롭혔던 문제로 남습니다. 나르시시즘에 따르면 비이성애적 선택이나 동성애 역시 원초적 나르시시즘의 형태와 동일시할 가능성이 있기에 도착이 아닙니다.

나르시시즘 이론이 심리현실에 내투사된 상호주체적 양자관계의 문제라고 설명했는데, 이 점을 통해 정신분석에서 자아와 외부 대상 간의 관계를 어떻게 바라보는지 살펴봅시다. 정신분석의 대상이 자아의 심리현실이 아니라 자아와 대상의 관계에 있다고 본 대상관계이론은 프로이트의 정신분석이 이 관계를 자아 내부에서 벌어지는 심리 내적 관계로 치환했다고 비판합니다. 사실 틀린 비판은 아니지만, 그렇다고 해서 프로이트가 표상 간의 심리 내적 관계만 중시하고 자아와 실제 대상 간의 관계를 무시했다고 보기는 힘들어요. 프로이트 정신분석의 대전제가 자아와 외부 대상 내지는 외부 현실의 관계는 반드시 내적 심리현실로 치환되거나 변환되는 과정을 거쳐야만 의미화된다고 보는 입장이기 때문입니다. 그리고 이러한 변환 과정에서 성이 결정적 역할을 한다는 이론입니다.

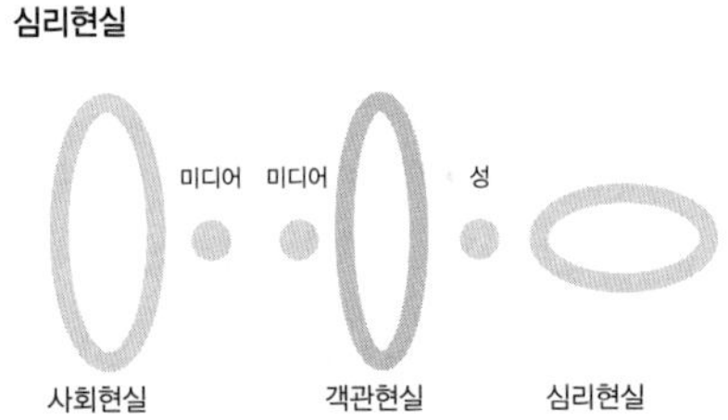

따라서 프로이트 정신분석의 대상은 단순히 자아의 심리현실이 아니라 대상관계가 치환되어 의미화된 심리현실 속의 대상관계 내지는 표상관계입니다. 이 과정에서 성이 개입하고 이를 통해 치환된 관계를 실제 관계로 간주하는 환상이 만들어지며, 이 환상이 바로 인간의 성을 포함한 성장을 설명하는 필수불가결한 기제라는 주장이죠. 나르시시즘 이론이 바로 환상의 근본성을 깨닫게 만들었기에 인식론적 전환이라고 부를 수 있다는

것입니다. 이는 프로이트 이론의 퇴보가 아니라 초장기 트라우마 이론의 극복에 해당합니다. 즉 대상이든 사건이든 외부 현실이 자아에게 초래한 자극은 심리현실 속에서 성적으로 (재)의미화되지 않으면 증상으로 나타나지 않는다는 이론입니다. 초기에는 환상이 외부의 사건을 트라우마로 만들지 않기 위한 거부와 부인의 제스처, 즉 자아의 방어기제라고 설명했기에 증상의 근원이 되었지만, 나르시시즘론에 이르면 환상은 바로 이러한 심리적 (재)의미화의 핵심 기제입니다. 환상이 없다면 인간은 존재하지 않습니다. 존재론적 조건입니다.

이론의 재구성

프로이트에게 자아의 증상은 자아 바깥의 사건 혹은 타자와의 관계에서 발생하는 문제가 심리현실이라고 불리는 자아 내부의 표상체계 속에서 (재)의미화되기 때문에 나타납니다. 증상의 원인이 사건인 경우 트라우마로 의미화되고 타자인 경우는 대체로 부모와의 관계가 원형이 됩니다. 심리적 의미화 혹은 재의미화는 모두 성과 관련있기 때문에 생기는 것이죠. 프로이트는 이 과정을 심리현실로의 삼투(Infiltration)라고 불렀고, 성에 의해 외부 사건이 증상으로 의미화되는 과정을 납땜작용(Verlötung)이라고 지칭했으며, 그 결과로 생긴 새로운 심리현실을 바로 환상이라고 인식했습니다.

나르시시즘 이론은 근본적으로 자아이상의 성립에 의한 환상 형성에 관한 이론이기 때문에 이러한 분석의 기본틀은 그대로 유지되지만, 방어로서의 환상을 심리현실 자체의 구조적 계기로 새롭게 자리매김합니다. 나르시시즘은 심리현실이 반드시 실제 외부 사건이나 대상과의 관계에서 촉발되는 것이 아니라 내적인 기원을 갖고 있다는 발상의 전환을 가능하게 하고, 그 기원에 환상이라는 기제가 자리잡고 있다고 설명할 수 있는 거죠. 예컨대 어떤 자아가 현실에 초연한 태도를 보이고 리비도 투자의 철회를 겪은 듯이 행동할 때, 이것을 증상화해서 트라우마나 부모와의 관계로 소급해가기보다 자아 내부의 새로운 대상, 즉 자아이상에 리비도의 투자를 지속하는 환상적 행동의 발현으로 볼 가능성이 열린 것입니다. 대상이 아니라 심리 내부의 대상표상이 문제이기에 어떤 증상을 트라우마적 사건이나 부모와의 관계에서 기원하는 것으로 소급하기보다 자아 내부의 심리현실과 환상의 작동 과정을 통해 규명할 수 있는 길이 생깁니다.

물론 1914년에 쓰인 프로이트의 「나르시시즘 입문을 위하여」는 여전히 나르시시즘 자체를 증상에 대한 방어라고 보는 쪽에 가깝습니다. 신경증과 정신증의 증상이 자아에 회수된 리비도 때문에 생겨난다고 보는 시각이 남아 있고, 나르시시즘은 회수되어 쌓인 잉여의 리비도를 처리하는 내적 심리 과정이 되겠죠. 자아이상이라는 대상의 표상 성립, 좀더 정확히 말하면 자아가 자기 스스로를 타자의 이상적 대상으로 표상하는 과정이 개념화된 후에야 나르시시즘이 방어를 넘어서 심리기제의 구조적 계기로 인식됩니다. 규범적 이성애의 측면에서만 보면 나르시시즘은 여전히 성도착이나 동성애와 유사한 모습으로 그려질 수 있습니다. 프로이트의 나르시시즘 이론에서 주목할 사항은 대상의 선택에서 리비도가 회수되어 생기는 이차적 나르시시즘보다 오히려 근원적 나르시시즘이라고 부른 환상의 성립 기제입니다. 프로이트는 이를 두고 "모든 사람에게 근원적 나르시시즘의 성향이 있고 이것이 대상선택에서 지배적 역할을 한다"라고 말합니다. 오이디푸스 콤플렉스 이론을 버린 것은 아니지만 유아의 성이 형성되는 초기 심리 과정에서 원초적 나르시시즘이 핵심 역할을 하는 것으로 초점이 옮겨가는 것이죠. 이제 나르시시즘에 근거해 인간의 심리현실을 도식화해보죠.(366쪽 그림)

자아이상을 형성하는 데 큰 역할을 하는 심리기제는 초자아입니다. 제가 초자아를 '거울'이라고 표시했는데 이는 라캉의 문제의식을 이어받은 용어입니다. 자아의 일부이되 자아를 초월한 자아이고 사회적 현실의 영향 아래 형성됩니다. 대상표상과 자아이상은 초자아라는 거울에 비친 이상적 대상의 두 가지 표상입니다. 자아의 사랑선택은 대상표상과 관계하는 것이지만, 자아는 이를 자아 바깥의 다른 자아, 즉 타자와의 관계라고 착각

프로이트 모델(환상)

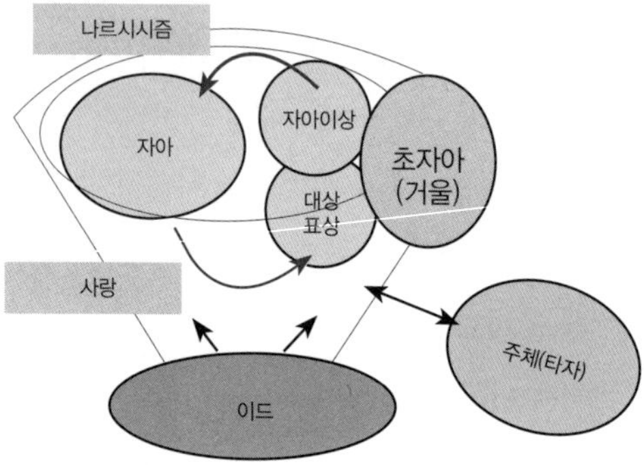

합니다. 환상이죠. 타자란 자아에게 파악이 불가능한 존재입니다. 우리가 알 수 있는 것은 타자가 우리 심리에 의미화된 이미지, 즉 대상표상일 뿐이고 리비도 역시 대상표상에 투자된다는 점입니다. 프로이트에게 대상은 심리현실에 표상된 것이고 그런 한에서 대상으로서의 타자 자체에 대해서는 알 수 없습니다. 앞의 그림에서 화살표는 리비도의 투자 방향을 뜻합니다. 사랑선택에서 리비도의 투자는 자아로부터 대상표상으로 향합니다. 바깥의 타자를 향하는 것이 아니라 타자를 대리하는 대상표상에 투자되는 것입니다. 쉽게 설명하면, 사랑선택은 내 안에서 대상표상 쪽으로 리비도가 흘러가서 내 삶의 중심이 쏠리는 겁니다. 나르시시즘은 편중되었던 리비도가 자아에게로 회수된 상태이자 대상표상이 아닌 자아이상에 다시 투자되는 과정입니다. 이런 상태에서 또다른 대상표상으로 리비도가 재투자되거나 그냥 남아 있거나 하겠죠.

나르시시즘 이론을 통해 프로이트의 사랑론을 재구성하면 어떻게 될까요. 프로이트는 「나르시시즘 입문을 위하여」의 말미에서 자존감의 문제를 다루면서, 사랑관계에서 대상리비도의 투자가 실패하여 나르시시즘적으로 회귀한 사랑받지 못한 인물의 경우 자존감도 같이 낮아지며, 그 반대의 경우에는 자존감의 상승으로 이어진다고 봅니다. 흥미롭게도, 자존감의 상승 여부는 사랑선택의 성공 여부가 아니라 리비도의 맞투자, 즉 '사랑받음'의 상태에 의존합니다. 이런 논리에 따르면 남성 연애자의 대상선택보다 선택의 대상이 되고자 하는 여성의 욕망이 자존감의 기준이 됩니다. 누군가를 대상으로 선택하는 일은 자존감의 감소를 가져오지만 사랑의 대상이 되는 일은 자존감의 증가를 불러온다는 논리죠. 여성의 나르시시즘적 선택이 더 자존감이 높아지는 일이라면 남성의 사랑선택은 갈망과 결핍을 채우려는 노력이기에 자존감을 낮추는 경향이 강합니다. 여기서 프로이트가 여성의 입장을 대변하는 것일까요? 대상에 과도하게 리비도를 투자하여 자아의 빈곤에 빠지는 일을 막고 건강한 자존감을 유지하기 위해서는 적당한 나르시시즘이 필수불가결하다는 뜻입니다. 다시 말해 대상선택의 성공 여부는 자아의 리비도 투자

정도가 아니라 자아를 향한 대상의 리비도 맞투자 여부에 달려 있습니다. 사랑받음과 자존감의 상승은 바로 대상에서 기원하는 리비도의 맞투자에 의존합니다. 프로이트의 말을 옮겨봅니다.

> 자아의 발달은 원초적 나르시시즘에서의 탈피에 달려 있고 원초적 나르시시즘 상태를 회복하려는 활발한 시도를 낳는다. 원초적 나르시시즘에서의 탈피는 외부에서 부과된 자아이상에 리비도가 옮겨지는 과정을 통해 초래되며 자아이상을 구현함으로써 만족이 얻어진다. 이와 동시에 자아는 대상을 향한 리비도의 투자를 감행한다. 자아는 자아이상을 위해 그러했듯이 대상을 향한 리비도 투자를 앞세움으로 인해 빈곤해지는데, 이를 통해 자아는 자아이상을 실현함으로써 그러했듯이 대상에 관해 만족함으로써 스스로를 다시 한번 풍요롭게 만든다.(「나르시시즘 입문을 위하여」, *Gesammelte Werke*, 10권 175쪽)

다소 혼란스럽게 얘기하고 있지만, 이 대목에서 프로이트가 주장하는 자아의 대상선택 메커니즘은 원초적 나르시시즘 이후 설정된 자아이상이 대상으로의 리비도 투자 과정과 동일한 강도를 지니거나 유사한 효과를 내는 과정입니다. 만일 자아의 한 부분이자 끊임없이 나르시시즘적 회귀를 도모하는 자아이상이 리비도가 투자되는 대상의 표상과 일치한다면 가장 이상적 형태의 사랑이 될 것이고, 불일치한다면 도착의 증상이 도래할 가능성이 큽니다. 그렇다면 자아이상은 자아를 자책과 자기비하의 우울 상태로 이끄는 검열의 기제가 아니라, 대상리비도의 안정적 투자를 이끌고 조절하는 매개자의 역할을 부여받는 셈이죠. 자아이상은 자아의 상위 심급으로서 초자아나 양심의 권위를 내면화함으로써 생겨납니다. 다시 말해 자아이상은 자아의 바깥에 위치한 대상표상을 자아의 내부에 받아들인 결과로 형성되기에 우울자의 사례처럼 상실된 대상을 자아 내부에 합체된 형태로 보존하려는 충동의 논리를 따릅니다. 대상표상을 자아이상의 위치에 놓는 일이 나르시시즘이고 이는 마치 제3자의 입장에서 자아에게 사랑의 목소리를 들려주는 것과 흡사합니다. 이것이 바로 사랑받음, 즉 리비도의 맞투자를 뜻합니다.

이렇듯 자아이상은 대상을 자아 내부의 표상으로 내면화하여 리비도를 투자한 결과이기에 본질적으로 억압적이지 않습니다. 왜냐하면 내투사의 결과인 자아이상은 현실의 대상으로부터 독립해 내면화된 대상의 표상에 의존해 기능하며, 이는 내면화된 대상에 의거한 자아의 자율성의 근거가 되기 때문입니다. 요컨대 자아이상의 매개성은 두 가지 기능이 있는데, 자아로 하여금 리비도의 완전한 철회로 퇴행하는 것을 막는 역할과 대상으로의 리비도 투여를 원활하게 만드는 기능을 동시에 수행합니다.

이렇게 보면 프로이트에게 사랑은 대상선택의 과정과 나르시시즘적 내투사를 매개하고 조절하는 자아이상의 존재와 그 활성화 여부에 달려 있습니다. 사랑은 나르시시즘에 의존하고 나르시시즘이 없이 사랑은 존재하지 않습니다. 내가 원한다고 믿는 어떤 것을 마찬가지로 원한다고 믿는 사람에게 주는 것입니다. 환상구조입니다.

반면 라캉은 프로이트의 나르시시즘론이나 사랑론과는 조금 다른 환상의 구조를 설명합니다. 그에 따르면 사랑은 자신이 갖고 있지 않는 어떤 것을 원하지 않는 누군가에게 주는 것입니다. 좀더 정확히 말하면, 자신이 갖고 있지 않는 (그러나 갖고 있다고 믿는) 어떤 것을 원하지 않는 (그러나 원한다고 믿는) 상대에게 주는 일입니다. 자아는 자신이 대상으로 선택하는 타자가 자신이 투자한 정도에 버금가는 맞투자를 할 수 있을지 알지 못합니다. 타자의 자아이상이 어떤 모습일지 알 수가 없죠. 따라서 사랑선택에서 리비도의 투자는 맹목적이고 경제적이지 않습니다. 투자한 만큼의 리비도가 돌아온다는 보장이 전혀 없는 것이죠. '사랑받음'의 맞투자가 성공할지 알 수 없겠죠. 그러나 이 과정이 자아 내부에 내투사된 자아이상과 대상표상과 맺는 관계라면 사정이 달라집니다. 사랑이 환상인 이유는 여기에 있습니다. 대상의 표상이나 자아이상에 리비도를 투자하면서 실제로는 타자의 욕망을 선택하거나 그 선택의 대상이 된다고 생각하기 때문입니다. 이렇게 자아가 대상에 리비도를 투자하는 순간은 타자가 자신을 욕망의 대상으로 동일하게 선택할 것이라는 믿음이 성립하는 시점이기도 합니다. 환상입니다. 환상인데 증상은 아닌 것이 자아이상의 존재로 인해 사랑선택의 실패를 보상할 심리기제 역시 생성되기 때문입니다. 결국, 사랑 그리고 욕망은 타자의 욕망의 대상이 되길 욕망하는 것입니다. 프로이트가 자존감을 거론하면서 내세운 '사랑받음'이란 바로 이것을 지칭합니다. 여기에 남녀의 차이는 중요하지 않습니다.

사랑이 환상이라면 이 환상은 어떻게 깨질까요. 프로이트라면 사랑받음이 불가능함을 깨닫는 순간이겠죠. 환상의 깨어짐은 리비도가 철회되어 자아에게 나르시시즘적으로 과잉축적되었으나 자아이상 혹은 다른 대상표상에 재투자되지 못한 일시적 휴지기에 나타난다고도 주장할 것입니다. 라캉이라면 사랑의 환상 자체가 타자의 욕망 불가해성에 의존하고 따라서 욕망의 충족 불가능성을 전제한 것이기에 쉽사리 깨지지 않을 것이라고 말할 것입니다. 라캉은 인간이 환상을 존재론적 조건으로 삼는다고 보기에 환상이 깨지는 시점은 증상의 발생, 즉 정신증이 도래하는 순간입니다. 이때 환상이 깨지는 시점은 곧 우리의 심리현실에 구멍이 뚫려 실재가 틈입하는 순간입니다. 죽음충동이 도래하여 삶의 동력을 무력화시키는 순간이 되겠죠. 우리 삶이 환상으로 만들어진 것이라는 깨달음의 계기, 그렇게 두렵고 낯선 존재가 낯익은 일상에 도래하는 순간을 프로이트는 기이함 (Das Unheimliche)이라고 불렀습니다.

11강

억압된 것은 반드시 돌아온다

freud
seminar

『모래인간』

이번에는 '기이함'에 관한 프로이트의 에세이를 통해 환상이 깨지고 실재가 도래하는 순간의 의미에 대해 고찰할 텐데, 이를 위해 프로이트가 기이함의 사례로 거론한 호프만(E. T. A. Hoffmann)의 『모래인간(Der Sandmann)』 얘기를 먼저 해볼까 합니다. 이 작품을 먼저 다루는 이유는 프로이트의 에세이를 읽은 후에 접하면 프로이트의 해석에 휘둘릴 수 있기 때문이에요. 작품을 먼저 읽으면서 논점을 잡고 나중에 에세이를 다루면서 프로이트의 개념에 대한 비판적 분석을 해보고자 합니다.

이 작품의 우리말 번역본 제목은 '모래 사나이'인데 특별히 남자를 가리키는 용어가 아니기에 그냥 '모래인간'이 나아 보입니다. 아이들의 잠을 괴롭히는 설화 속 인물인데 남성적 특성이 부각되지는 않습니다. 작품을 읽자마자 곧바로 의문점이 생깁니다. 형식이나 구조에서 이상한 점이 발견되지 않았나요? 그렇죠. 화자가 소설의 서두에서 세 통의 편지를 인용합니다. 그러고 나서 본격적인 이야기가 시작됩니다. 날짜 없는 편지 세 통은 작품의 이야기 일부로 봐야 할까요, 아니면 이야기와 상관없는 정보라고 봐야 할까요. 편지를 쓴 사람들이 이야기에 등장하고 편지가 오고 간 정황이 이야기의 상황과 맞물리는 것으로 보아 작품의 일부로 봐야 할 것 같습니다. 그리고 편지의 내용은 물론 중요하지만, 편지가 서두에 등장하며 그 구성 방식이 특이하다는 점을 먼저 고려해야 합니다. 놀랍게도 『모래인간』을 다루는 비평이나 프로이트의 에세이에도 편지에 대한 언급은 별로 없어요. 편지의 구성도 좀 특이합니다. 첫 편지는 주인공 나타나엘이 친구 로타어에게 보내고, 두번째 편지는 약혼자 클라라가 나타나엘에게 보내며, 세번째 편지는 다시 나타나엘이 로타어에게 보냅니다. 로타어에게 보낸 첫 편지의 답장이 클라라에게서 온 이유는 나타나엘이 편지 봉투에 수신자를 클라라로 잘못 썼기 때문입니다. 단순한 오기인지 아니면 무의식적인, 그러나 의미 있는 실수인지 문제입니다. 60페이지가량 되는 소설에서 20페이지가량이 편지에 관한 이야기라면 그냥 무시하기는 힘들죠. 편지 내용과 본문 내용의 일치 여부도 중요하고 편지의 기형적 구조가 무엇을 말하는지도 따져봐야 할 것입니다. 첫번째 논점입니다.

그다음 편지 인용이 끝나고 이야기의 도입부입니다. "친애하는 독자 여러분" 하고 나오는 대목입니다. 전지적 작가 시점입니다. 화자가 독자에게 직접 말을 걸기 때문에 3인칭 관찰자가 아니라 전지적 작가 시점입니다. 전지적 작가는 시공간을 초월해 있죠. 인물들의 과거와 현재를 넘나들며 속속들이 잘 알고 있다는 전제가 있습니다. 전지적 작가가 독자에게 직접 얘기를 합니다. "내가 여러분에게 들려주려는 불쌍한 내 친구, 젊은 대학생 나타나엘에게 일어난 일보다 더 이상하고 기이한 일은 아마 없을 것이다"라고 합니다. 화자는 앞으로 풀어놓을 이야기를 모두 알고 있으며 주인공과도 친분이 있는 인물로 등장합니다. "나는 나타나엘의 불운한 삶에 대해 여러분에게 이야기하고 싶은 격렬한 충동에 시달리고 있다. 그러나 내 영혼 전체를 이상하게도 가득 채우고 있는 그 기이함은, 바로 그렇기 때문에, 그리고 나는, 오 나의 독자여, 여러분이 결코 사소한 것이 아닌 이 기이함을 견디고 귀 기울이도록 만들어야 하기 때문에 의미 있고, 독창적이고, 감동적으로 시작하기 위해 고민하느라 몹시 괴로웠다"라고 토로합니다. 범상치 않은 얘기가 될 거라는 기대를 불어넣어줍니다. 그리고 이어서 나타나엘의 아버지가 죽은 후에 먼 친척의 아이들인 클라라와 로타어 역시 부모가 죽어서 고아가 되어 나타나엘의 어머니가 집으로 데려왔다는 언급과 클라라와 나타나엘이 서로 사랑해서 나타나엘이 G시로 유학을 갈 무렵

둘이 약혼했다는 얘기가 나옵니다. 나타나엘은 지금 유명한 물리학 교수 스팔란차니의 강의를 듣고 있습니다. 본격적으로 시작되는 서사의 출발은 갑자기 클라라에 대한 묘사입니다. 왜 그럴까요. 왜 주인공에 대한 묘사가 아니라 클라라 얘기를 먼저 꺼낼까요. 이 소설에서 클라라가 그렇게 중요한 인물인가요? 두번째 논점입니다.

로타어, 나타나엘, 클라라를 제외하고 이 소설에서 중요한 역할을 하는 인물은 누가 더 있을까요. 아버지 친구이자 변호사로 어린 나타나엘의 눈을 빼앗겠다고 위협한 코펠리우스, 기압계와 망원경 같은 광학기계를 파는 상인 코폴라, 나타나엘이 다니던 대학의 교수 스팔란차니, 그리고 스팔란차니가 만든 기계인형 올림피아가 있죠. 올림피아는 인물은 아니고 기계인형이라고 부르는 여성로봇입니다. 스팔란차니 교수는 올림피아를 만든 사람입니다. 클라라에 대한 소개로 시작한 이 이야기는 스팔란차니 교수 집에서 올림피아가 망가지고 눈이 빠지는 장면이 나오면서 일단락됩니다. 올림피아의 존재와 나타나엘의 올림피아에 대한 남다른 애정은 참으로 기이합니다. 기계를 사랑하는 인간의 이야기죠. 세번째 논점입니다.

그다음 작가의 직접적 개입이 또 나옵니다. "친애하는 독자여, 불쌍한 나타나엘에게 무슨 일이 일어났는지 이야기를 계속하기 전에 자동기계를 만드는 노련한 기술자 스팔란차니에 대해 여러분이 약간의 관심을 가지고 있을지도 모르니 그의 상처가 완전히 나았음을 알려주겠다"라고 전해줍니다. 이어지는 후일담에서는 끔찍한 일을 겪은 나타나엘이 고향에 돌아와 클라라와 희망찬 삶을 살 것처럼 얘기합니다. 그런데 마지막에 반전이 있습니다. 둘이 결혼할 날을 앞두고 산책을 다니다 어떤 망루에 올라가요. "저기 우리 쪽으로 다가오는 듯한 이상한 회색 덤불을 좀 봐요"라고 클라라가 말합니다. 나타나엘은 무의식적으로 호주머니를 더듬어서 그가 대학에 있을 때 올림피아를 훔쳐보기 위해 코폴라에게 구입한 망원경을 꺼내 옆쪽을 봅니다. 여기서 이렇게 망원경이 등장하며 "클라라가 렌즈 앞에 있었다"라고 묘사됩니다. 발작이 생긴 나타나엘은 갑자기 "춤추어라. 나무인형이여, 춤추어라"라고 울부짖은 다음 거세게 클라라를 붙잡아 탑 아래로 던지려 합니다. 일종의 편집증적 행동입니다. 나타나엘은 "불의 동그라미여, 돌아라. 불의 동그라미여, 돌아라"라고 횡설수설하고 이에 놀라 모여든 사람들 가운데 키 큰 변호사 코펠리우스가 불쑥 등장합니다. 그를 본 나타나엘은 "아름다운 눈이야, 아름다운 눈"이라고 외치며 난간 너머로 몸을 던져 죽습니다. 나타나엘의 사후에 멀리 떨어진 마을에서 사람들이 클라라가 어떤 남자와 정답게 손을 잡고 있고 그 앞에는 사내 아이 둘이 활기차게 놀고 있는 것을 보았다는 이야기로 끝납니다. 어쨌든 나타나엘이 망원경으로 본 것은 클라라입니다. 네번째 논점입니다.

그런데 모래인간 이야기는 어디 있나요? 나타나엘이 로타어에게 보낸 첫번째 편지에 등장합니다. 아버지가 죽음과 눈을 빼앗아가는 모래인간에 대한 공포를 얘기하는 대목에 나옵니다. 아버지에 대한 오이디푸스적 공포가 형상화되어 있다고 짐작할 수 있을 것입니다. 더불어 키 큰 변호사 코펠리우스 얘기에도 나옵니다. 사실 코펠리우스는 모래인간과 아무 관련이 없는데 나타나엘이 어린 시절의 눈과 관련된 공포로 인해 모래인간과 그를 연결시키는 것입니다. 그리고 그가 아버지의 죽음과 관련이 있기 때문에 나타나엘의 기억 속에 선명하게 남아 있는 것이죠. 그런데 프로이트가 힘주어 강조했듯이 어린 시절의 기억은 환상을 통해 재의미화된 이야기입니다. 그 점을 기억해주기 바랍니다. 그렇다면 클라라는 어떤 인물인가요. 우선 잘못된 편지의 수신자입니다. 그리고 두번째 편지에 답장을 한 내용으로 미뤄보면 그녀는 매우 냉철한 이성의 소유자입니다. 그녀는 "내 생각에 당신이 말하는 모든 무섭고 끔찍한 일은 당신의 마음속에서만 일어나는 것이고 진정한 현실적 외부 세계와는 아무 관련이 없는 것이라고 아주 솔직하게 당신에게 고백해야겠어요"라고 말합니다. 한마디로 정신 차리라는 충고입니다. 화자에 의해 맑은 호수에 비유되는 클라라는 냉철하고 명석한 인물인데 나타나엘은 자기가 쓰는 시 속에서 그녀를 계속 낭만화합니다. 왜 그럴까요. 다섯번째 논점입니다.

이 작품을 해석하는 몇 가지 관점을 소개해보죠. 가장 대표적인 해석은 나타나엘이 어렸을 때 겪었던 트라우마에 집중하는 것입니다. 특히 아버지의 죽음 및 실명공포와 관련된 트라우마에요. 눈에 대한 공포를 어린 나타나엘이 겪은 상처나 거세불안에 연결시킬 수 있겠죠. 나중에 실명공포는 코폴라의 망원경, 올림피아의 눈과 연결됩니다. 그다음으로는 나타나엘의 증상을 유발하는 대상이 눈이 아니라 동성애라고 해석하기도 합니다. 작품에서 잘 드러나지는 않는데 그러한 해석의 여지가 없지는 않습니다. 특히 프로이트가 자기 에세이에 붙인 각주에 주목하기 바랍니다. 나타나엘이 사랑에 빠지는 기계인형 올림피아는 어린 시절 아버지에 대한 나타나엘의 수동적 태도를 뜻한다는 논리입니다. 세번째 관점은 가장 많이 나오는 해석입니다. 나타나엘은 작가로서 프로이트의 실패를 극화하는 인물이고 프로이트는 자기보다 앞서 기이함을 다룬 작가인 호프만을 질투했다고 보는 입장입니다. 마지막으로 소개할 해석은 이 기이함을 작품 속에 있는 특정한 요소가 아니라 독자가 받는 불편하고 두려우면서도 생경한 느낌을 설명하는 개념으로 봐야 한다는 입장입니다. 그러니까 일종의 공포 소설로 읽어서 독자들에게 어떤 효과를 유발하는지가 중심에 두어진 소설이라고 보는 것이죠. 작가가 독자에게 직접 말을 건다는 사실에 착안합니다. 그런데 전체적으로 보면 오히려 이런 해석보다 나타나엘이 겪는 일종의 반복강박에 주목하게 되고 죽음충동과 관련된 이야기로 읽어볼 유혹을 느낍니다. 클라라가 말하는 우리 내면의 어두운 힘과 기이함이라는 감정의 관계에 주목해볼 필요가 있어요.

기이함

프로이트의 에세이로 넘어갑니다. 에세이의 독일어 제목은 Das Unheimliche라고 되어 있어요. 접두어 un과 부사형 어미 lich를 뺀 어근 heim은 집이란 뜻입니다. 그래서 heimlich는 집에 있는 듯 편안하고 친숙하다는 말입니다. 덧붙여서 은밀하다는 의미도 포함되어 있습니다. 부정형 접두사가 붙은 unheimlich는 그 반대의 뜻이겠죠. 나중에 heimlich는 은밀하고 비밀스럽다는 뜻이 중심이 되면서 Unheimlich가 지닌 낯설고 두려운 상태까지 포괄하는 의미로 사용됩니다. 어떤 단어가 반대되는 뜻도 포함하는 신기한 현상이 바로 이 단어의 용법입니다. 독일어의 용법에 한정됩니다.

어원에 대한 이야기는 나중에 조금 더 해볼 생각인데, 먼저 왜 프로이트가 메타심리학 논문에 이 에세이를 포함시켰는지 따져볼 필요가 있습니다. 우리말 전집에는 이 상반된 뜻을 함께 품은 단어가 없어서 의미를 풀어 '두려운 낯설음'이라고 옮겼는데, 이해는 되지만 어색합니다. 저는 그냥 기이함이 낫다고 봅니다. 그 까닭은 기이(奇異) 내지는 기이(旣已)라는 단어를 이미 우리말에서 흔히 쓴다는 점에 착안해서 이 말과 동일한 발음을 유지하되, 낯익음을 뜻하는 기(旣)와 낯섦을 가리키는 이(異)를 합쳐 새로 한자의 의미만 바꾼 기이(旣異)로 써보려 하기 때문이에요. 낯익음의 낯섦이라는 의미와 기이(奇異)가 주는 공포의 어감도 살릴 수 있겠다 싶어요.

프로이트가 이 글을 쓴 이유는 몇 가지로 생각해볼 수 있을 것 같아요. 하나는 정신분석 이론과 매우 동떨어져 보이는 현상을 자신의 틀로 분석해보려는 욕망입니다. 아마도 이러한 작업을 촉발한 매개체는 호프만의 소설이었을 확률이 높아요. 호프만 소설이 나타나엘의 거세불안으로 설명 가능하다면 기이함의 현상 자체도 정신분석으로 해명 가능하다고 여겼을 듯합니다. 호프만의 『모래인간』 분석이 에세이의 중심을 차지하는 이유가 여기 있습니다. 다른 하나는 이 개념을 두고 지금까지 나온 해석이 기이함을 특수한 외적 대상에서 기인하는 현상으로 보았기에 이를 심리현실 내부의 문제로 접근하여 환상의 차원에서 규명할 수 있는 가능성을 모색하는 듯합니다. 대상이 아니라 주체의 문제로 보려는 것이죠. 일상생활에서 흔히 벌어지는 다양한 실수를 정신분석의 대상으로 삼았던 프로이트의 연구와 맥락을 같이합니다. 기본적으로 심리 내적인 주관적 환상이 형성되는 과정을 보여주는 계기로 이 개념을 다뤄보고자 하는 것 같습니다. 마지막으로 기이함이 주관적 환상이기 때문에 어떤 특수한 대상이 촉발하는 표상의 불가능성이 아니라 감정적 동요에 초점을 맞추게 됩니다. 프로이트가 기이함을 지적 불확실성의 문제로 접근한 에른스트 옌치의 입장을 비판하면서 글을 시작하는 이유입니다. 에세이의 구조를 살펴보죠.

옌치의 '지적 불확실성' 개념 비판
기이함의 어원 탐구
호프만의 『모래인간』 요약
거세 콤플렉스에 따른 『모래인간』 분석
'분신(分身)' 모티프 도입
반복충동과 기이함의 연관성
문학(동화)에서 기이함의 부재 현상 설명

이 에세이는 첫머리에서 옌치의 개념을 비판하고 어원에 대한 설명으로 이어집니다. 그런 다음 호프만의 작품에 대한 나름의 요약을 한 뒤 거세불안을 중심에 놓고 정신분석적 해석을 다소 길게 수행합니다. 이 과정에서 프로이트의 정의가 등장하죠. 기이함은 친숙한 대상이 주는 두렵고 낯설게 느껴지는 감정적 동요를 뜻한다는 것입니다. 다시 말해 어떤 트라우마적 사건과의 연관성보다는 어린 시절의 욕망에 대한 억압과 환상의 결과가 반복되어 나타나는 심리적, 감정적 동요에 초점을 맞추는 것입니다.

특별히 낯선 대상이 아니라 친숙한 대상이나 상황이 주는 두렵고 낯선 감정적 동요를 가리키기에 자아가 느끼는 불안과의 연결도 가능합니다. 두려움을 주는 낯선 상황이나 대상이 아니라 매우 친숙한 존재가 주는, 혹은 평상시와 크게 다르지 않은 상황에서 엄습하는 불안감이 프로이트가 주목하는 증상으로서의 기이함입니다. 앞서 기이함이 환상으로 이루어진 우리의 삶에 '실재'가 틈입하는 순간과 관련될 가능성을 암시했죠? 실재는 환상으로 이루어진 존재인 우리가 볼 수도 없고 인식할 수도 없지만 환상이 환상에 불과할 가능성을 깨닫게 해주는 계기 같은 것이라고 할 수 있어요. 라캉의 표현을 빌면, 기이함으로서의 실재는 환상으로 이루어진 상징계에 구멍을 내는 거죠. 실재는 실제로 존재하는 무엇이 아니라 우리가 믿고 있는 환상의 체계에 균열이 날 때 생겨나는 체계의 틈 같은 형태로만 존재합니다. 거울 뒷면의 주석으로 된 경박 같은 존재입니다. 실재가 드러나면 환상이 일시적으로 깨지고 지금까지 낯익던 세계가 두렵고 낯설게 다가오겠죠. 그때의 감정 상태가 바로 심리적 증상에 가깝다고 보는 것입니다. 이 개념을 과학적으로 설명한 이론이 있습니다. 기이함의 영어 표현을 그대로 쓴 언캐니 밸리(uncanny valley)라는 개념입니다. 마사히로 모리라는 과학자가 만든 심리 반응 그래프를 살펴보죠.

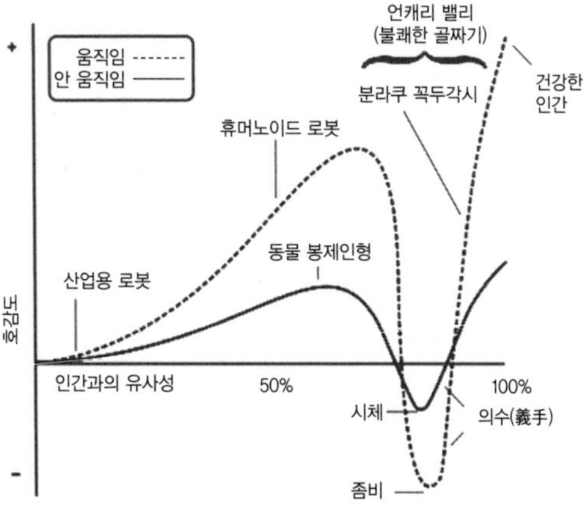

이 그래프는 친숙한 존재가 어떤 순간에 낯설고 두렵게 느껴지는지 그 지점을 찾으려는 시도입니다. 모양이 계곡 같아서 밸리라고 부릅니다. 인간과 흡사한 존재에 대한 친숙한 반응이 어느 수준의 유사성에 이르기까지는 지속되다가 어느 선을 넘어서면 갑자기 공포의 대상으로 체험된다는 실험 결과입니다. 인간의 특정한 동작을 본뜬 산업용 로봇, 박제 동물 같은 대상은 친숙도가 어느 정도 이상 올라가기 힘들죠. 반면 인간의 모습을 한 휴머노이드 로봇은 인간과의 유사성이 높아질수록 친숙도도 증가하는데, 인간과의 구분이 불가능할 정도의 유사성에 이르면 친숙도가 급격히 떨어져서 공포감을 느낀다는 이론입니다. 인간을 복제한 클론을 마주한다면 놀라움보다 두려움이 더 앞서겠죠. 인공지능에 대해 인간이 두려움을 느끼는 원인도 이와 관련이 있습니다. 인간과의 친숙도가 높은 존재를 마주할 때 느끼는 감정이 기이함에 가깝기에 '언캐니 밸리(불쾌한 골짜기)'라고 부릅니다. 대상 자체보다 인간이 친숙한 대상에 대해 갖는 감정적 반응을 설명하는 개념입니다.

옌치의 개념을 비판하고 이례적으로 어원을 소개한 다음 프로이트는 자신이 '환상소설'이라고 부르는 『모래인간』의 줄거리를 요약합니다. 이 소설에 나오는 기계인형 올림피아를 기이한 존재로 보는 시각을 비판하기 위해 문학비평가처럼 소설을 분석합니다. 옌치가 기이함을 올림피아나 마네킹 같은 인공 존재가 인간에게 '언캐니 밸리'와 같은 인식의 혼란을 만들어내는 상황으로 주목하는 바람에 그릇된 방향으로 나갔다고 비판하기 위함이죠. 프로이트의 호프만 소설 요약은 기이함이 올림피아라는 대상의 특이함 때문이 아니라 주인공이 사로잡힌 실명공포와 관련이 있다는 주장을 하려는 의도를 품고 있어요. 눈을 잃을지 모른다는 공포를 거세 콤플렉스와 연결시키려는 것이 프로이트의 관심사입니다. 어떤 특정한 대상, 특히 기이(奇異)한 대상이 우리의 인식체계에 초래하는 혼란을 기이함이라고 본 옌치와 거리를 두고, 대상의 특이성과 상관없는 강박적 불안의 상태로 개념을 재정립하기 위해 호프만의 텍스트에 대한 다시 읽기를 시도하는 것입니다.

프로이트의 요약

이제 프로이트의 요약을 살펴볼 텐데, 앞서 작품을 소개하면서 제기한 논점을 상기해주기 바랍니다. 다섯 가지였죠. 편지, 클라라 묘사, 올림피아, 망루 장면, 그리고 나타나엘의 낭만화 경향입니다. 프로이트의 작품 요약은 네 페이지에 걸쳐 있어요. 처음 두 문단은 나타나엘의 어린 시절 얘기입니다. 아버지의 죽음에 이르는 나타나엘의 유년기 기억은 작품의 어디에 있죠? 네, 첫 번째 편지에 나옵니다. 나타나엘이 로타어에게 썼으나 읽은 사람은 클라라였던 편지입니다. 프로이트의 요약에는 편지에 대한 언급이 없습니다. 유년기의 트라우마적 사건을 털어놓는 대상이 로타어라는 점과 실제로 (잘못) 읽은 사람이 클라라였다는 사실이 중요하죠. 클라라에게는 비밀로 하고픈 욕망이 있었다고 추측이 가능한데 그만 실수를 한 것입니다. 프로이트가 말한 무의식적 실수입니다. 유년기 사연이 편지에 쓰였다는 사실 자체는 크게 중요하지 않지만, 수신자가 바뀌는 실수가 있었다는 사실을 간과한 것은 그야말로 프로이트의 무의식적 실수입니다. 왜 누락했을까 생각해보면서 프로이트를 프로이트의 방식대로 정신분석해봅시다. 의도하지 않은 누락인지 고의로 왜곡한 것인지 말이죠.(웃음) 왜 나타나엘은 이런 어처구니없는 '실수'를 저질렀을까요. 그리고 흔히 말하는 '프로이트적 실수(parapraxis)'의 전형적 사례라고 할 수 있는 이 오류를 프로이트는 왜 간과했을까요.

나타나엘의 수신인 표기 오류의 원인을 따져보면 두 가지 해석이 가능합니다. 하나는 단순한 실수로 보는 관점인데, 로타어가 수신인이었던 이유는 유년기 트라우마 이야기의 충격성을 약혼자 클라라에게 알려주기 싫었거나 그녀에게 감추고픈 욕망 때문이었을 확률이 큽니다. 주로 약혼자 클라라와 서신을 주고받던 습관 때문에 이 욕망을 억압하는 과정에서 무의식적으로 표기상의 실수를 저지른 것으로 추정할 수 있습니다. 다른 하나는 이 무의식적 실수를 의도된 누락으로 보는 입장입니다. 나타나엘은 편지에 담긴 충격적 내용을 직접 고백하기 어려워 우회적 방식으로 클라라가 읽었으면 하고 바랐을 가능성도 있다는 것입니다. 이러한 해석이 설득력을 지니려면 자신의 충격적 과거의 이야기를 전해 나타나엘이 클라라와의 관계를 재정립하려고 시도한다는 사실이 전제되어야 합니다. 클라라에 대한 나타나엘의 욕망에 모종의 환상이 개입되어 있을 개연성을 따져봐야 합니다. 반면 전자로 해석하기 위해서는 왜 굳이 클라라에게 자기 이야기를 감추려고 하는지 그 무의식이 추론되어야 합니다. 어쩌면 나타나엘은 자신의 이야기를 알게 되면 클라라가 어떤 식으로 반응할지 이미 충분히 예상하고 있었다고 추정할 수도 있습니다. 세번째 편지에서 "클라라가 그 편지를 읽었다는 게 무척 불쾌하다"라고 로타어에게 쓴 대목이 이런 의구심을 뒷받침하지만, 클라라를 애초부터 수신자로 택하지 않은 이유는 석연치 않습니다. 반면 후자의 관점을 따르면, 자신의 이야기가 우회적으로 클라라에게 전해져 '공감'을 얻길 기대한 심리가 깔려 있을지도 모릅니다. 우회적 고백을 택한 이유는 아마도 나타나엘이 클라라와의 관계에서 이미 심리적 압박이나 모종의 거리감을 느끼고 있기 때문이겠죠. 나타나엘이 세번째 편지에서 로타어에게 갑자기 올림피아 얘기를 꺼내놓고 나서 "왜 이런 이야기를 너에게 쓰고 있지?"라고 자문하듯, 클라라를 배제한 무의식적 실수는 올림피아의 존재와 깊은 연관성을 지니고 있습니다. 두번째와 네번째 논점의 관계가 문제입니다.

프로이트 요약의 직접적 문제는 아니지만, 이 소설이 서술자가 직접 개입해서 독자에게 호소하는 구조로 되어 있다는 점도 부각되지 못했습니다. 이 점은 프로이트가 문학비평을 하려는 목적이 없으니까 크게 문제삼을 수 없습니다. 요약의 가장 큰 문제는 세번째 논점과 관련됩니다. 망루 장면에서 나타나엘은 망원경으로 바라본 대상을 헷갈립니다. 클라라와 코펠리우스를 혼동하는 대목이에요. 작품에는 나타나엘이 발작을 일으키기 직전 망원경으로 본 대상이 클라라의 옆모습이라고 나오는데 프로이트는 이를 '이 물체'라고 요약합니다. 두 대목을 비교해보겠습니다.

"저기 우리 쪽으로 다가오는 듯한 이상한 작은 회색 덤불을 좀 봐요." 클라라가 말했다.

나타나엘은 무의식적으로 주머니를 더듬었다. 그는 코폴라의 망원경을 꺼내어 옆을 보았다. 클라라가 렌즈 앞에 있었다! 갑자기 그의 맥박과 혈관에서 경련이 일어났다. 죽은 사람처럼 창백한 얼굴로 그는 클라라를 응시했다.(*Der Sandmann*, 53쪽)

어느 날 나타나엘과 클라라는 읍내 저잣거리를 산책하고 있었는데, 그 거리 위로는 시청의 높은 망루가 거대한 그림자를 드리우고 있었다. 클라라의 제안으로 그들은 같이 산책을 나왔던 그녀의 오빠를 남겨둔 채 망루로 올라갔다. 망루 위에서 클라라는 길을 따라 움직이고 있는 이상한 물체에 눈길을 주게 되었다. 나타나엘은 주머니에 있던 코폴라의 망원경을 통해 이 물체를 보고 나서 새로이 발작을 일으킨다. "휘휘 돌아라, 나무인형아!"라고 외치며 나타나엘은 그 여자를 망루 아래의 나락으로 던져버리려고 한다.(「기이함」, *Gesammelte Werke*, 12권 245쪽의 '프로이트의 요약')

차이가 선명하죠? 프로이트는 나타나엘이 망원경으로 본 '이 물체'가 클라라가 보았던 "이상한 작은 회색 덤불"이라고 단정하는데, 나중에 이 물체는 코펠리우스이고 회색 덤불은 그의 눈썹임이 드러납니다. 반면 호프만의 텍스트는 나타나엘의 망원경에 비친 대상이 클라라였다고 묘사합니다. 이 대목에 나타난 프로이트 요약의 실수 역시 의도적 왜곡일지 무의식적 실수일지 따져볼 필요가 있는데, 이는 두번째 논점과 연결시켜볼 때 더 분명할 것 같아요. 어느 경우든 이 장면에서 프로이트의 관심은 눈을 상기시키는 망원경이라는 사물, 그리고 그 사물의 존재와 코폴라 및 코펠리우스와의 연관성입니다. 여기서 나타난 클라라의 삭제는 매우 징후적입니다.

눈과 눈을 상기시키는 상징적 이미지가 이 작품에 많이 등장합니다. 유년기 기억 속에서 눈을 빼앗겠다는 코펠리우스의 위협과 모래인간이 상기하는 실명공포는 코폴라의 망원경과 올림피아의 눈으로 이어지며 나타나엘의 반복강박을 구성하는데, 흥미롭게도 프로이트는 클라라의 투명한 눈을 묘사한 대목만은 이러한 연결망에서 제외합니다. 프로이트처럼 눈의 상실을 거세공포와 연결시킨다면 클라라의 투명한 눈의 의미 역시 분석되어야 마땅합니다. 프로이트의 왜곡된 요약에서 클라라가 삭제된 이유는 나타나엘이 편지에서 클라라를 배제했던 실수의 의미가 충분히 분석되지 못했기 때문일 가능성이 큽니다. 다시 말해, 나타나엘의 실명공포와 불안은 거세 콤플렉스로만 설명되기 힘들며, 편지 실수와 망루 장면에서 보듯 클라라의 존재 및 그녀와의 관계에서 생긴 문제와 관련된 측면이 매우 중요하다는 것이죠. 따라서 이 점을 프로이트가 무의식적으로 놓친 이유는 호프만 소설의 기이함을 오이디푸스 콤플렉스의 틀에서 나타나엘의 거세불안으로 해석하려는 욕망 때문일 공산이 커요. 실명공포를 둘러싸고 아버지로 대표되는 존재와 나타나엘이 맺는 오이디푸스적 관계가 핵심이 되어야 하기 때문에 클라라와의 관계는 무시된 것이죠. 그런 선입견이 없다면 분명히 보이는 사실을 프로이트가 고의적으로 누락했을 가능성은 크지 않지만 무의식적으로 억압했을 확률은 매우 높습니다.

물론 클라라와의 관계가 현재 나타나엘을 압박하는 가장 중요한 문제이고 증상의 원인이라고 할 수 있는 근거는 더 있습니다. 왜 하필 지금 나타나엘은 자신의 유년기 트라우마를 털어놓고자 하는 것일까요? 프로이트가 신경증자에게 사후적 환상이 형성되는 과정을 다룬 엠마의 사례 분석을 다시 떠올려봅시다. 나타나엘이 편지를 쓴 시점에서 하필 유년기의 트라우마적 기억을 끌어내야만 했던 이유가 있다면, 그와 유사한 함의를 지닌 사건이 편지를 쓰기 전의 가까운 과거에 있었다고 봐야 합니다. 스팔란차니와 올림피아를 만난 게 가장 최근의 사건이고, 이는 그보다 가까운 과거에 망원경을 통해 코폴라와 만난 사건으로 이어지며, 이 모든 거세불안의 근원은 어린 시절 아버지의 죽음과 코펠리우스, 즉 모래인간과 관련된 실명공포의 환상으로 소급됩니다.

사건 1	스팔란차니와 올림피아 (아버지와 눈의 상실)
사건 2	코폴라의 망원경 (아버지와 눈의 상징)
사건 3	코펠리우스와 아버지의 죽음 (아버지와 눈의 상실)
환상	모래인간과 눈의 상실 모티프

이런 방식으로 어떤 현재적 사건이 과거의 기억을 트라우마로 만들며, 그 사건에 대한 어떤 방어의 태도가 과거의 기억을 환상으로 재구성하는지 물어야 한다는 것이죠. 프로이트는 과거의 기억을 촉발한 현재적 사건이 아마도 망원경을 파는 코폴라와의 만남이나 코펠리우스가 만든 올림피아의 눈일 것이라고 보는 듯한데, 편지의 존재를 고려하면 오히려 클라라와 관계된 사건일 가능성이 더 큽니다. 다시 말해 애초부터 나타나엘의 무의식 속에서 편지의 진짜 수신자는 클라라이고 어린 시절의 트라우마와 관련된 기억은 그녀에게 전하는 환상의 메시지입니다. 코폴라의 망원경이나 올림피아의 눈보다도 클라라의 투명한 눈이 더 나타나엘의 불안과 공포의 대상이 되는 것이죠. 프로이트가 보여준 망루 장면의 착각도 이 사실과 관련이 깊습니다. 나타나엘에게 불안을 일으키고 증상을 촉발하는 존재는 클라라이고, 클라라의 투명한 눈이 보이는 확대된 옆모습을 매개해서야 코폴라의 망원경과 올림피아의 눈도 거세불안의 증상과 이어질

수 있습니다. 프로이트가 클라라의 눈에 주목했다면 망루 장면의 왜곡도 없었을 것이고 거세공포에 대한 가설도 더 설득력 있게 증명되었을 터입니다. 나타나엘의 불안을 오이디푸스 콤플렉스에 기인한 거세불안으로 설정하고 이를 어린 시절의 실명공포와 연결짓는 논리는 전형적인 프로이트 정신분석의 방법론인데, 꼬마 한스와 쥐인간 및 늑대인간을 비롯한 신경증 사례 연구를 통해 이 기법은 이미 그 유효성을 상실했습니다. 여기서 우리는 『모래인간』 분석을 통해 메타심리학을 표방하고 실패한 사례 분석의 방법론을 재입증하려는 프로이트의 무의식적 욕망, 즉 환상을 읽을 수 있고, 그 환상이 만들어낸 맹점을 발견할 수 있습니다.

실명공포와 거세불안

프로이트식의 이런 환상은 실명공포가 상징적 거세를 의미한다는 논리에 기반을 둡니다. 눈의 상실은 거세를 뜻한다는 오이디푸스 콤플렉스 플롯에 입각한 입론이죠. 프로이트가 옌치의 호프만 해석을 비판하고 그의 기이함 개념을 재정의할 수 있는 근거가 분석가의 환상에 있습니다. 프로이트는 이렇게 나타나엘을 피분석자의 위치에 놓는 것인데, 흥미롭게도 『모래인간』은 분석가-피분석자의 관계가 나타나엘과 클라라 사이에 이미 성립되어 있음을 알려줍니다. 클라라의 답장인 두번째 편지에 담긴 내용이 이를 잘 증명해줍니다. 의도한 수신자가 아니었지만 자신의 이름으로 온 편지이기에 한편으로는 당연한 권리로 나타나엘의 편지를 읽은 클라라는 분석가가 아닙니다. 그래서 나타나엘의 '실수'를 징후적으로 해석하지는 않습니다. 그녀는 "얼마나 내 생각을 했으면 겉봉에 내 이름을 썼겠어요"라고 받아들입니다. 그러나 충격적 내용을 접한 그녀가 답장에 담은 내용은 정확히 분석가의 담론입니다. 클라라는 마치 프로이트처럼, 나타나엘이 말하는 모든 무섭고 끔찍한 일은 오직 그의 마음속에서 일어났을 뿐 실제 현실의 외부 세계와는 아무런 관련이 없는 것이라고 말합니다. 그런 다음 이런 냉철한 분석에 나타나엘이 언짢아할 수 있다는 사실을 인정한 뒤, 프로이트가 정의한 기이함의 개념에 정확히 일치하는 생각을 표현합니다.

> 우리 내면에 그처럼 적대적이고 음흉하게 그물을 쳐서 우리를 단단하게 옭아매고 생각지도 않았던 파멸의 길로 이끄는 어두운 힘이 있다면, 그것은 우리 자신처럼 우리의 내면에서 만들어진 것이에요. 그래야만 우리가 그 힘이 있다고 믿고 그 힘이 비밀스러운 과제를 성취하도록 필요한 자리를 마련해주는 것이 비로소 가능할 테니까요. 우리 스스로가 몰두한 어두운 정신의 힘이 종종 외부 세계의 낯선 형상을 우리

내면으로 끌어들이는 게 분명하며, 이상한 착각을 믿듯 우리 스스로 그 형상으로부터 얻어진 정신에 불을 붙이는 것이라고 오빠도 말했어요. 그건 우리 자신의 환영이며 그 환영의 내적 친화력과 우리 심성에 미치는 깊은 영향력 때문에 우리가 지옥으로 떨어지거나 천국으로 올라가는 거라고요. (*Der Sandmann*, 22쪽)

프로이트가 정의하는 기이함의 측면과 그것이 내적 심리에 근원을 둔 증상이라는 가정은 여기서 클라라의 입을 통해 확인됩니다. 게다가 분석가로서 클라라는 자신의 생각을 나타나엘이 쉽사리 받아들이지 못하리라는 사실도 잘 알고 있습니다. 분석가 클라라에게 나타나엘의 편지는 환상을 통한 증상의 형성을 보여주는 단적인 사례이고 유년기 기억을 트라우마로 의미화함으로써 현재의 욕망을 감추고 불안을 억압하는 방어의 작동으로 해석됩니다.

이렇게 클라라의 존재가 차지하는 비중을 감안하면, 나타나엘의 심리기제는 거세불안과 동일하다기보다 남성의 사랑선택에 나타나는 강박증적 태도에 더 가깝습니다. 요컨대 나타나엘에게 클라라는 어머니이자 창녀의 상징입니다. 나타나엘에게 아버지의 세계는 어머니와 동일시된 클라라를 매개로 해서만 작동합니다. 낭만적 시인을 자처하고 창작의 영감과 광기의 체험을 구분하기 힘들어하는 나타나엘에게 클라라는 위안과 위협을 동시에 행사하는, 쾌원리와 현실원칙의 결합체이고 초자아의 표상입니다. 그녀의 "투명하고 명증한 눈"과 그 응시는 나타나엘을 기이한 불안으로 몰아갑니다. 따라서 눈의 상실을 '거세불안'과 연결짓는 프로이트의 기이함에 대한 해석이 어떤 타당성을 지닌다면, 이는 나타나엘이 죽은 아버지—코펠리우스—코폴라—스팔란차니와 같은 부성적 존재와 맺는 오이디푸스적 관계 때문이 아니라 불가능한 욕망의 대상이자 이상화된 초자아의 역할을 동시에 수행하는 클라라의 여성성에 대한 남성의 강박증적 선택을 매개한 사태여서일 가능성이 더 높습니다. 『모래인간』은 눈의 상실을 거세불안으로 느껴 집착하는 오이디푸스적 인간 나타나엘의 증상이 아니라 클라라의 눈이 대변하는 합리성과 쾌원리에 대한 낭만적 반발, 즉 죽음충동의 서사로 읽어야 마땅합니다.

시=문학=예술에 경도된 나타나엘은 자신의 죽음충동 서사를 '트라우마'와 '거세불안'의 환상으로 만들어 자아를 방어하면서 클라라의 여성성에 대한 가치절하를 시도하고 자신에게 감정적 전이를 거부하는 분석가 클라라에게 복수하는 것입니다. 이렇게 본다면 『모래인간』에서 눈의 상실과 관련된 공포감 내지 기이함은 거세불안과 직접 관련되기보다 클라라의 명증한 눈이 상징하는 타자의 응시에 대한 인식 불가능성에서 유래한 것일 확률이 높습니다. 프로이트의 환상과 달리 『모래인간』에서 눈은 남근의 은유가 아니라 앎의 환유입니다. 나아가 이 점은 눈의 상실을 곧바로 남근의 상실로 해석하는 프로이트의 근거에 대한 문제제기입니다. 오이디푸스 플롯이 여전히 핵심을 차지하기 때문에 이러한 해석이 가능한 것인데, 클라라의 명증한 눈이 행사하는 위력을 감안하면 거세불안은 오히려 지적 능력의 상실과 더 가깝습니다. 다시 말해 눈의 상실은 거세불안과 직접 연결되는 것이 아니라 클라라의 응시 대상이 되는 나타나엘의 강박증적 불안을 매개해서 우회적으로만 이어집니다. 시각이 앎과 연결되어 있다는 사실은 굳이 서양철학을 염두에 두지 않아도 알 수 있을 것입니다. 명증한 눈과 냉철한 응시를 지닌 분석가로서 클라라는 나타나엘의 욕망 대상이 될 수 없으며 오직 나타나엘의 환상 속에서 응시의 대상으로 가치절하될 경우에만 선택될 수 있습니다. 나타나엘은 불감증에 시달리는 남성 강박증자입니다.

세번째 논점과 관련해서 올림피아라는 기계인형에 집착하는 나타나엘의 태도 역시 이러한 강박증 남성의 환상과 밀접한 연관이 있습니다. 『모래인간』에서 거듭 확인되는 점은 나타나엘이 올림피아에 끌리는 이유가 바로 텅 빈 눈 때문이라는 사실입니다. 화자는 올림피아에 대해 "그녀의 시선은 완전히 생명의 빛이 없고 시력이 없는 것 같다"라고 요약합니다. 올림피아의 눈은 클라라의 응시가 결여된 공백으로서의 눈입니다. 올림피아의 눈은 클라라의 응시와 달리 나타나엘에게 욕망의 억압을 작동시키는 초자아의 역할을 하지 못합니다. 올림피아를 보자마자 나타나엘이 사랑의 감정을 느끼는 것은 클라라에게 불가능한 욕망이 기계인형인 수동적 존재에게서는 가능하다고 믿기 때문이죠. 남성 강박증자의 환상이 만들어낸 욕망의 대상이 바로 올림피아입니다. 인간과의 차이가 너무도 크기에 나타나엘을 제외한 누구에게도 언캐니 밸리는 생기지 않습니다. 오직 나타나엘에게만 기계인형은 여성과 동일시되며, 응시가 불가능하고 생명력을 결여하고 있다는 바로 그 이유 때문에 역설적으로 나타나엘의 욕망 대상이 되는 것이죠.

올림피아

올림피아의 눈은 코폴라의 망원경이나 모래인간의 실명공포를 야기하지도 않고 클라라의 명증한 눈이 주는 초자아의 응시도 결여되어 있습니다. 나타나엘이 코폴라의 망원경을 꺼내어 올림피아를 바라보며 사랑에 빠지는 장면은 남성 강박증자의 구원환상을 그대로 극화합니다. 화자는 이 상황을 "그때 그는 그녀가 열망으로 가득 찬 시선으로 그를 바라보고 있는 것을 알았고 그녀의 노래 한 소절 한 소절이 비로소 사랑의 눈길 속에 선명하게 떠오르며 그의 가슴에 스며들어 불태우는 것을 알았다"

라고 묘사합니다. 올림피아는 기계 존재임에도, 아니 오히려 그 기계적 수동성 때문에 나타나엘의 리비도 투자의 대상이 되기에 적합할 뿐만 아니라 그에게 클라라가 줄 수 없는 '사랑받음'의 감정을 제공합니다. 올림피아로 인해 거세불안이 성립하는 것이 아니라 오히려 해소되는 것입니다. 이는 나타나엘에게 올림피아가 자아이상과 유사한 역할을 한다고 할 수 있으며 나타나엘의 사랑선택이 바로 나르시시즘적 선택임을 뜻합니다. 이때 스팔란차니 교수와 그녀의 눈을 탈취하는 코폴라는 올림피아를 소유한 제3자가 되는 것이죠. 요컨대, 클라라에게 인정받지 못해 생긴 남성성의 불안이 올림피아를 통해 환상적 해결을 찾는 것이죠. 나타나엘은 클라라와의 관계에서 불가능했던 욕망을 강박증자의 환상을 통해 올림피아라는 기계인형 '여성'에게서 찾고 있는 셈입니다.

따라서 프로이트가 나타나엘의 거세불안을 증명하기 위해 나중에 붙인 각주의 내용, 즉 "나타나엘과 올림피아를 동일인으로 간주하지 않는다면 달리 이해 불가능"하며 "거세 콤플렉스에 의해 아버지에게 매인 한 청년은 여인을 사랑할 수 없다는 이 정확한 심리의 매커니즘"이라는 주장은 나타나엘에게 왜 올림피아가 욕망의 대상이 되는지 설명하지 못합니다. 프로이트의 동일시 관점은 나타나엘과 아버지의 관계가 스팔란차니 교수와 올림피아의 관계에 투사되었다고 보아야 성립하는데, 그의 동일시

이론에 따르더라도 리비도를 투자한 대상과의 동일시는 불가능하며 두 사람의 관계를 동일시로 보려면 오직 나르시시즘적 동일시로만 해석 가능합니다. 각주의 내용을 정리하면 다음과 같습니다.

대상동일시		자아동일시
아버지=코펠리우스=코폴라=스팔란차니	← 거세불안 →	나타나엘=올림피아

이 각주에서 프로이트는 두 가지 동일시와 거세불안을 연결시키고 있습니다. 그런데 프로이트의 거세불안 해석은 나타나엘의 동일시가 아버지에 대해 자신을 여성적이고 수동적인 위치에 놓는다고 가정해야만 가능한 논리입니다. 그렇지만 프로이트는 어떻게 이런 수동적이고 여성적인 태도가 나타나엘에게 나타나는지는 설명하지 않습니다. 프로이트의 이론에 따르면 이러한 동일시는 나타나엘의 마조히즘을 드러내는 계기일 텐데, 그럴 경우 나타나엘의 자기처벌 환상을 어디서 찾을 것인지가 문제겠죠. 아버지의 죽음에 대한 죄의식이 환상의 기원이라고 볼 수도 있을 텐데, 이는 아버지의 죽음에 복수하겠다는 나타나엘의 생각과 어긋나며 복수의 다짐을 클라라에게 비밀로 해야 하는 까닭도 설명하지 못합니다. 만일 동일시가 마조히즘과 다른 차원에서 해석된다면, 올림피아가 나타나엘의 자아이상으로서

나르시시즘적 선택의 대상이라는 관점이 필요합니다. 결국 프로이트의 강박적 해석 욕망과 달리 나타나엘은 거세불안을 극복하고 오이디푸스 콤플렉스를 해소하여 아버지의 세계로 진입하려는 인물의 실패가 아니라, 구원환상을 포기하지 않은 채 나르시시즘적 선택을 통해 클라라를 향한 불가능한 욕망을 올림피아라는 수동적 여성 존재로 치환하여 리비도 투자의 대상으로 삼고자 하는 남성 강박증자의 도착을 보여줍니다. 나타나엘의 반복강박과 나르시시즘적 선택은 거세불안의 증상이나 결과가 아니라 죽음충동에서 발현한 도착적 욕망의 구현입니다.

『모래인간』을 거세불안에 근거한 기이함으로 분석하는 것이 분신 모티프와 연결되는 이유는 바로 앞의 각주에서 프로이트가 세운 나타나엘과 기계인형 간의 동일시 때문입니다. 올림피아가 나타나엘의 분신이라고 보는 것이죠. 프로이트에 따르면 분신 모티프는 자아의 소멸에 저항하는 강력한 부인의 기제가 작동할 때 생기는 환상인데, 이 틀을 따르면 나타나엘은 거세불안에 저항하여 올림피아를 자신의 분신으로 동일시하는 환상을 통해 현실을 부인하고 저항한다는 것입니다. 분신 모티프 자체는 기이함의 감정을 불러일으키는 심리기제의 결과라고 볼 수 있지만, 외부의 사물이나 존재를 자아와 동일한 모습으로 간주하는 것이라면 이는 올림피아같이 인간을 닮은 특정한 대상의 경우에만 가능한 현상일 확률이 큽니다. 이 대목에 이르면 프로이트가 이제까지 자신이 주장한 바를 버리고 다시 옌치의 기이함 개념으로 돌아가는 것이 아닌지 의심이 듭니다. 프로이트는 실패로 끝났지만 환상에서는 영원히 가능한 것으로 보이는 운명의 모든 가능성이 바로 분신 모티프에 들어 있다고 보는데, 거세불안과 분신 모티프의 관계가 설명되지 않는 한 심리현실의 문제를 대상의 문제로 환원하는 태도에 가깝습니다.

나타나엘의 여성적 태도는 스팔란차니와의 관계에서 직접 나타나지 않고 올림피아와의 동일시를 매개해야만 성립합니다. 오히려 그의 여성적 태도가 더 분명히 드러나는 것은 클라라와의 관계입니다. 프로이트의 분석을 밀고 나가면, 분신의 관계는 오히려 올림피아와 클라라 사이에 성립합니다. 망루 장면에서 클라라의 모습을 망원경을 통해 본 나타나엘이 올림피아를 상기시키는 나무인형을 운운하는 것은 우연이 아닙니다. 나타나엘의 환상 속에서 분신의 관계로 표상되는 올림피아와 클라라의 관계가 문제의 핵심입니다. 환상 속에서 나타나엘은 올림피아를 소환하며 불가능한 욕망의 대상인 클라라를 없애려고 시도하는 것입니다. 아버지의 죽음과 관련된 트라우마는 나타나엘이 만들어낸 환상이며 이는 클라라와의 불가능한 욕망으로 인한 불감증을 부인하는 나타나엘의 죽음충동 논리입니다. 프로이트의 문제는 나타나엘의 환상기제를 분석가의 입장에서 액면 그대로 받아들였다는 데 있습니다. 프로이트의 해석과 달리 『모래인간』

에서 아버지 형상은 올림피아와 동일시한 나타나엘의 거세를 위협하는 존재라기보다 클라라에 대한 불가능한 욕망의 좌절을 방어하기 위해 나타나엘이 동원하는 환상의 기제입니다. 나타나엘은 클라라의 여성성을 욕망할 수 없는 자신의 불감증을 올림피아를 통해 충족시키려는 남성 강박증자에 가깝고, 올림피아와의 환상적 관계의 실패가 초래할 불안에 맞서 자신의 남성성을 오이디푸스 콤플렉스의 희생자로 표상함으로써 방어하는 존재입니다. 나타나엘의 거세불안은 아버지와의 오이디푸스적 관계가 아니라 선택된 여성을 통해 욕망을 충족하는 것이 불가능해진 상황에서 오며, 올림피아에 대한 욕망과 클라라 살해 시도는 거세불안에 맞서 여성혐오를 통해 자신의 남성성을 지키려는 지극히 방어적 태도의 소산입니다. 그런 의미에서 기이함은 클라라와의 친숙한 관계가 두렵고 낯설게 다가올 때 느끼는 나타나엘의 불안과 깊은 관련이 있습니다. 나타나엘은 프로이트의 거세 이론을 확증하기 위한 도구로서 제2의 늑대인간이고, 프로이트의 글은 신경증 분석의 실패를 보여주는 또하나의 사례에 가깝습니다.

정리하자면, 프로이트가 말하는 기이함은 코폴라의 망원경과 스팔란차니로 인해 오이디푸스 콤플렉스에 재진입한 나타나엘이 나르시시즘적 퇴행을 욕망하게 만드는 거세공포의 체험, 즉 아버지와 연관된 트라우마의 발현이 아니라, 클라라가 표상하는 욕망 불가능한 여성성 내지는 클라라가 매개하는 상징계 질서에 대한 상상적 거부에서 생겨난 환상의 결과입니다. 나타나엘이 학생이면서 동시에 죽음충동에 지배된 낭만적 시인인 것은 결코 우연이 아닙니다. 나타나엘의 기이한 환상기제를 염두에 두면, 프로이트가 글의 말미에서 나타나엘의 실명공포를 반복강박의 사례로 언급하는 대목 역시 죽음충동의 논리로 풀어야 더 분명해집니다. 무의식에서 억압된 죽음충동이 쾌원리를 거슬러 거듭 출몰하는 듯한 반복강박은 클라라에 대한 불가능한 욕망이 거듭 부인되는 과정이며, 이는 클라라가 바로 나타나엘의 거세불안을 매개하는 존재이기 때문에 생겨납니다. 그의 편지는 끊임없이 클라라를 수신자로 하지만 올림피아를 실제 대상으로 하며, 그녀에게 배달되어야 하지만 언제나 수취인 불명으로 남는 표상입니다. 반복강박을 통해, 즉 반복된 고통과 불안의 감정을 통해 나타나엘은 불가능한 욕망의 대상이 주는 불감증을 대체합니다. 그에게 남성성은 클라라가 매개하는 거세불안에 시달리는 고통의 순간에만 가능합니다. 나타나엘에게 죽음충동과 기이함의 감정을 초래하는 것은 너무도 투명하고 명증하며 친숙한 클라라의 세계가 주는 돌연한 공포감과 낯섦으로 재정의되어야 합니다. 프로이트는 클라라의 존재를 무의식적으로 삭제함으로써 정신분석의 해석틀을 온존시켰다고 믿은 것입니다. 기이함을 불러일으키는 것은 오이디푸스 플롯이 아니라 파악 불가능한 욕망의 대상, 즉 타자의 응시였던 셈입니다.

『모래인간』의 화자는 복잡한 서술장치를 통해 나타나엘을 트라우마의 희생자로 만들고자 노력합니다. 클라라는 나타나엘의 환상에 무의식 깊이 거부감을 느끼지만 사랑의 이름으로 감싸 안아 보호자를 자처합니다. 그럴수록 클라라를 향한 나타나엘의 욕망은 불가능해지고 그는 불감증에 시달립니다. 나타나엘은 한편에서 올림피아라는 가치절하된 여성을 욕망하는 강박증적 선택을 통해, 다른 한편에서 눈의 공포를 조장하는 부성적 존재의 거세불안 환상을 구성함으로써 이에 대항합니다. 그러나 그의 저항은 클라라가 존재하는 한 끝없이 반복될 뿐이며 죽음충동이 약속하는 궁극적 쾌락 역시 무한히 연기될 뿐입니다. 그런 뜻에서 기이함을 통해 환상을 횡단하려는 남성의 시도는 근본적으로 삶의 창조와 대립되며, 이는 나타나엘의 어머니와 클라라가 죽음의 잠에서 그를 깨울 때마다 거듭 확인됩니다. 또한 나타나엘의 광기에 찬 시와 언어가 클라라를 낭만적 욕망의 대상으로 만들려는 시도라는 점은 두고두고 의미심장합니다. 클라라의 명증하고 투명한 눈은 나타나엘의 거세불안을 매개하는 규범적 성애의 표상이며 나타나엘의 창조성을 억압하는 초자아의 거울효과와 동일시됩니다.

나타나엘이 클라라의 밝고 투명한 아름다움이 아니라 어둠 속에 있어야 마땅한 어떤 것의 존재를 시의 언어로 토로할 때 그의 환상이 제 모습을 드러냅니다. 프로이트가 글의 말미에서 문학 혹은 문학 언어 자체가 지닌 기이함의 특성을 언급하는 동시에 문학은 본질적으로 허구임을 자각하기에 기이함이 불가능한 영역이라고 설파하는 것은 우연이 아닙니다. 문학은 기이함의 감정을 불러오는 가장 유력한 장치이지만 근본적으로 허구의 형식이기에 기이함의 본령이 될 수 없다는 프로이트의 입장은 『모래인간』을 쓴 호프만에 대한 질투이기도 하고 창조적 글쓰기로서의 문학에 대한 유보적 태도이기도 합니다.

나타나엘은 프로이트와 같은 명민한 해석자와 달리 자기가 만든 환상을 통해 현실을 바꿔보려는 시대착오적 강박증자였습니다. 『모래인간』을 통해 프로이트가 설파한 거세불안과 다른 종류의 두려움과 낯섦을 느낄 수 있다면 이는 낯익은 것을 낯설게 함으로써 독자를 나타나엘의 강박에서 떨쳐나오게 만드는 문학의 불온성을 입증할 가능성이 큽니다. 기이함을 통한 프로이트의 신경증 분석 시도의 실패는 언제나 이론보다 더 풍부한 문학의 창조성에 대한 무의식적 인정으로 읽을 수도 있을 것입니다.

나오며

책머리가 아닌 끝자락에서야 지금 프로이트를 읽어야 하는 까닭을 묻습니다. 이 물음은 처음에 물었어야 했습니다. 그런데 책을 쓰는 내내 애써 미루고자 했습니다. 한마디로 답하기 어려운 까닭이기도 하지만 그보다는 그럴듯한 구실을 찾기가 힘들었습니다. 이렇게 읽는 법도 있다는 말밖에 더 덧붙이기 어렵습니다. 프로이트의 정신분석이 지금 여기의 삶에 어떤 의미가 있을지 생각해보면서 강의를 마칠까 합니다.

프로이트는 일생 동안 자신이 창조한 정신분석을 과학으로 만들고자 했습니다. 초기에는 의학과 생물학에 더 가까웠고 심리학의 한 부류로 평가되었습니다. 그러다가 꿈 연구를 통해 무의식을 학문의 대상으로 삼으면서 정신분석을 정립할 수 있었습니다. 무수한 사례연구와 사변적 논의는 모두 정신분석을 치료나 심리분석과 다른 사유의 영역으로 만들려는 노력의 일환이었죠. 안타깝게도 정신분석은 그의 사후에 더 위력을 떨쳤고, 철학적 사유와 방법론으로 더 인기를 누리고 있습니다.

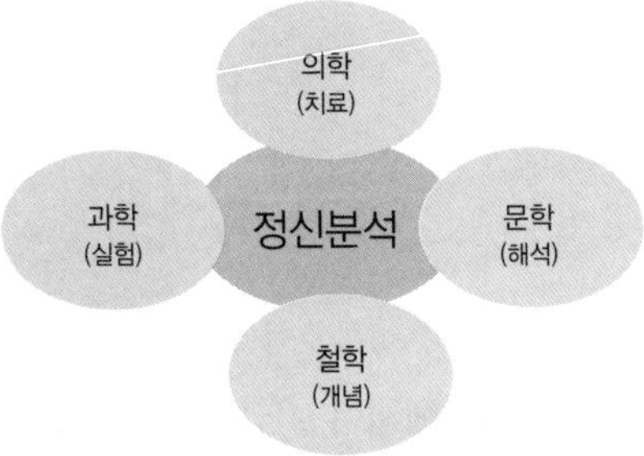

'우리 모두는 신경증자'라는 도발적 언명에서 성 관념의 이면과 환상을 파헤치는 솜씨에 이르기까지 프로이트의 사유는 새로운 학문의 길을 보여줍니다. 기존의 과학 관념을 탈피하려 했기 때문에 그의 학문은 적당한 명칭과 분류에 포함되지 못했습다. 프로이트는 규범적 성애와 성차의 관념을 '정상성'의 범주로 정립하여 인간의 사회화 과정을 옹호한 인물이 아닙니다. 그에게 규범적 성은 실제로 존재하는 우리의 현실이나 마땅히 따라야 할 기준이 아니라 인간의 심리현실이 만들어낸 환상을 뜻합니다. 신경증은 우리가 살아 있다는 증좌이고 그런 한에서 치료가 필요한 병리적 현상이 아닙니다. 인간을 규범적 존재로 보는 것이 아니라 그 반대입니다.

공부의 길에 나선 사람이라면 누구나 한번쯤 프로이트의 학문적 태도와 방법 앞에서 머뭇거린 경험이 있을 것입니다. 성과 관련된 심리현실을 다루기에 실제 현실을 잊기 쉽다고 생각하기 때문이죠. 프로이트의 정신분석은 말 그대로 우리 심리 내부의 어두운 그림자를 해부하고 파헤치는 작업입니다. 인간이 사유하는 주체이며 의식을 지닌 세상의 주인이라는 생각에 의문을 던집니다. 따라서 그의 저작에 발을 담그는 순간 우리의 심리가 그 바닥을 드러냅니다. 나의 무의식과 욕망은 무엇인가. 나는 왜 그의 책을 읽고 가르치는가. 나는 어떤 삶을 살기 원하는가. 인간주의와 휴머니즘이 바닥을 치고 있는 지금, 그는 다시 인간이란 무엇인가 조용히 묻게 합니다.

인간은 자기 삶의 주인인가. 왜 우리는 고통을 필요로 하는가. 프로이트는 이런 낯선 물음 앞에 우리를 마주서게 만듭니다. 프로이트 공부를 시작한 까닭은 그의 철학적 사유에 관심이 있어서였습니다. 들뢰즈의 말대로 철학이 논리적이고 변증법적인 사유의 방법이 아니라 개념의 발명이라면, 프로이트의 정신분석은 철학에 가장 근접한 사상입니다. 그의 개념은 삶의 증상을 분석하여 새로운 인간 이해로 이끕니다. 규범에서 벗어난 존재를 단죄하거나 치료하고자 하지 않습니다. 자기에 관한 새로운 사유의 길로 인도합니다.

사실 이 책을 쓰며 화두로 삼았던 가장 큰 과제는 프로이트 스스로 제기했으나 회피하거나 불충분하게 이론화한 의문, 즉 인간은 왜 고통을 필요로 하는가 하는 문제에 답하는 일이었습니다. 그가 세운 쾌원리를 벗어나는 충동이 우리의 내부에 존재할 가능성을 따져보고 싶었습니다. 그렇지만 충분한 답을 찾은 것 같지는 않습니다. 조금 더 복잡한 논의가 필요하기에 앞으로의 과제로 남겨두기로 합니다. 고통의 불가피성이라는 질문을 프로이트의 어법으로 바꾸면, 과연 쾌원리의 너머가 존재하느냐 여부일 것입니다. 그의 사유가 이 질문을 억압했다면 무엇 때문이었을지 앞으로 더 따져보려고 합니다. 여기서는 그 실마리가 될 『쾌원리의 너머』의 마지막 대목을 소개하는 데 만족하고자 합니다.

> 우리는 정신기제의 가장 최초이자 가장 중요한 기능 중 하나가 그 기제에 위력을 행사하는 충동을 묶고 그 충동을 지배하는 일차과정을 이차과정으로 옮겨서 충동의 자유롭고 유동적인 투자 에너지를 주로 순화된 (활성) 투자로 변형시키는 일이라는 사실을 알게 되었다. 이 변형 과정이 진행되는 동안 불쾌가 발생한다는 사실에는 아무런 관심도 기울이지 못했지만, 이것이 쾌원리의 중지를 뜻하지는 않는다. 오히려 이 변형 과정은 쾌원리를 위해서 발생한다. 묶기는 쾌원리

의 관철을 유도하고 확증하는 예비적 행위일 따름이다. 그렇다면 쾌원리는 심리기제를 자극에서 완전히 해방시키거나 자극의 양을 일정한 상태로 혹은 가능한 한 낮은 수준으로 유지하는 작업을 떠맡은 기능에 봉사함으로써 작용하는 경향이다. 이들 중 어느 하나를 더 중요하게 봐야 할지 아직 확실하게 정할 수 없지만, 앞서 묘사된 그 기능이 모든 살아 있는 존재의 가장 보편적 분투, 다시 말해 무기적(無機的) 세계의 비활 상태로 돌아가려는 노력과 연관된다는 점은 분명하다. 경험을 통해 우리는 인간이 성적 행위를 통해 얻을 수 있는 가장 큰 쾌락이 어떻게 고도의 강렬한 흥분의 일시적 소멸과 연관되는지 알고 있다. 충동의 묶기는 흥분이 배출의 쾌를 통해 궁극적으로 제거되는 과정을 준비하는 예비적 기능일 터이다.(『쾌원리의 너머』, *Gesammelte Werke*, 13권 91-92쪽)

충동의 요구가 심리현실로 굴절되고 쾌원리에 의해 재정립되는 환상의 정립 과정을 설명하는 프로이트의 근본 전제는 성과 무관한 고통을 반복하는 참전용사들의 강박증상 때문에 위기에 처합니다. 프로이트는 반복강박이 불쾌를 반복함으로써 성을 중심에 놓은 쾌원리에 해당하지 않을 가능성을 제기한 뒤, 이를 쾌원리의 위배, 즉 그 너머가 아니라 예비적 단계일 것이라는 추론으로 마감합니다. 제가 보기에 이 추론은 쾌원리를 거스르는 죽음충동의 불온성을 쾌원리의 예비적 단계로 봉합하는 논리입니다. 죽음충동이 쾌원리를 위배하는 계기를 만들어내고 이 계기가 쾌원리의 궁극적 관철을 위한 일시적 부정이라면, 이는 성의 원리를 따르지 않는 인간 행위의 새로운 가능성을 억압하는 변증일 확률이 큽니다. 어떻게 명명할지 분명치 않지만, 무성(無性)의 충동은 그 자체로 파괴적입니다. 저는 이 무관심한 파괴적 충동에서 긍정성과 성과를 중시하는 피로사회를 돌파할 새로운 주체성의 모습을 찾을 수 있다고 생각합니다. 자본의 논리 한복판에서 "내키지 않아요(I would prefer not to)" "괘념치 않아요(I am not particular)"를 외친 우리의 고독한 영웅 바틀비(허먼 멜빌의 소설 「필경사 바틀비」의 주인공)의 호기가 무성의 죽음충동이 지닌 근본적 불온성이 아닐까 생각합니다.

프로이트의 에세이는 당대 과학담론의 글쓰기 정형과 매우 다른 문체와 솜씨를 뽐냈습니다. 문학을 다룬 글과 신경증 사례를 분석한 보고서는 넓은 의미의 문화비평에 가깝습니다. 그러나 재미있게 읽히지는 않습니다. 제게 흥미롭게 읽혔던 대목은 그의 사유가 머뭇거리거나 침묵하거나 비약하던 순간, 그리고 논증의 와중에 돌연 글쓰기의 어려움을 토로하던 곁이야기였습니다. 거기서 공백과 틈을 발견하고 그의 무의식을 읽었던 시간이 가장 행복했습니다. 무릇 모든 글은 재밌게 읽혀야 사유를 촉발합니다. 깊은 사유가 농익은 어려운 글을 쉽게 읽자는 말이 아닙니다. 공백과 틈을 마주하고 혼란한 순간이 여러 차례였고 그 때마다 그의 이론을 다시 그려야 했습니다. 그러나 그 어려움은 우리의 무지나 그의 글이 지닌 난해함에 있지 않습니다. 사유의 깊이를 헤아리기 위해서는 발칙한 읽기가 필요합니다. 읽는 이의 도발적 사유를 부추긴다는 점에서 프로이트의 사유는 속속들이 정치적입니다. 그의 정신분석 이론은 지금 여기의 문제를 사유하는 우리에게 삶을 바꾸는 일의 중요성과 어려움을 동시에 전해줍니다.

이 책에서 미처 다루지 못한 많은 주제와 생각거리가 그대로 남았습니다. 신경증 사례분석이 보여주는 글쓰기의 맛을 펼쳐 보여주지도 못했고 서구 문명과 종교에 대한 그의 생각도 거론할 수 없었습니다. 나아가 프로이트를 계승한 후대 정신분석 이론에 대해서도 거의 다루지 못했습니다. 특히 후기 프로이트의 정신분석 이론에 중요한 물음을 던졌고 라캉도 큰 관심을 기울인 '전이(Übertragung)' 개념을 심도 있게 다루지 못했습니다. 아쉬움이 남았으니, 더 나은 글로, 더 나은 사유로 돌아오겠습니다.

프로이트 주요 저작 목록

* 이 책에서 참고한 프로이트의 독일어 원전과 영어판 판본은 다음과 같다.
  독일어 원전: Sigmund Freud. *Gesammelte Werke in achtzehn Bänden: Mit einem Nachtragsband*. Frankfurt am Mein: Fischer Verlag, Taschenbuch, 2001.
  영어판: *The Standard Edition of the Complete Works of Sigmund Freud*. Trans. James Strachey. 24 vols. London: Horgath, 1953-1974.
* 아래 목록에서 한글 제목은 독일어 원제에 충실하게 새로 옮겼고, 괄호 안은 한국어판 프로이트 전집(열린책들)의 권수를 가리킨다.
* 앞의 연도는 출판 기준이며, 독일어 원전, 영어판, 한글 제목 순서로 싣는다.

1895 Entwurf einer Psychologie
Project for a Scientific Psychology
심리학 프로젝트

Studien über Hysterie (mit Josef Breuer)
Studies on Hysteria
히스테리 연구(브로이어와의 공저) (3권)

1896 Zur Ätiologie der Hysterie

The Aetiology of Hysteria
히스테리의 병인학을 위하여

1898 Die Sexualität in der Ätiologie der Neurosen
Sexuality in the Aetiology of the Neuroses
신경증의 병인으로서 성욕

1899 Über Deckerinnerungen
Screen Memories
장막기억에 대하여

1900 Die Traumdeutung
The Interpretation of Dreams
꿈의 해석 (4권)

1901 Über den Traum
On Dreams
꿈에 대하여

1904 Zur Psychopathologie des Alltagslebens
The Psychopathology of Everyday Life
일상생활의 정신병리학을 위하여 (5권)

1905 Der Witz und seine Beziehung zum Unbewussten
Jokes and their Relation to the Unconscious
농담과 무의식의 관계 (6권)

Drei Abhandlungen zur Sexualtheorie
Three Essays on the Theory of Sexuality
성욕이론에 관한 세 개의 에세이 (7권)

Bruchstück einer Hysterie-Analyse (Dora)
Fragment of an Analysis of a Case of Hysteria (Dora)
히스테리 분석의 단편: 도라 (8권)

1907 Zwangshandlungen und Religionsübungen
Obsessive Actions and Religious Practices
강박행위와 종교실천 (13권)

Der Wahn und die Träume in W. Jensens "Gradiva"
Delusions and Dreams in Jensen's Gradiva
빌헬름 옌젠의 '그라디바'에 나타난 망상과 꿈 (14권)

1908 Über infantile Sexualtheorien
On the Sexual Theories of Children
유아의 성이론에 대하여 (7권)

Charakter und Analerotik
Character and Anal Erotism
성격과 항문성욕 (7권)

Der Dichter und das Phantasieren
Creative Writers and Day-Dreaming
작가와 몽상 (14권)

1909 Der Familienroman der Neurotiker
Family Romances
신경증자의 가족 로맨스 (7권)

Analyse der Phobie eines fünfjährigen Knaben
(Kleiner Hans)
Analysis of a Phobia in a Five-Year-Old Boy
(Little Hans)
다섯 살 꼬마의 공포증 분석: 한스 (8권)

Bemerkungen über einen Fall von Zwangsneurose
(Rattenmann)
Notes upon a Case of Obsessional Neurosis (Rat Man)
강박신경증 사례에 대한 메모: 쥐인간 (9권)

1910 Über einen besonderen Typus der Objektwahl
beim Manne
A Special Type of Choice of Object made by Men
남성 대상선택의 한 특수한 유형에 대하여 (7권)

Eine Kindheitserinnerung des Leonardo da Vinci
Leonardo da Vinci and a Memory of his Childhood
레오나르도 다 빈치의 유년기억 (14권)

Über Psychoanalyse: Fünf Vorlesungen
Five Lectures on Psycho-Analysis
정신분석에 대한 다섯 개의 강의

1911 Psychoanalytische Bemerkungen über einen autobiographisch beschriebenen Fall von Paranoia (Dementia Paranoides)
Psycho-Analytic Notes on an Autobiographical Account of a Case of Paranoia (Schreber)
자서전 기록에 나타난 편집증 사례의 정신분석 노트: 슈레버 (9권)

Formulierungen über die zwei Prinzipien des psychischen Geschehens
Formulations on the Two Principles of Mental Functioning
정신 기능의 두 원칙에 관한 정식 (11권)

1912 Über die allgemeinste Erniedrigung des Liebeslebens
On the Universal Tendency to Debasement in the Sphere of Love
사랑의 삶에서 나타나는 보편적 가치절하의 경향에 대하여 (7권)

Über neurotische Erkrankungstypen
Types of Onset of Neurosis
신경증의 발병유형에 대하여 (10권)

Einige Bemerkungen über den Begriff des Unbewussten in der Psychoanalyse
A Note on the Unconscious in Psycho-Analysis

정신분석에서 무의식 개념에 관한 노트 (11권)

1913 Totem und Tabu
Totem and Taboo
토템과 터부 (13권)

1914 Erinnern, Wiederholen, Durcharbeiten
Remembering, Repeating and Working-through
기억, 반복, 그리고 훈육

Zur Einführung des Narzißmus
On Narcissism: An Introduction
나르시시즘 입문을 위하여 (11권)

Zur Geschichte der psychoanalytischen Bewegung
On the History of the Psycho-Analytic Movement
정신분석 운동의 역사를 위하여 (15권)

1915 Triebe und Triebschicksale
Instincts and their Vicissitudes
본능과 그 변화 (11권)

Die Verdrängung
Repression
억압

Das Unbewusste

The Unconscious
무의식 (11권)

1917 Vorlesungen zu Einführung in die Psychoanalyse
Introductory Lectures on Psycho-Analysis
정신분석 입문 (1권)

Metapsychologische Ergänzung zur Traumlehre
A Metapsychological Supplement to the Theory of Dreams
꿈이론을 위한 메타심리학 보론 (11권)

Trauer und Melancholie
Mourning and Melancholia
비애와 우울 (11권)

1918 Das Tabu der Virginität
The Taboo of Virginity
처녀성의 금기 (7권)

Aus der Geschichte einer infantilen Neurose (Wolfsmann)
From the History of an Infantile Neurosis (Wolfman)
유아 신경증의 역사에 대하여: 늑대인간 (9권)

1919 "Ein Kind wird geschlagen"
A Child is Being Beaten

아이가 매를 맞고 있어요 (10권)

Das Unheimliche
The Uncanny
기이함 (14권)

1920 Über die Psychogenese eines Falles von weiblicher Homosexualität
The Psychogenesis of a Case of Homosexuality in a Woman
여자 동성애 사례의 심리발생론에 대하여 (9권)

Jenseits des Lustprinzips
Beyond the Pleasure Principle
쾌원리의 너머 (11권)

1921 Massenpsychologie und Ich-Analyse
Group Psychology and the Analysis of the Ego
집단 심리학과 자아 분석 (12권)

1922 Über einige neurotische Mechanismen bei Eifersucht, Paranoia und Homosexualität
Some Neurotic Mechanisms in Jealousy, Paranoia and Homosexuality
질투, 편집증, 그리고 동성애의 몇 가지 신경증적 메커니즘에 대하여 (10권)

1923 Das Ich und das Es
The Ego and the Id
자아와 이드 (11권)

1924 Der Untergang des Ödipuskomplexes
The Dissolution of the Oedipus Complex
오이디푸스 콤플렉스의 쇠퇴 (7권)

Neurose und Psychose
Neurosis and Psychosis
신경증과 정신증 (10권)

Das ökonomische Problem des Masochismus
The Economic Problem of Masochism
마조히즘의 경제적 문제 (11권)

Kurzer Abriss der Psychoanalyse
A Short Account of Psychoanalysis
정신분석학 소론 (15권)

1925 Einige psychischen Folgen des anatomischen Geschlechtsunterschieds
Some Psychical Consequences of the Anatomical Distinction between the Sexes
해부학적 성차의 몇 가지 심리적 결과 (7권)

Notiz über den "Wunderblock"

A Note upon the "Mystic Writing-Pad"
'신비한 글쓰기 판'에 대한 메모 (11권)

Die Verneinung
Negation
부정 (11권)

Selbstdarstellung
An Autobiographical Study
자기소개서 (15권)

Die Widerstände gegen die Psychoanalyse
The Resistances to Psycho-analysis
정신분석에 대한 저항 (15권)

1926 Hemmung, Symptom und Angst
Inhibitions, Symptoms, and Anxiety
억제, 증상 그리고 불안 (10권)

Die Frage der Laienanalyse
The Question of Lay Analysis
비전문가 분석의 문제 (15권)

1927 Fetischismus
Fetishism
사물성애 (7권)

Die Zukunft einer Illusion
The Future of an Illusion
환상의 미래 (12권)

1928 Dostojewski und die Vatertötung
Dostoevsky and Parricide
도스토옙스키와 아버지살해 (14권)

1930 Das Unbehagen in der Kultur
Civilization and Its Discontents
문명과 그 불만 (12권)

1931 Über die weibliche Sexualität
Female Sexuality
여성의 성욕에 대하여 (7권)

1933 Neue Folge der Vorlesungen zur Einführung in die Psychoanalyse
New Introductory Lectures on Psycho-Analysis
새로운 정신분석 입문 연속 강의 (2권)

Warum Krieg? (mit Albert Einstein)
Why War?
왜 전쟁인가? (12권)

1937 Die endliche und die unendliche Analyse
Analysis Terminable and Interminable

끝이 있는 분석과 끝이 없는 분석

1939 Der Mann Moses und die monotheistische Religion
Moses and Monotheism
인간 모세와 유일신교 (13권)

참고문헌

Alenka Zupančič. *What is Sex?*. Cambridge: The MIT Press, 2017.

Bruce Fink, *Lacan on Love*. London: Polity, 2016.

Carl Gustav Jung. *The Theory of Psychoanalysis*. 1915. Cambridge: Harvard UP, 2005. (칼 구스타프 융. 『정신분석이란 무엇인가』. 정명진 옮김. 부글, 2014)

Catherine Malabou, *Les Nouveaux Blessés: de Freud a la neurologie: penser les traumatismes contemporains*. Paris: Bayard, 2007. *The New Wounded*. Trans. Steven Miller. New York: Fordham UP, 2012.

Elizabeth Grosz. *Jacques Lacan: A Feminist Introduction*. New York: Routledge, 1990.

E. T. A. Hoffmann. *Der Sandmann*. Leipzig: Insel Verlag, 1986. *The Sandman*. Trans. Christopher Moncrieff. Richmond: Alma Books, 2014. (『모래 사나이』. 김현성 옮김. 문학과지성사, 2001)

Gilles Deleuze. "From Sacher-Masoch to Masochism," Trans. Christian Kerslake. *Angelaki: Journal of the Theoretical Humanities* 9 (2004): 125-132.

Gilles Deleuze. *Pourparlers, 1972-1990*. Editions de Minuit, 1990. *Negotiations 1972-1990*. Trans. Martin Joughin. New

York: Columbia UP, 1995.

Herbert Marcuse. *Eros and Civilization*. Boston: Beacon Press, 1955. (헤르베르트 마르쿠제. 『에로스와 문명』. 김인환 옮김. 나남, 2004)

Jacques Derrida, *La carte postale*. Editions Flammarion, 1979. The Post Card. Trans. Alan Bass. Chicago: U of Chicago P, 1980.

Jacques Lacan. *Le séminaire. Livre XI. Les quatre concepts fondamentaux de la psychanalyse*. Paris: Seuil, 1973. *The Seminar of Jacques Lacan: The Four Fundamental Concepts of Psychoanalysis*. Vol. XI. Trans. Alan Sheridan. New York: Norton, 1998. (자크 라캉. 『자크 라캉 세미나 11: 정신 분석의 네 가지 근본개념』. 맹정현, 이수련 옮김. 새물결, 2008)

Jacques Rancière. *L'Inconscient esthétique*. Editions Galilée, 2001. *The Aesthetic Unconscious*. Trans. Debra Keates and James Swenson. London: Polity, 2009.

Jean Laplanche. *Life and Death in Psychoanalysis*. Trans. Jefferey Mehlman. Baltimore: Johns Hopkins UP, 1970.

Josh Cohen. *How to Read Freud*. New York: Norton, 2005. (조시 코언. 『How to Read 프로이트』. 최창호 옮김. 웅진지식하우스, 2007)

Justin Clemens, *Psychoanalysis is an Antiphilosophy*. Edinburgh: Edinburgh UP, 2013.

Leo Bersani, *The Freudian Body*. New York: Columbia Univ. P, 1990.

Leo Bersani. *Is the Rectum a Grave?*. Chicago: U of Chicago P, 2009.

Lorenzo Chiesa. ed. *Lacan and Philosophy: The New Generation*. Melbourne: re.press, 2014.

Paul Ricoeur. *De l'interprétation. Essai sur Sigmund Freud*. Éditions du Seuil, 1965. *Freud and Philosophy*. Trans. Denis Savage. New Haven: Yale UP, 1977. (폴 리쾨르. 『해석에 대하여』. 박준영 · 김동규 옮김. 인간사랑, 2013)

Peter Gay. *Freud: A Life for Our Own*. New York: Norton, 2006. (피터 게이. 『프로이트』 1, 2. 정영목 옮김. 교양인, 2011)

Peter Widmer. *Subversion des Begehrens*. Ennetbaden: Fischer Taschenbuch Verlag, 1990. (페터 비트머. 『욕망의 전복』. 홍준기 · 이승미 옮김. 한울, 1998)

Richard Boothby, *Death and Desire: Psychoanalytic Theory in Lacan's Return to Freud*. New York: Routledge, 1991.

Richard Boothby, *Freud as Philosopher: Metapsychology After Lacan*. New York: Routledge, 2005.

Sigmund Freud. *Gesammelte Werke in achtzehn Bänden: Mit einem Nachtragsband*. Frankfurt am Mein: Fischer Verlag, Taschenbuch, 2001. *The Standard Edition of the Complete Works of Sigmund Freud*. Trans. James Strachey. 24 vols. London: Horgath, 1953-1974. (『프로이트 전집』. 열린책들, 2003-2004)

Simon May. *Love: A History*. New Haven: Yale UP, 2011. (사이먼 메이. 『사랑의 탄생』. 김지선 옮김. 문학동네, 2016)

Stephen A. Mitchell and Margaret J. Black. *Freud and Beyond*. New York: Basic Books, 1995.

Terry Eagleton. *Materialism*. New Haven: Yale UP, 2017. (테리 이글턴. 『유물론』. 전대호 옮김. 갈마바람, 2018)

강영계. 『프로이트 정신분석 이야기』. 해냄, 2007.
김석. 『프로이트와 라캉』. 김영사, 2010.
맹정현. 『프로이트 패러다임』. 위고, 2015.
홍준기. 『오이디푸스 콤플렉스: 남자의 성, 여자의 성』. 아난케, 2013.
홍준기. 『라캉, 클라인, 자아심리학』. 새물결, 2017.

岸田秀. 『ものぐさ精神分析』. 青土社, 1977. (기시다 슈. 『게으름뱅이 학자, 정신분석을 말하다』 1, 2. 권정애 옮김. 펄북스, 2017)
岸田秀. 『性的唯幻論序說』. 文春新書, 1999. (기시다 슈. 『성은 환상이다』. 박규태 옮김. 이학사, 2000)
楊照. 『颓废、压抑与升华：解析《梦的解析》』 2010. (양자오. 『꿈의 해석을 읽다』. 문현선 옮김. 유유, 2013)
上野千鶴子. 『女ぎらい ニッポンのミソジニー』. 朝日新聞出版, 2010. (우에노 지즈코. 『여성혐오를 혐오한다』. 나일등 옮김. 은행나무, 2012)
向井雅明. 『ラカン入門』. ちくま学芸文庫, 2016. (무까이 마사아끼. 『라캉 대 라캉』. 임창석 옮김. 새물결, 2017)

프로이트 연보

1856 5월 6일. 오스트리아 모라비아의 프라이베르크(현재의 체코 프리보르)에서 유대인 상인 아버지와 그의 세번째 부인 사이의 장남으로 출생. 신을 믿지 않는 아버지를 따라 무신론을 갖게 됨.

1859 가세가 기울어 오스트리아 수도 빈으로 이주하여 정착. 일곱 명의 어린 동생과 젊은 어머니의 영향 아래서 성장.

1865 김나지움 입학. 우수한 성적으로 학업에 정진. 법률가의 꿈을 키움.

1873 김나지움 최우수 졸업. 빈 대학교 의과대학에 진학. 진화론을 비롯한 당대의 사상을 섭렵함. 17세의 어린 나이에 입학하여 25세 때인 1881년에 박사학위를 받기까지 오랜 시간 동안 다양한 학문을 접함. 니체와 포이어바흐 등 당대 무신론 철학에 경도됨.

1876 트라에스터의 해양생물학 연구소에서 활동 시작. 그뒤 빈 생리학연구소에서 에른스트 브뤼케 교수의 지도 아래 신경학 연구를 1882년까지 지속.

1877 어류의 해부학적 신경구조에 관한 진화론 연구로 최초의 연구논문 출판. 1883년까지 해부학과 생물학 논문 집필.

1879 병역의무를 마치기 위해 1년 동안 입대.

1881 의학 박사학위 받음. 의사로 개업하지 않고 브뤼케의 연구소

에서 연구활동 지속.

1882 독일 출신의 유대인 여성 마르타 베르나이스와 6월에 약혼. 빈 대학병원에서 말단 의료 조무사의 일을 수행하며 뇌해부학 연구. 10월부터 빈 대학교 헤르만 노르나겔 교수의 내과 연구실에서 근무하기 시작.

1883 5월부터 테오도어 마이네르트의 심리병동에서 근무 시작. 무보수의 부의사로 승진.

1884 1년 만에 선임부의사로 승진. 향후 몇 년 동안 코카인의 임상 용도에 관한 연구에 매진. 6월에 논문 「코카인에 대하여」를 의학 학술지에 출판.

1885 6월 신경병리학 교수자격(하빌리타치온)을 얻고 9월에 사강사(프로바트도첸트)로 임명됨. 10월부터 이듬해 2월까지 장학금을 얻어 파리의 신경병리학 전문기관인 살페트리에르 병원에서 신경학 연구와 최면요법의 권위자인 샤르코 교수의 지도 아래 유아의 뇌 연구. 히스테리 증상과 최면요법에 관심을 갖게 됨.

1886 파리에서 돌아와 빈에서 신경증 전문의로 개업. 빈 의사협회에서 남성 히스테리를 주제로 강연. 9월 마르타 베르나이스와 결혼.

1887 큰딸 마틸데 태어남. 1902년까지 베를린의 빌헬름 플리스와 교우하며 편지를 주고받음. 플리스와의 교우는 프로이트 초기 이론 정립에 결정적 계기가 됨.(두 사람의 서간집은 1950년에 출판) 신경증 치료에 전기충격 대신 최면요법을 응용하기 시작.

1888 카타르시스 효과를 통해 히스테리를 치료하는 브로이어의 상담치료법과 최면요법을 본격적으로 활용함. 최면요법의 효과에 만족하지 못해 상담을 통한 치료법 시행.

1889 큰아들 마르틴 출생. 프랑스 낭시의 베른하임 방문.

1891 연구논문 「실어증 개념에 대하여」 발표. 둘째아들 올리베르 태어남.

1892 브로이어와 최면요법 공동연구. 이른바 자유연상을 이용한 상담치료법 개발. 히스테리 환자와의 자유로운 대화를 면밀하게 기록해 분석하는 정신분석 방법의 토대를 마련함. 막내아들 에른스트 출생.

1893 브로이어와 공동으로 히스테리의 트라우마 이론과 카타르시스 요법에 관한 「예비 보고서」 논문 출판. 트라우마의 근원을 성과 관련된 심리현실의 왜곡 문제로 보기 시작함. 브로이어와의 견해 차이가 커짐. 둘째딸 조피 탄생. 이후 몇 년 동안 신경증 및 불안에 관한 논문들 출판.

1895 브로이어와 공저로 『히스테리 연구』 출판. 유명한 사례 연구인 '안나 O'에 관해 저술. 히스테리와 성의 관련성을 깊이 사유하게 됨. 상담과정에서 벌어지는 분석자의 전이 문제에 관한 개념을 제시. 첫 단독 저술인 『심리학 프로젝트』 집필.(출판은 사후인 1950년) 정신분석 전단계의 저서로 심리학을 신경증과 심리구조의 관점에서 서술한 이 책은 프로이트 정신분석 이론의 맹아를 담고 있음. 막내딸 안나 출생.

1896 이른바 '유혹이론'을 담은 「히스테리의 병인학을 위하여」를 쓰면서 '정신분석학'이라는 용어를 처음으로 사용. 이 책의 내용에 관해 빈 신경학회에서 발표하나 논란의 중심이 됨. 10월 아버지 사망.(80세)

1897 플리스에게 보낸 편지에서 '오이디푸스 콤플렉스' 개념 언급. 논란이 된 '유혹이론'을 포기하고 유아성욕 이론 연구에 매진. 이탈리아 여행.

1899 자신의 신경증 연구경과를 돌아본 「자서전적 노트」 저술.

1900 『꿈의 해석』 출간. 꿈을 통해 무의식을 정신분석의 대상으로 세우고 억압과 방어에 기반을 둔 정신분석의 기본 개념 정립, 오이디푸스 콤플렉스를 인간의 성발달 과정에 필수적인 보편 플롯으로 설정함.

1901 『꿈의 해석』이 관심을 끌지 못하자 해설서인 『꿈에 대하여』 출판. 『일상생활의 정신병리학을 위하여』 완성.(출간은 1904년) 로마 여행에서 미켈란젤로의 〈모세〉에 감명받음. 도라 사례 연구 시작함.(출간은 1905년)

1902 12년 만에 사강사에서 '외래교수'로 임명됨. 수요심리학회 창설. 플리스와 결별.

1905 유아성욕의 양상을 다룬 『성욕이론에 관한 세 개의 에세이』 발표. 성적 일탈의 사례에서 출발하여 유아의 성이 성립하고 발전하는 과정을 치밀하게 논증함. 유아의 '다형적 도착성' 개념 정립. 『농담과 무의식의 관계』 출판.

1906 수요심리학회에 참석한 스위스 출신의 의사 카를 융이 프로이트의 정신분석학에 매료됨. 유대인 중심의 참석자들 가운데 비유대인이자 오스트리아 출신이 아닌 융에게 정신분석의 미래가 달려 있다고 봄. 헝가리의 페렌치, 영국의 어니스트 존스, 독일의 카를 아브라함 등 새로운 참석자들이 늘어남.

1908 오스트리아 잘츠부르크에서 국제정신분석학회 개최. 수요심리학회는 빈 정신분석학회로 개편. 아브라함의 주도로 베를린 정신분석학회 창립. 「유아의 성이론에 대하여」와 「신경증자의 가족 로맨스」 집필.(출간은 1909년)

1909 보스턴의 클라크 대학교 초청으로 페렌치, 융과 함께 미국 방문. 법학 명예박사학위를 받고 정신분석에 관해 다섯 번의 강연을 함. 한스의 동물공포증을 분석한 「다섯 살 꼬마의 공포증 분석: 한스」 출판. 이 분석은 도라 사례와 달리 한스 부모

가 기록한 아이의 증상자료를 통해 이루어짐.

1910 빈 정신분석학회 발표에서 나르시시즘 개념의 도입을 주장하고, 레오나르도 다 빈치의 유아기 기억을 다룬 글에서 한 장을 나르시시즘에 할애함.

1911 슈레버 박사의 자서전을 토대로 편집증을 연구한 정신분석 노트 출간. 1910년 융이 국제정신분석협회 종신회장이 된 뒤, 프로이트의 유아 성이론과 관점을 달리하는 아들러가 정신분석학회에서 탈퇴함. 어니스트 존스가 미국 정신분석학회 설립.

1912 정신분석 잡지 『이마고』 창간. 살로메와 친교.

1913 정신분석의 부친살해 개념을 통해 인류의 기원을 설명한 『토템과 터부』 출판. 리비도 이론의 개념화를 둘러싸고 융과 불화. 학술지 『국제정신분석학』 창간.

1914 제1차 세계대전 시작. 융이 국제정신분석학회장에서 물러나고 학회를 탈퇴함. 「정신분석 운동의 역사를 위하여」를 통해 자신의 이론적 정당성을 주장하고 아들러 및 융과 다른 자신의 정신분석 개념과 방법을 설명함. 유아 신경증과 원초적 장면의 중요성을 다룬 '늑대인간'의 사례 연구.(출판은 1918년) 「나르시시즘 입문을 위하여」 출판.

1915 신경증 사례를 정신분석한 결과를 일반 심리에 적용하는 이른바 '메타심리학' 논문을 12편으로 완성함. 현재는 충동, 억압, 무의식, 꿈-이론, 비애와 우울을 다룬 5편만 존재.

1917 1915년부터 시작한 일련의 강의를 묶어 『정신분석 입문』 출판. 정신이상, 꿈, 신경증에 관한 정신분석 이론에 집중된 강의.

1918 「유아 신경증의 역사에 대하여: 늑대인간」을 뒤늦게 출판. 세르게이 판케에프의 신경증 임상사례를 담은 이 책은 신경증 치료의 실패를 담고 있음.

1919 제1차 세계대전 종료. 이른바 '전쟁 신경증'을 나르시시즘 개념으로 분석함. 영국 정신분석학회 설립. 마조히즘 개념을 담은 「아이가 매를 맞고 있어요」와 낯익은 대상이 주는 낯선 두려움을 분석한 「기이함」 출판.

1920 둘째딸 조피 사망. 프로이트 이론의 분기점이 된 정신분석학의 핵심 저서 『쾌원리의 너머』 출판. 유명한 '포르트-다' 사례와 참전용사들의 '반복강박' 증상을 분석하여 삶충동의 에로스적 측면과 다른 죽음충동의 가능성을 진지하게 사유함.

1921 자아와 이드의 문제를 체계적으로 다룬 『집단심리학과 자아분석』 출판. 심리분석에서 경제적 모델을 본격적으로 적용하기 시작.

1922 「리비도 이론」 출간. 동성애 현상에 관한 에세이 출판.

1923 『자아와 이드』 출판. 의식-전의식-무의식의 지형학적 모델을 전면 수정하여 심리기제의 기능을 중심으로 경제적 모델로 설명하는 이드-자아-초자아 개념 정립. 시가를 오랫동안 피운 결과 구강암에 걸려 수술을 받음.(이후 30여 차례 수술을 받음)

1924 「마조히즘의 경제적 문제」 출판. 도덕적 마조히즘 개념 제시. 『출생의 트라우마』를 출간한 오토 랑크와 이론의 차이로 불화가 시작됨. 영어로 된 저작집이 영국에서 간행됨. 자서전에 해당하는 『자기소개서』와 「정신분석에 대한 저항」 집필.(출간은 1925년)

1925 해부학적 차이를 통해 여성의 성에 대해 연구. 카를 아브라함 사망.

1926 트라우마를 불안의 원인으로 분석한 오토 랑크의 이론을 반박한 『억제, 증상, 그리고 불안』 출간. 랑크와 결별. 억압으로 인해 불안이 생기는 것이 아니라 불안을 억압의 근원으로 설

명한 새로운 억압이론 제출. 『비전문가 분석의 문제』 집필.

1927 종교를 환상의 일종으로 파악한 문명비판서 『환상의 미래』 출간. 막내딸 안나가 자신의 첫 정신분석 연구서인 『아동분석 방법 입문』을 펴냄. 안나와 멜라니 클라인 사이에 전오이디푸스 단계 유아의 성에 관한 논쟁이 벌어짐. 남자아이의 동성애을 다룬 「사물성애」 출판.

1930 죽음충동에 기반을 둔 인간의 공격성과 문명의 에로스적 원리의 충돌을 다룬 『문명과 그 불만』 출판. 프랑크푸르트 시로부터 괴테 상을 받음. 어머니 사망.(95세)

1931 「여성의 성욕에 대하여」 출판.

1932 『새로운 정신분석 입문 연속 강의』 완성.(출간은 1933년) 이탈리아 정신분석 연구소 창설.

1933 알베르트 아인슈타인과 주고받은 편지를 담은 「왜 전쟁인가?」 출간. 나치가 집권하면서 프로이트의 저서들을 베를린에서 공개 소각함. 네덜란드 정신분석 연구소 창설.

1935 영국 왕립의학회가 명예회원으로 추대.

1936 영국 왕립학술원의 회원으로 선출.

1937 정신분석 방법론을 사유한 「끝이 있는 분석과 끝이 없는 분석」 출판.

1938 나치의 오스트리아 합병. 반유대주의에 관한 글 집필. 빈을 탈출하여 5월에 영국에 정착. '자아의 분열'에 관한 논문 출판. 「정신분석 개요」 집필 시작.(출판은 1940년)

1939 제2차 세계대전 발발. 유대인의 기원과 반유대주의를 다룬 세 편의 에세이를 담은 『인간 모세와 유일신교』 출판. 9월 23일 영국에서 사망.(83세)

지은이 **강우성**
서울대 영문과 교수. 미국 뉴욕주립대에서 미국문학과 해체론 연구로 박사학위를 받았다. 미국문학, 비평이론, 비교문학, 영화를 가르치며, 학부 교양과목 '문학과 정신분석'을 강의하고 있다. 비평이론의 정치성과 주체의 문제에 깊은 관심이 있으며 프로이트 세미나는 그 결과물의 하나다.

불안은 우리를 삶으로 이끈다
프로이트 세미나

초판 인쇄 2019년 10월 4일
초판 발행 2019년 10월 14일

지은이 강우성 | 펴낸이 염현숙
책임편집 김영옥 | 편집 정광준 고원효
디자인 강혜림 이주영 | 마케팅 정민호 이숙재 양서연 안남영
홍보 김희숙 김상만 오혜림 | 제작 강신은 김동욱 임현식 | 제작처 한영문화사

펴낸곳 (주)문학동네
출판등록 1993년 10월 22일 제406-2003-000045호
주소 10881 경기도 파주시 회동길 210
전자우편 editor@munhak.com | 대표전화 031)955-8888 | 팩스 031)955-8855
문의전화 031)955-3578(마케팅), 031)955-1905(편집)
문학동네카페 http://cafe.naver.com/mhdn
북클럽문학동네 http://cafe.naver.com/mhdn

ISBN 978-89-546-5815-7 03180

* 이 책의 출간은 2014년 서울대학교 인문대학 '인문학 학술총서출간 지원사업'의 지원을 받았습니다.

이 도서의 국립중앙도서관 출판예정도서목록(CIP)은 서지정보유통지원시스템 홈페이지(http://seoji.nl.go.kr)와 국가자료공동목록시스템(http://www.nl.go.kr/kolisnet)에서 이용하실 수 있습니다.
(CIP제어번호: CIP2019038386)

www.munhak.com